D1753909

FONTES CHRISTIANI

AMBROSIUS VON MAILAND
ÜBER DEN GLAUBEN
[AN GRATIAN]
III

FONTES CHRISTIANI

Zweisprachige Neuausgabe christlicher Quellentexte
aus Altertum und Mittelalter

Im Auftrag der Görres-Gesellschaft
herausgegeben von
Siegmar Döpp, Franz Dünzl, Wilhelm Geerlings,
Gisbert Greshake, Rainer Ilgner, Rudolf Schieffer

Band 47/3

AMBROSIUS VON MAILAND
ÜBER DEN GLAUBEN
[AN GRATIAN]
III

LATEINISCH
DEUTSCH

TURNHOUT
BREPOLS PUBLISHERS
2005

AMBROSIUS VON MAILAND

DE FIDE
[AD GRATIANUM]

ÜBER DEN GLAUBEN
[AN GRATIAN]

DRITTER TEILBAND

ÜBERSETZT UND EINGELEITET
VON
CHRISTOPH MARKSCHIES

TURNHOUT
BREPOLS ❦ PUBLISHERS
2005

Abdruck des lateinischen Textes von O. Faller (CSEL 78)

Fontes-Redaktion:
Silke Floryszczak, Melanie Kurek, Horst Schneider

Bibliografische Information der Deutschen Bibliothek

Die Deutsche Bibliothek verzeichnet diese Publikation in der Deutschen Nationalbibliografie; detaillierte bibliografische Daten sind im Internet unter <http:/dnb.ddb.de> abrufbar

Umschlagbild: Marmorplatte eines Lesepults,
Ravenna, S. Apollinare Nuovo, 6. Jh.

Alle Rechte vorbehalten – Gedruckt in Belgien
© Brepols Publishers, Turnhout, 2005
Satz: Arbeitsstelle Fontes Christiani, Bochum
Herstellung: Grafikon – Ter Roye, Oostkamp, 2005
D/2005/0095/50
ISBN 2-503-52141-X gebunden
ISBN 2-503-52142-8 kartoniert

INHALTSVERZEICHNIS

ERSTER TEILBAND

Einleitung

I. Der Autor des Werkes De fide:
   Ambrosius von Mailand   9
   1. Zur Biographie des Ambrosius   9
   2. Zu den Werken des Ambrosius 27
   3. Zur Theologie des Ambrosius 41

II. Das Werk De fide 44
   1. Zu den Entstehungsumständen des Werkes
      De fide 45
   2. Zu den literarischen Reaktionen auf die Schrift
      De fide 52
   3. Zu Ziel und Inhalt des Werkes De fide 54
   4. Zur Trinitätstheologie des Werkes De fide 60

III. Die Quellen des Werkes De fide 68
   1. Ambrosius und Athanasius 72
   2. Ambrosius und Hilarius 77
   3. Ambrosius und Origenes
      beziehungsweise Ambrosius und Didymus 78
   4. Ambrosius und die kappadokischen Theologen . 80

IV. Die Bibelzitate im Ambrosianischen Text 82
   1. Zur Funktion der Bibelzitate 83
   2. Zum Bibeltext 86

INHALTSVERZEICHNIS

V. Der Stil und die Sprache des Werkes De fide 88

VI. Der Text der Ausgabe. 91
   1. Zur handschriftlichen Bezeugung des Werkes
      De fide 91
   2. Zu den Kapitelüberschriften 97
   3. Zum Wert der indirekten Überlieferung. 98

VII. Bemerkungen zur Übersetzung. 130

VIII. Erläuterungen zum Apparat der Edition
     Otto Fallers 131
   1. Textzeugen. 131
   2. Handschriftengruppen. 132
   3. Frühere Editionen 132
   4. Allgemeine Abkürzungen im Apparat. 133

TEXT UND ÜBERSETZUNG

Liber Primus 136
Erstes Buch 137

ZWEITER TEILBAND

Liber Secundus 250
Zweites Buch 251
Liber Tertius 354
Drittes Buch 355
Liber Quartus 462
Viertes Buch 463

DRITTER TEILBAND

Liber Quintus 586
Fünftes Buch 587

Anhang

Abkürzungen 776
   Werkabkürzungen 776
   Allgemeine Abkürzungen 783
   Bibliographische Abkürzungen 785

Bibliographie 795
   Quellen 795
   Literatur 823

Register 840
   Bibelstellen 840
   Personen 851
   Geographische Namen 861
   Sachen 862
   Lateinische Stichwörter 864
   Griechische Stichwörter 867

TEXT UND ÜBERSETZUNG

Liber Quintus

Prologus

1. „Quisnam est fidelis servus et prudens, quem constituit dominus super familiam suam, ut det illis in tempore cibum? Beatus ille servus, quem veniens dominus eius inveniet sic | facientem." Non vilis hic servus est, magnus aliqui debet esse. Quis est iste, consideremus.

2. Est Petrus ipsius domini ad pascendum gregem electus iudicio, qui tertio meretur audire: „Pasce agniculos meos, pasce agnos meos, pasce oviculas meas." Itaque pascendo bono cibo fidei gregem Christi culpam lapsus prioris abolevit. Et ideo tertio admonetur, ut pascat, tertio, utrum dominum diligat, interrogatur, ut quem tertio ante crucem negaverat, tertio fateretur.

3. „Beatus" et „ille servus", qui potest dicere: „Lac vos potavi, non escam; nondum enim poteratis." Novit enim, quos quemadmodum pascat. Quis nostrum hoc facere potest? Quis potest nostrum vere dicere: „Factus sum infirmis infirmus, ut infirmos lucrifaciam?"

4. Et tamen ille tantus ad curam gregis ‚electus' a Christo, qui sanaret infirmos, curaret invalidos, ‚hereticum

---

R (*def.* Liber quintus – 5 quem, *def.* 15 servus – 17 facere) *VZ MNCWEO def. L*; *usque ad V 106 def. S*

5 eius] ille *E* ‖ 6 invenerit m, (*post* facientem) *E* ‖ 7 aliqui *RZCE* aliquid *VW* aliquis *cet. am* | quis] qui *NWE* | est *RVW* sit *cet. am* iste sit *C* ‖ 9–10 agniculos meos passe *om. C* ‖ 10 meos *om. Oa* ‖ 11 bono *R* bene *cet. am* | cibo *om. C* ‖ 12 abluit *V* | admonitus *W* ‖ 13 quem] qui *W* ‖ 14 fateatur *C* ‖ 15 et *om. C* | vobis *Cp.c.m2*, *ZW* (*Vulg.*) ‖ 16 potavi] potum dedi *ZWOa* (*Vulg.*) | esca *C* ‖ 17 quis *pr.*] *add.* enim *Oa* ‖ 17–18 nostrum potest Ωam ‖ 20 tantum *V*

---

[464] Vgl. für die folgende Auslegung *fid.* 5 prol. 1–5: Origenes, *comm. in Mt. frgm.* 493 (GCS 202f). Hier findet sich die Verbindung der Stelle mit dem Logos, dort aber eine Verbindung mit Phil 2, 7 – ähnlich Origenes,

FÜNFTES BUCH

PROLOG

1. „Wer ist denn der treue und kluge Knecht, den der Herr über seine Familie eingesetzt hat, damit er ihnen Speise zur rechten Zeit gibt? Selig ist der Knecht, den sein Herr, wenn er kommt, damit beschäftigt finden wird" (Mt 24,45 f*). Nicht gering ist dieser Knecht, er muß irgendwie bedeutend sein. Wir wollen überlegen, wer das ist[464].

2. Es ist Petrus, der durch die Entscheidung des Herrn selbst zum Weiden der Herde erwählt ist, der es verdient, dreimal zu hören: „Weide meine Lämmlein, weide meine Lämmer, weide meine Schäfchen" (Joh 21,15–17*). So hat er die Schuld des früheren Sündenfalls abgetragen, indem er die Herde Christi mit der guten Speise des Glaubens nährte. Und daher wird er dreimal ermahnt, die Schafe zu weiden, dreimal gefragt, ob er den Herrn lieb hat, damit er den, den er vor der Kreuzigung dreimal verleugnet hatte, dreimal bekennt (vgl. Mt 26,70–75)[465].

3. „Selig ist" auch „jener Knecht" (Mt 24,46), der sagen kann: „Milch habe ich euch zu trinken gegeben, nicht feste Speise; denn diese konntet ihr noch nicht vertragen" (1 Kor 3,2*). Er weiß nämlich, welche er auf welche Weise nähren soll. Wer von uns kann das tun? Wer von uns kann wahrhaft sagen: „Ich bin für die Schwachen schwach geworden, um die Schwachen zu gewinnen" (1 Kor 9,22)?

4. Und trotzdem hat dieser so bedeutende Mann, zur Sorge für die Herde von Christus ‚ausgewählt', der die Schwachen heilen und für die Gebrechlichen sorgen sollte,

---

comm. ser. in Mt. 61 f (GCS 138–145).
[465] Vgl. Ambrosius, *spir.* 2,10,105 (CSEL 79,127); *sacr.* 2,7,21 (FC 3,112); *apol. Dav.* 1,9,50 (CSEL 32/2,332 f), sowie *in Luc.* 10,175 (CCL 14,397).

a conmisso sibi ovili post unam correptionem reppulit', ne unius erraticae ovis scabies serpenti ulcere totum gregem contaminet. Iubet praeterea „stultas quaestiones et contentiones" esse vitandas.

5. Quid igitur nos agimus, inter messis antiquae nova zizania inprudentes ‚accolae' constituti? Si taceamus, cedere | videbimur, si contendamus, verendum est, ne nos quoque iudicemur esse „carnales". Scriptum est enim de huiusmodi ‚quaestionibus' „quia generant lites. Servum autem domini non oportet litigare, sed mansuetum esse ad omnes, docibilem, patientem, cum modestia docentem eos, qui resistunt." Et alibi: „Si quis autem videtur contentiosus esse, nos talem consuetudinem non habemus neque ecclesia dei." Ideoque scribere aliquid sententiae fuit, ut sine strepitu aliquo impietati hereticorum nostra pro nobis scripta respondeant.

6. Quintum itaque, imperator auguste, hunc librum paramus ordiri. Nam et quartum librum oportuit in illa vitis disputatione finiri, ne coacervasse magis librum eundem quodam videremur quaestionum tumultu, quam fructu spiritalis vineae replevisse, nec inconsummatam fidei vindemiam tantis adhuc superfluentibus disputationibus decuit derelinqui.

R (*def.* 6 constituti si) *VZ SMNCWE O*, *def. LS*
1 ovili] *add.* statim Ω*am* | repellit (repellat *V*) Ω*am* ‖ 2 scabie *Z* ‖ 5 agimus *RVMW* agemus *cet. am* ‖ 6 imprudentis *V* | tacemus *C* ‖ 6–7 cedere] sedere *W* caedere *V* ‖ 7 contendimus *W* | verecundum *RV* ‖ 9 quia] quae *MNEm* ‖ 10 autem *om. C* | litigari *W* ‖ 12–13 Si quis contentiosus est (*om.* autem) Ω*am* ‖ 14 ideoque *RZW* eoque *cet. am* | sententia *Z* sententia dei *N* ‖ 15–16 hereticorum–respondeant] per nostra scripta respondeamus *Oa* ‖ 16 rescripta *Z* ‖ 17 imperator etiam auguste *C* ‖ 18 ordinari *E* ‖ 21 inconsummatum *W*

‚den Häretiker nach einmaliger Zurechtweisung' aus der ihm anvertrauten Herde vertrieben, damit nicht die Räude eines einzelnen verirrten Schafes die ganze Herde dadurch verseucht, daß das Geschwür um sich greift. Er fordert außerdem, daß „dumme Fragen und Erörterungen" (Tit 3,9) zu vermeiden sind.

5. Was treiben wir eigentlich — als unvorsichtige ‚Bauern' mitten unter das neue Unkraut der alten Ernte gestellt? Wenn wir schweigen, wird es den Anschein erwecken, daß wir zurückweichen, wenn wir streiten, muß befürchtet werden, daß wir auch für „Fleischliche" (1 Kor 3,3) gehalten werden. Es steht nämlich über derartige ‚Frageien' geschrieben, „daß sie Streit erzeugen. Dem Knecht des Herrn aber steht es nicht an zu streiten, sondern friedlich zu sein gegenüber allen, belehrbar, geduldig, einer, der diejenigen, die sich sträuben, maßvoll belehrt" (2 Tim 2,23–25*). Und an anderer Stelle: „Wenn aber einer streitsüchtig zu sein scheint: Wir haben diese Gewohnheit nicht, noch hat sie die Kirche Gottes" (1 Kor 11,16). Und daher war es unsere Ansicht, irgend etwas derartiges zu schreiben, daß unsere Schriften an unserer Stelle ohne irgendein Getöse[466] dem Unglauben der Häretiker antworten.

6. Wir schicken uns deshalb an, erhabener Kaiser, dieses fünfte Buch zu beginnen. Denn es war nötig, darum auch das vierte Buch mit jener Erörterung über den Weinstock zu beenden, damit es nicht so scheint, als ob wir eben dieses Buch eher durch eine Art Wirrwarr von Fragen befrachtet als mit der Frucht des geistlichen Weinbergs erfüllt haben. Auch wäre es nicht angemessen gewesen, die Weinernte des Glaubens mit so großen und dazu überreichlichen Erörterungen voreilig zu beenden.

---

[466] Diese kritische Wertung bezieht sich wohl auf die Antwort des PALLADIUS auf die ersten Bücher von *De fide*, die 379 geschrieben worden sind (so auch FALLER, *Ambrosius* 8,218, und MORESCHINI, *Ambrosius* 15,337 Anm. 2).

7. Quinque igitur libros de patris et fili ac spiritus sancti inseparabili divinitate digerimus, sequestrata interim pleniore disputatione de spiritu, provocati magisterio evangelicae lectionis, ut credita nobis quinque fidei talenta quasi quadam horum quinque sorte librorum humanis faeneremus adfectibus, ne forte, cum venerit dominus et invenerit absconditam in terra pecuniam suam, dicat mihi: „Serve male et piger, | sciebas quia meto, ubi non semino, et congrego, ubi non sparsi. Oportuit ergo te committere pecuniam meam nummulariis, et veniens ego recepissem quod meum est," aut quemadmodum in alio libro est: „Et ego, inquit, veniens cum usuris utique exegissem."

8. Date ergo veniam, si quos prolixioris huiusce sermonis offendit audacia. Officii contemplatio cogit credere, quod accepimus.

„Dispensatores" sumus „mysteriorum" caelestium. „Ministri" sumus, non ex aequo omnes, sed „unicuique", inquit, „sicut dominus dedit. Ego plantavi, Apollo rigavit, sed deus incrementum dedit. Unusquisque" igitur enitatur, ut „mercedem" possit accipere „secundum suum laborem. Dei enim sumus," ut apostolus dixit, „cooperarii,

---

R (*def.* 7 absconditam – 8 piger, *def.* 7 sciebas – 10 nummulariis, 20 suum – p. 592 l. 2 usuras) *VZ MNCWEO def. LS*
1 quinto ... libro *Nm* | ac fili et Ω*am* || 2–3 pleniori *C* planiore *N* || 3 de spiritu *om. R* de spiritu sancto *Oam* || 5 quandam *Z* quinque *om. W* | sortem *Z* || 5–6 humani ... affectus *N* || 7 in terra *om. C* in terram *NOa* || 10 et] ut *WEm* | reciperem *C* || 11 aut] an *C* | et *om. Ra. c.m2* || 12 exigissem *W*, *Ea.c.m2* exigissem illam *Em* (*Vulg.*) || 13 huiuscemodi *MNm* || 14 offici *Ra.c.m1* | credere] reddere *C* || 17–18 inquid *in mg.* (*m2?*) *R* || 18 dominus dedit] dixit paulus *E* deus] dominus *E* || 19–20 nitatur *W* || 20 ut] sicut *E* || 21 cooperatores (*add.* dei *alt.*) *W*

---

[467] Vgl. Ambrosius, *epist. extra coll.* 12[1],7 (CSEL 82/3, 221), an GRATIAN und MARKSCHIES, *Ambrosius von Mailand und die Trinitätstheologie* 173f, sowie Einleitung, unten 60–67.

7. Wir bieten also fünf Bücher über die untrennbare Gottheit des Vaters und des Sohnes und des heiligen Geistes auf, während wir einstweilen von einer ausführlicheren Untersuchung über den heiligen Geist abgesehen haben[467], sind wir durch die Evangeliumslesung[468] belehrt und dazu aufgefordert, daß wir die fünf uns anvertrauten Talente des Glaubens durch eine Art Kapital in Gestalt dieser fünf Bücher den geistigen Kräften der Menschen gegen Zinsen leihen, damit der Herr nicht zufällig, wenn er kommt und sein Geld verborgen in der Erde findet, zu mir sagt: „Schlechter und fauler Knecht, du hast gewußt, daß ich ernte, wo ich nicht säe, daß ich sammle, wo ich nicht ausgestreut habe. Es wäre also nötig gewesen, mein Geld den Banken anzuvertrauen, und ich wäre dann gekommen und hätte mir zurückgeholt, was mir gehört" (Mt 25, 26 f*), oder wie in einem anderen Buch steht: „Und ich", sagt er, „wäre gekommen und hätte es freilich mit Zinsen eingetrieben" (Lk 19, 23*).

8. Verzeiht also, wenn die Zumutung dieses überlangen Textes zuvor schon irgendwelche Leser beleidigt hat. Die Beachtung der Pflicht zwingt zu glauben, was wir empfangen haben.

Wir sind „Verwalter der" himmlischen „Geheimnisse" (1 Kor 4, 1). Wir sind „Diener", aber nicht alle auf der gleichen Stufe, sondern „ein jeder so", heißt es, „wie der Herr ihm gegeben hat. Ich habe gepflanzt, Apollos hat begossen, aber Gott hat Wachstum gegeben" (1 Kor 3, 5 f*). „Ein jeder" soll sich also anstrengen, damit er „den Lohn entsprechend seiner Arbeit" empfangen kann. „Denn wir sind", wie der Apostel gesagt hat, „Gottes Mitarbeiter,

---

[468] Auch hier zeigt sich wieder deutlich, daß Ambrosius auf Predigten zurückgriff. MORESCHINI, *Ambrosius* 15, 337 Anm. 4, ist in seinem Kommentar zu dieser Stelle zu vorsichtig.

dei cultura, dei aedificatio." Beatus itaque ille, qui tales
faenoris sui cernit usuras, beatus et ille, qui fructus sui operis intuetur, beatus quoque, „qui superaedificat super fundamentum" fidei „aurum, argentum, lapides praetiosos."

9. Vos nobis estis omnia, qui haec auditis aut legitis, vos
faeneratoris usurae, verbi non pecuniae, vos agricolae
reditus, vos aedificatoris aurum, argentum lapidesque
praetiosi. In vestris meritis sacerdotalis summa laboris est,
in vestris animis fructus episcopalis operis enitescit, in
vestris profectibus aurum domini refulget, multiplicatur
argentum, si eloquia divina teneatis. „Eloquia" enim „do-
mini eloquia casta, | argentum igne examinatum, probatum
terrae, purgatum septuplum." Vos ergo facietis faenera-
torem divitem, agricolam fructuosum, vos peritum proba-
tis „architectum". Non adroganter dico, quia non tam
mea sunt quam vestra, quae voveo.

10. O si mihi liceat securo de vobis tunc temporis dicere:
„Domine, quinque talenta mihi dedisti, ecce alia quinque
lucratus sum," et ostendere vestrarum talenta praetiosa
virtutum! „Habemus" enim „thensaurum istum in vasis
fictilibus." Haec sunt talenta quinque, quae iubet dominus
spiritaliter faenerari, aut „duo aera" novi et veteris testa-

---

R (def. 21 iubet – p. 594 l. 1 illi a) VZ MNCWEO def. LS
1 qui – 2 ille *alt. om.* C ‖ 2 beatus et *om.* W ‖ 3 supra aedificat W | su-
per] supra Ωam ‖ 5 aut] vel C et Oa ‖ 6 faeneratores RVZEOa | verbi]
add. usurae ZMNCWEOam ‖ 7 aedificatores VZMCWOa | lapides
Z ‖ 8 pretiosos ZEOa (*add.* superaedificantes Oa) ‖ 9 enitescet V ‖
11 teneamus MEOa | enim *om.* C ‖ 13 purgatum *om.* V | septumplum
R septuplo VZ ‖ 14–15 probatis RVZ probabitis *cet. am* ‖ 17 o *om.* Z |
secura Ra.c.m1 secure m | tempore Z ‖ 18 et ecce Cm ‖ 19 ut ostendam
N ‖ 20 tensaurum R thesaurum Ωam | istum *om.* Ωam ‖ 21 quinque
om. Ωam | iubet] habet Oa

---

[469] Die mehrfache Wiederholung des *vos* ist ein rhetorisches Stilmittel,
das der homiletischen Situation entspringt, nämlich das der Anapher.

Gottes Pflanzung, Gottes Bau" (1 Kor 3,8f). Selig ist deshalb der, der solche Zinsen für sein ausgeliehenes Kapital in Aussicht hat, selig auch der, der die Früchte seiner Arbeit sieht, selig auch der, „der auf dem Fundament" des Glaubens „Gold, Silber und kostbare Steine erbaut" (1 Kor 3,12).

9. Ihr seid für uns alles, die ihr das hört oder lest, ihr seid die Zinsen für den, der das Wort, nicht Geld, verleiht, ihr seid das Einkommen des Bauern, ihr seid das Gold, das Silber und die kostbaren Steine des Bauherrn[469]. Das Ergebnis der priesterlichen Arbeit liegt in eurem verdienstlichen Tun, in euren Seelen glänzt die Frucht des bischöflichen Werkes, in euren Fortschritten strahlt das Gold des Herrn, das Silber wird vervielfacht, wenn ihr euch an die göttlichen Worte haltet. „Die Worte des Herrn" nämlich „sind reine Worte, Silber in Feuer geprüft, auf seine Erdanteile geprüft[470], siebenfach gereinigt" (Ps 12,7: Ps 11,7 LXX). Ihr also werdet den Verleiher reich machen, den Bauern ertragreich, ihr erweist „den Baumeister" als kundig. Ich spreche nicht anmaßend, da diese Dinge, die ich wünsche, nicht so sehr meine als eure sind.

10. Oh, wenn es mir möglich wäre, zu einem bestimmten Zeitpunkt sicher über euch zu sagen: „Herr, du hast mir fünf Talente gegeben, siehe ich habe noch einmal fünf dazugewonnen" (Mt 25,20*), und so die kostbaren Talente eurer Tugenden zu zeigen! Denn „wir haben diesen Schatz in irdenen Gefäßen" (2 Kor 4,7). Dies sind die fünf Talente, die der Herr befiehlt, auf geistliche Weise mit Zinsen zu verleihen, oder „die zwei Goldstücke" des neuen

---

[470] Die Fassung des Ambrosius (*probatum terrae*) unterscheidet sich geringfügig von der, die in *fid.* 2 prol. 12, oben 258f, zitiert ist, und entspricht der der LXX (δοκίμιον τῇ γῇ); vgl. aber auch die Übersetzung der Vulgata nach dem hebräischen Text: *separatum a terra* („von Schlacken geschieden").

menti, quae spoliato illi a latronibus „Samaritanus" ille evangelicus ad curanda vulnera derelinquit.

11. Neque ego, fratres, voti avarus ideo haec opto, ut ‚super multa constituar'. Satis est mihi praemium de vestro profectu. Utinam non indignus eo inveniar, quod accepi!

Ea, quae sunt ‚me maiora', melioribus tribuenda non exigo, licet soleas, domine, dicere: „Volo autem et huic novissimo dare sicut tibi." Accipiat igitur „potestatem supra decem civitates," qui meretur.

12. Sit ille talis qualis Moyses, qui legis „decem verba" conscripsit, sit ille Iesus Nave, qui subegit „quinque | reges" et civitates in deditionem accepit, ut esset typus venturum eius nominis virum, cuius imperio corporales omnes deliciae vincerentur, converterentur gentes, ut fidem Iesu Christi magis quam pristina studia sua et vota sequerentur, sit ille David, cui obcurrerunt psallentes iuvenculae dicentes: „Saul triumphavit in milibus, David in decem milibus."

13. Mihi sat est, si non ‚in exteriores tenebras' extrudar, quemadmodum ille, qui commissum sibi talentum ‚in terra' quadam suae carnis ‚abscondit', sicut princeps syna-

---

R (def. 12 accepit – 16 sit) VZ MNCWEO def. LS
1 expoliato C ǁ 2 dereliquit Ω > C, am ǁ 3 ego] ergo EOa | voti] vocer N | avarus aut N ǁ 4 supra Cm | multas V | sat Ω > VW, am ǁ 5 proventu Oa ǁ 6 tribuendo O ǁ 7 domine soleas Z domine om. V ǁ 8 sicut et VNWOam | igitur om. ZMNWEOam ǁ 9 qui alt.] quae Oa ǁ 11 iesu CE ǁ 12 et civitates in deditionem] in mg. add. Z (= ζήτει?) R (m1?) civitates] gabaonitas Nm civitates eius V | ditionem W ǁ 13 omnes om. Oa ǁ 16 qui obcurrerunt R | psallentes om. Z ǁ 18 satis COa ǁ 19 commissam R a.c.m1 ǁ 20 terram R a.c.m2 | quodam R quaedam W | carnis] cordis R a.c.m1 | principes C

---

[471] Vgl. für den Ausdruck *duo aera novi et veteris testamenti* (Lk 10,35) die Auslegung des ORIGENES, der es in *hom. in Lc.* 34,8 (FC 4/2,344; zu Lk 10,25–37) auf „die Kenntnis des Vaters und des Sohnes" und „das Wissen von dem Geheimnis, wie der Vater im Sohn und der Sohn im Vater ist", bezieht. Allerdings findet sich die Auslegung der beiden Denare auf die Testamente in einem Katenenfragment des ORIGENES, *hom. in Lc. frg.* 71 (RAUER): τὰ δύο δηνάρια εἰς τὰς δύο διαθήκας. Ambrosius ver-

und alten Testaments[471], die jener „Samaritaner" aus dem Evangelium für den, der von den Räubern ausgeraubt war, zurückläßt, um seine Wunden zu heilen (vgl. Lk 10, 30–35).

11. Und, liebe Brüder[472], ich bin nicht (so) gierig in meinen Wünschen, daß ich mir dies deshalb erhoffe, um ‚über Vieles gestellt zu werden' (vgl. Mt 25, 21); genug ist mir der Lohn aus eurem Fortschritt. Hoffentlich werde ich doch nicht in dem, was ich empfangen habe, unwürdig gefunden!

Ich fordere nicht, daß ‚das, was größer ist als ich', Besseren zugeteilt werden muß, obwohl du, Herr, zu sagen pflegst: „Ich will aber auch diesem Letzten so geben wie dir" (Mt 20, 14*). Es soll also derjenige „Macht über zehn Städte" (Lk 19, 17) bekommen, der es verdient.

12. Er soll so sein wie Mose, der die „zehn Gebote" des Gesetzes niedergeschrieben hat, er soll so sein wie Jesus (sc. Josua), Nuns Sohn, der „fünf Könige" unterworfen hat und die Kapitulation von Städten angenommen hat (vgl. Jos 10, 22–27)[473], um ein Vorausbild für den Mann zu sein, der mit diesem Namen (sc. Jesus) kommen soll, durch dessen Befehl alle leiblichen Freuden besiegt werden, die Heiden bekehrt werden, um mehr dem Glauben an Jesus Christus als ihren früheren Vorlieben und Wünschen zu folgen. Er soll sein wie David, dem Psalmen singende junge Mädchen entgegengelaufen sind und gesungen haben: „Saul hat über Tausend triumphiert, David über Zehntausend" (1 Sam 18, 7*).

13. Mir ist es genug, wenn ich nicht ‚in die äußerste Finsternis' hinausgestoßen werde wie jener, der das ihm anvertraute Talent[474] ‚in' einer Art ‚Erde' seines Fleisches ‚verborgen hat', wie der Synagogenvorsteher und

---

wendet sie auch *in Luc.* 7, 80 (CCL 14, 240).
[472] Die stehengebliebene Anrede an die Hörer stellt einen deutlichen Hinweis auf die ursprüngliche Entstehungssituation des Textes dar.
[473] Ganz ähnlich ORIGENES, *hom. in Jos.* 13, 1 (GCS 371f).
[474] Die Interpretation der Passage Ambrosius, *in Luc.* 8, 95 (CCL 14, 332), entspricht der hier vorgetragenen.

gogae ceterique principes Iudaeorum, qui „credita" sibi „eloquia dei" humo quadam sui corporis occuparunt deliciisque carnis intenti quasi in quandam exaltati cordis foveam faenus caeleste merserunt.

14. Nos igitur non intra latibula carnis absconditam domini teneamus pecuniam vel ‚mnam illam in sudario reponamus', sed tamquam boni nummularii cum sudore quodam mentis et corporis aequo et parato semper libremus adfectu, ut „prope" sit „verbum in ore tuo et in corde tuo."

15. Hoc verbum dei est praetiosum talentum, quo redimeris. Haec est pecunia perquam ‚mensa' animarum saepe cernenda aut frequenter | agitanda, ut in „omnem terram" bonorum „sonus" possit exire nummorum, per quam vita paratur aeterna. „Haec est autem vita aeterna" quam largitur omnipotens pater, ut cognoscamus „te solum verum deum et quem misisti Iesum Christum."

R (*def.* 5 nos – 8 quodam, 16 solum – 17 christum) *VZ MNCWEO def. LS*
1 qui] quia *V* ‖ 2 domini *V* | quodam *RC, Mp.r.* (humus *etiam apud Ambr. fem.: cf. exam. VI 2, 7 p. 208, 9; virg. III 4, 17 p. 70, 18 Fa*) ‖ 3 quadam *ZC* ‖ 6 non *post* domini *C* domini *om. MN* | mnam] minam *Ma.c.m2*, minimam *VZMm2WE* | illam] *add.* non *C*, nam *V* ‖ 6–7 sudario reponamus *post* boni *Oa* ‖ 8–9 liberemus *RVMWE* ‖ 11 praetiosum] *add.* est *alt. Em* ‖ 12 perquam – 13 agitanda ut *R* per mensas (pro mensis *Oa*) anim. saepe cern. ut freq. agitando (agitanda *V*) Ω*am* (perquam saepe: ‚*recht oft'; cf. Proleg. not. 26*) ‖ 14 possit] factus sit *Oa* | per quem *E* ‖ 15 paretur *VMNCWm* partitur *Oa* | est *om. Ca.c.m2, Z* ‖ 15–16 largiris Ω*am* ‖ 16 ut – 17 christum *om. W* ‖ 16 solum verum] verum verum *E*

die übrigen Vorsteher der Juden, die die ihnen „anvertrauten Aussprüche Gottes" (Röm 3,2) gewissermaßen mit einer Art Erde ihres Körpers zugeschüttet haben, und ausgerichtet auf die Freuden des Fleisches den himmlischen Zins gewissermaßen in eine Art Grube ihres arroganten Herzens geworfen haben.

14. Wir wollen also nicht in einem Versteck des Fleisches das Geld des Herrn verborgen halten oder jene ‚Mine[475] im Taschentuch aufbewahren' (vgl. Lk 19,20f), sondern gleichsam in der gleichen und entschlossenen Haltung eines guten Geldmaklers mit einer Art Schweiß von Geist und Körper immer abwägen, damit „nahe" sei „das Wort in deinem Mund und in deinem Herzen" (Röm 10,8; Dtn 30,4).

15. Dieses Wort Gottes ist das kostbare Talent, mit dem du freigekauft wirst. Das ist das Geld, das recht oft auf der ‚Wechselbank' der Seelen (vgl. Lk 19,23) erscheinen oder gehandelt werden muß[476], damit „der Klang" der guten Münzen „in die ganze Welt" hinausgehen kann (Röm 10,18; Ps 18,5), wodurch das ewige Leben bereitet wird. „Das aber ist das ewige Leben", das der allmächtige Vater schenkt, daß wir „dich allein als wahren Gott" erkennen „und den, den du geschickt hast, Jesus Christus" (Joh 17,3*).

---

[475] Ambrosius verwendet hier eine an den griechischen Ausdruck μνᾶ angelehnte Form, nicht die lateinische *mina*; es handelte sich um eine äußerst wertvolle Münzeinheit, die freilich schwierig in einen Geldwert umzurechnen ist, vgl. PEKÁRY, *Die Wirtschaft der römisch-griechischen Antike* 132f.

[476] Die meisten Handschriften glätten den Sinn: „daß auf den Wechselbänken der Seelen oft erscheinen muß, damit es durch häufiges Handeln ..."; nur der spätantike Codex aus Ravenna hat die richtige Lesart (so auch FALLER, *Ambrosius* 8,25* Anm. 26, in seinem Vorwort). Für die Tmesis zwischen *perquam* und *saepe* verweist FALLER auf CICERO, *de orat.* 1,214 (o. S. WILKINS), und *Att.* 1,20 (1,190 SHACKLETON BAILEY).

De eo quod scriptum est: Ut cognoscant te solum et verum deum et quem misisti iesum christum

1.16 Unde aduertant Arriani, quam impii sint, qui de spe nostra et voto nobis faciunt quaestiones. Et quoniam hinc prae ceteris vociferari solent dicentes separatum a solo et vero deo Christum, intellectus impios pro nostris viribus confutemus.

1.17 Hoc enim loco magis intellegere debent | de ‚solo et vero deo' quod male obiciunt Arriani, quia haec utilitas, haec merces est perfectae virtutis, hoc divinum et incomparabile munus, ut cognoscamus cum patre „Iesum Christum" nec separemus a patre filium, sicut scriptura non separat. Namque hoc magis ad unitatem quam ad distantiam divinae proficit potestatis, quod idem praemium, unum honorem nobis dat patris filiique cognitio, quoniam mercedem habere non poterit, nisi qui et patrem cognoverit et filium. Sicut enim patris, ita fili cognitio ‚vitam' adquirit ‚aeternam'.

1.18 Itaque sicut „in principio" statim „verbum" cum deo patre pia confessione iuncxit evangelista dicens „et verbum erat apud deum", ita et hic scribendo verbum domini „ut cognoscant te solum verum deum et quem

---

R (*def.* 12 separemus – 13–14 distantiam) *VZ MNC WEO def. LS*
1 *De eo* – 2 *Iesum christum hic R* (*praemisso signo antiquo tituli, ac verbis* ut – Christum *minoribus litteris artioreque spatio scriptis*), *ZW*, *l.* 21 deum *C*; *titul. recent. Oa, om. titul. VMNE* || 1–2 *Et pr. om. ZCW* || 3 sunt *C* || 5 hinc] mihi *N* hic *Oa* | esse separatum *C* || 6 intellectos *W* || 8 de solo – 9 Arriani *om.* Ω*am* || 10 mercis *Rp.c.m2*, *VMW* | perfecta *E* || 11 agnoscamus *W* | iesum *om.* Ω > *V*, *am* (christo *W*) || 14 potestati *Z* || 15 quoniam] quam *Nm* || 17 ita et *M* || 19 in] a *Ra.c.m1* || 20 dicens] dei *E* || 21 ita – 22 domini *litt. maior. rubr. cum titulo iungit C* (*cf. supra ad l. 1*) || 21 verba Ω*am* || 22 agnoscant *W* | solum] *add.* et *Z*

---

[477] FALLER, *Ambrosius* 8, 222, verweist für den ganzen Argumentationsgang (*fid.* 5,1,16 – 5,3,48, unten 598–627) auf Ps.-DIDYMUS, *trin.* 3,16 (PG 39, 865.868f), und den Hinweis auf den πρῶτος λόγος in *trin.* 3,36 (PG 39, 965); Ps.-BASILIUS, *Eun.* 4,3 (PG 29,705).

Darüber, daß geschrieben steht: „Daß sie dich als alleinigen und wahren Gott erkennen und den, den du geschickt hast, Jesus Christus" (Joh 17, 3*)

1.16[477] Daher sollen die Arianer erkennen, wie gottlos diejenigen sind, die uns über unsere Hoffnung und Erwartung Fragen stellen. Und da sie daher vor allen anderen auszurufen pflegen und sagen, daß Christus vom alleinigen und wahren Gott getrennt ist, wollen wir ihre gottlosen Vorstellungen unseren Kräften entsprechend widerlegen[478].

1.17 Denn in dieser Bibelstelle sollen sie eher etwas über den ‚alleinigen und wahren Gott' erkennen, was die Arianer bösartigerweise entgegenhalten, da dies der Nutzen, dies der Lohn der vollkommenen Tugend ist, dies das göttliche und unvergleichliche Geschenk, daß wir „Jesus Christus" mit dem Vater erkennen und nicht den Sohn vom Vater trennen, wie ihn auch die Schrift nicht trennt. Denn dies dient eher zur Einheit als zur Trennung der göttlichen Macht, weil die Erkenntnis des Vaters und des Sohnes uns denselben Lohn und eine einzige Ehre gibt, da keiner den Lohn wird haben können, wenn er nicht sowohl den Vater als auch den Sohn erkannt hat. Denn wie die Erkenntnis des Vaters, so erwirbt auch die Erkenntnis des Sohnes ‚ewiges Leben'.

1.18 Wie daher der Evangelist „am Anfang" sogleich „das Wort" (Joh 1, 1) mit Gott dem Vater in frommem Bekenntnis verbunden hat, indem er sagte: „Und das Wort war bei Gott", so hat er auch hier, indem er das Wort des Herrn aufgeschrieben hat, „daß sie dich als allein wahren Gott er-

---

[478] Für die arianische Argumentation vgl. MAXIMINUS, *c. Ambr.* (fol. 300ᵛ, 19–34 [CCL 87, 153], Zitat von Joh 17, 1–3; fol. 300ᵛ, 34f [CCL 87, 153] *conclusio*): ‚Te', ait, ‚solum verum D(eu)m', non ‚me et te et Sp(iritu)m S(an)c(tu)m'. Gegen eine „arianische" Benutzung der Stelle argumentiert auch HILARIUS VON POITIERS, *trin.* 3, 14 (CCL 62, 85f).

misisti Iesum Christum," coniunctione illa patrem utique copulavit et filium, ut Christum „verum deum" a maiestate patris nemo secernat. Numquam enim coniunctio separat.

1.19 Et ideo dicendo „ut cognoscant te solum verum deum et quem misisti Iesum Christum" et Sabellianos interficit et Iudaeos exclusit eos utique, qui audirent loquentem, ne aut illi eundem patrem putarent esse quem filium, si non addidisset „et Christum", aut isti a patre filium separarent.

1.20/21 Quaero autem cur non putent subaudiendum et ex superioribus colligendum, ut, quia praemisit „solum | verum deum" patrem, subaudiamus etiam Iesum Christum solum verum deum. Exprimendum enim aliter non fuit, ne duos deos dicere videretur. Nam neque duos dicimus deos et eiusdem cum patre divinitatis filium confitemur.

1.22 Itaque quaeramus, qua ratione divinitatis hic putent factam esse distantiam, utrum „deum" negent Christum — sed negare non possunt —, an „verum deum" negent. Sed dicant, si „verum" negant, utrum falsum an nun-

---

R (def. 2 ut – 7 audirent, 15–16 dicimus – 20 possunt) *VZ MNC WEO def. LS*
1 coniunctio illa (il *m2*) *C* || 2 filium] *add.* verum deum esse christum *W* | a *om. E* || 3 coniunctio *om. W* || 5 agnoscant *VW* | te *om. C* || 6 et *alt. om. V* || 7 interficit *Oa* | iudaeos] arrianos *C* || 9 in patre *Oa* || 10 separent *Z* || 11 non] *add.* sic *Oa* | putent] potest *M* putes *N* || 12 quia] qui *R* || 14 deum verum *V* | aliter] alterum *Oa* || 15–16 dicimus deos] deos dicimus *C* || 16–17 confitemur] *add.* verum deum esse christum. II. *Z* (*cf. supra l.* 2 *adnot. crit. W!*) || 20–21 negent] *add.* christum *Oa* || 21 – p.602 l. 1 nuncupatum *R*

---

[479] ATHANASIUS VON ALEXANDRIEN, *Ar.* 3, 9 (PG 26, 337–340), bezieht die Bibelstelle auf die Entlarvung falscher Götter. Es sei hierin keine Gemeinschaft zwischen Gott und Geschöpf ausgedrückt.

kennen und den, den du gesandt hast, Jesus Christus" (Joh 17,3*[479]) mit jener Konjunktion jedenfalls den Vater und den Sohn verbunden, damit niemand Christus, „den wahren Gott", von der Hoheit des Vaters trennt. Niemals nämlich trennt eine Konjunktion.

1.19 Und daher bringt er auch, indem er sagt: „Daß sie dich als allein wahren Gott erkennen und den, den du gesandt hast, Jesus Christus", die Sabellianer zum Verstummen und hat die Juden ausgeschlossen, und zwar die, die ihn sprechen hörten, damit weder jene (sc. Sabellianer) glauben, der Vater sei derselbe wie der Sohn, wenn er nicht hinzugefügt hätte: „und Christus", noch diese (sc. die Juden) den Sohn vom Vater trennen.

1.20/21 Ich frage aber, warum sie nicht glauben, daß aus den vorangehenden Argumentationen gehört und geschlossen werden muß, daß wir, weil Johannes vorausgeschickt hat, daß der Vater „allein wahrer Gott" ist, darin hören müssen, daß auch Jesus Christus „allein wahrer Gott" ist. Denn anders durfte er es nicht ausdrücken, um nicht offensichtlich zwei Götter zu nennen. Denn wir sagen auch nicht, daß es zwei Götter gibt, und bekennen trotzdem, daß der Sohn von derselben Gottheit mit dem Vater ist[480].

1.22 Deshalb wollen wir fragen, auf welche Weise ihrer Meinung nach hier eine Unterscheidung der Gottheit vorgenommen worden ist, ob sie Christus „als Gott" leugnen — aber das können sie nicht leugnen — oder ob sie leugnen, daß er „wahrer Gott" ist. Aber sie sollen sagen, wenn sie die Eigenschaft „wahr" leugnen, ob sie ihn für einen falschen oder für einen sogenannten Gott

---

[480] Entsprechend wirft PALLADIUS VON RATHIARIA, c. Ambr. 83 (fol. 345ᵛ, 19–34 [CCL 87, 190]), ihm auch vor, drei allmächtige, gleichewige und gleiche Götter zu lehren, vgl. CANTALAMESSA, Sant'Ambrogio 516f, und MARKSCHIES, Ambrosius von Mailand und die Trinitätstheologie 127–133.

cupativum deum iudicent. Nam secundum scripturas
aut verus deus est aut tantummodo nuncupativus aut falsus, verus ut pater, nuncupativus ut sancti, falsus ut dae-
mones adque simulacra. Dicant igitur, qua filium dei confessione designent, utrum falso praerepto dei nomine
an vero quasi nuncupativo inspirationem tantum divinitatis inesse arbitrentur.

1.23 Falso praereptum nomen non puto quod dicant, ut
apertiore se crimine impietatis involvant, ne ut daemo-
niis et simulacris, ita etiam Christo falsum dei inditum
nomen insinuando se prodant. Sin autem ideo deum putant dictum, quia inspirationem divinitatis habuit, sicut
et multi sancti viri — „eos" enim scriptura „deos dixit, ad
quos sermo fiebat dei" —, ergo non ultra homines eum
praeferunt, sed conparandum hominibus arbitrantur, ut
hoc putent eum esse, quod hominibus ipse donavit dicens
ad | Moysen: „Posui te in deum Pharaoni, unde et in psal-
mo dictum est: Ego dixi, dii estis."

1.24 Et hanc tamen sacrilegorum opinionem Paulus exclusit, qui ait: „Nam et si sunt, qui dicantur dii, sive in cae-

---

R (def. 6 vero – 8 non, 17 posui – 19 opinionem) VZ MNCWEO def. LS
2–3 aut – nuncupativus alt. om. NC ‖ 4 qua] quia N qui Oa ‖ 5 praerepto dei nomine R praereptum (praesumptum Nm, praeruptum Ma.c.,
praeceptum W) dei nomen (d. nom. om. C) Ωam ‖ 6 inspiratione
Oa ‖ 7 non esse arbitremur Oa arbitrantur MNm ‖ 8 praesumptum
Nm ‖ 11 deum om. C ‖ 11–12 dictum putant deum Oam ‖ 13 sancti
dei multi Oa ‖ 16 eum putent Ωam ‖ 17 unde – 18 dictum est om. N ‖
19–20 excludit Ωam ‖ 20 et om. N

---

[481] Die Formel *deus nuncupativus* (*nuncupativus* übersetzt καταχρη-
στικός) tritt auch in der lateinischen homöischen Überlieferung auf: Vgl.
COLLECTIO ARRIANA VERONENSIS, c. pag. 8, 3 (CCL 87, 135): *Deus Filius
verbi nomine nuncupatus erat in principio aput deum.* — Diese Stelle ist
deswegen hier besonders interessant, da im Kontext auch die Stelle Joh
3, 36 behandelt wird: COLLECTIO ARRIANA VERONENSIS, c. pag. 7, 4
(CCL 87, 133), bietet das Zitat kombiniert mit Phil 2 (alleiniger Gott
und Christus in der *forma servi*).

halten. Denn gemäß den Schriften gibt es den wahren Gott oder den nur sogenannten[481] oder den falschen, wahr wie der Vater, sogenannt wie die Heiligen, falsch wie die Dämonen und Götzen. Sie sollen also sagen, mit welchem Bekenntnis sie den Sohn Gottes bezeichnen, ob sie meinen, daß nur ein Hauch der Gottheit in dem fälschlich beanspruchten oder sogar in einem gleichsam nur sogenannten Namen Gottes ist.

1.23 Ich glaube nicht, daß sie sagen: der fälschlich beanspruchte Name, so daß sie sich offensichtlicher in das Verbrechen des Unglaubens verstricken, und damit sie sich nicht verraten, indem sie wie den Dämonen und Götzen, so auch Christus einen falsch beigegebenen Namen Gottes anhängen. Wenn sie aber daher glauben, daß er Gott genannt worden ist, weil er einen Hauch von Gottheit[482] in sich hatte, wie auch viele heilige Männer — „die" nämlich, „an die die Rede Gottes erging, hat" die Schrift „Götter genannt" (Joh 10, 35) —, stellen sie ihn also nicht über die Menschen, sondern meinen, er müsse mit den Menschen gleichgesetzt werden, so daß sie glauben, daß er das ist, was er den Menschen selbst geschenkt hat, indem er zu Mose sagte: „Ich habe dich zum Gott dem Pharao gegenüber eingesetzt" (Ex 7, 1*), woher auch im Psalm gesagt ist: „Ich habe es gesagt, ihr seid Götter" (Ps 82, 6: Ps 81, 6 LXX).

1.24 Und trotzdem hat Paulus diese Meinung der Religionsfrevler ausgeschlossen, der sagte: „Denn auch wenn es solche gibt, die Götter genannt werden, sei es im Him-

---

[482] Die Vorstellung von einer Gottheit des Sohnes aufgrund einer *inspiratio divinitatis* ist weder in der Veroneser Sammlung noch in den sogenannten „arianischen Scholien" zu belegen. Ambrosius polemisiert hier mit der Vorstellung von der „Hauchung" des Geistes, die tatsächlich wohl von Anhängern einer Subordination der dritten Person der Trinität als Argument verwendet wurde; GREGOR VON NAZIANZ, *or.* 31, 31 (FC 22, 332): Ὅσα δὲ κἀνταῦθα λέγεται ταπεινότερον, τὸ δίδοσθαι (vgl. Lk 11, 13) … τὸ ἐμφύσημα (vgl. Joh 20, 22) … εἴτε τι ἄλλο τοιοῦτον.

lo sive in terra"; non dixit ‚sunt dii', sed si „sunt qui dicantur". „Christus" autem, sicut scriptum est, „heri et hodie ipse est. Est" inquit, non solum nomine, sed etiam veritate.

1.25 Et bene scriptum est „heri et hodie ipse est", ut Arriani impietas adstruendi sacrilegii locum invenire non possit. Qui cum legeret in psalmo secundo dicentem filio patrem: „Filius meus es tu, ego hodie genui te", adnotavit „hodie", non „heri", ad aeternitatem divinae generationis referens, quod de carnis resurrectione memoratum est, sicut Paulus in Actibus apostolorum ait: „Et nos vobis adnuntiamus, quae ad patres nostros facta est repromissio, quoniam hanc deus replevit filiis nostris resuscitans dominum Iesum Christum, sicut scriptum est in psalmo secundo: Filius meus es tu, ego hodie genui te." Sancto igitur spiritu repletus sanctus apostolus, ut illam elideret scaevitatem, ait: „Heri et hodie ipse est et in saecula, heri" propter aeternitatem, „hodie" propter corporis susceptionem.

1.26 Est ergo Christus et est semper; qui enim „est", semper est. Christus autem semper est, de quo dicit Moyses: „Qui est, misit me." Erat utique | Gabrihel, erat Raphahel, erant angeli, sed semper esse, qui aliquando non fuerint, nequaquam pari ratione dicuntur. „Christus" au-

---

R (def. 9 memoratum – 11 adnuntiamus, 15 scaevitatem – p. 606 l. 1 non *pr.*) *VZ MNCWEO def. LS*
1 si *om. VZMEOam* si sunt *om. N* ‖ 3 inquit] *add.* hoc est Ωam (non solum nomine hoc est *Oa*) ‖ 4–5 arrii Ω*am* ‖ 5–6 posset *VZMNCE Oam* ‖ 7 et notavit *MN* ‖ 9 carnis] caeli *W* caelis *N* | r<esurrectione> *R*, *VC* adsumptione *MNWEOam* | monstratum *C* ‖ 9–10 sicut – 14 te *om. WEOa* ‖ 10 paulus] apostolus *MN* ‖ 11 repromissio facta est m repromissionem *VZ* ‖ 12 replevit] repromisit *C* adimplevit m ‖ 13 iesum *om.* (*vel evan.*) *R* ‖ 13–14 secundo] *add.* dñs d ... ad me *R* ‖ 15 sanctus *om.* Ω*am* ‖ 15–16 saevitatem *VMN*, *Op.r.* m ‖ 16 et] aut *C* | et *om. V* ‖ 17 aeternitatem] *add.* generationis *E* ‖ 19 qui enim semper est est (*!*) *Oa* ‖ 22 christus] in christo *Oa*

---

[483] Anders die vertraute Form: *heri et hodie idem* („heute und morgen derselbe"; vgl. FREDE, *Vetus Latina* 25/2, 1633).

mel, sei es auf Erden"; er hat nicht gesagt, ‚es gibt Götter', sondern, „wenn es solche gibt, die (so) genannt werden" (1 Kor 8,5). „Christus" aber, wie geschrieben steht, „ist gestern und heute er selbst" (Hebr 13,8*[483]). „Er ist es", heißt es in der Schrift, nicht nur dem Namen nach, sondern auch in Wahrheit.

1.25 Und trefflich steht geschrieben: „Er ist er selbst gestern und heute", damit der Unglaube der Arianer keine Gelegenheit findet, daran eine gotteslästerliche Aussage anzuhängen. Wenn einer im zweiten Psalm gelesen hat, daß der Vater dem Sohn sagt: „Du bist mein Sohn, heute habe ich dich gezeugt" (Ps 2,7), hat er die Zeitangabe „heute", nicht „gestern", bemerkt und bezieht auf die Ewigkeit der göttlichen Zeugung, was über die Auferstehung des Fleisches erwähnt worden ist, wie Paulus in der Apostelgeschichte sagt: „Und wir verkündigen euch, daß diejenige Verheißung, die an unsere Väter ergangen ist, Gott an unseren Söhnen erfüllt hat, indem er den Herrn Jesus Christus auferweckt, wie geschrieben steht im zweiten Psalm: Du bist mein Sohn, heute habe ich dich gezeugt" (Apg 13,32f*). Der heilige Apostel war also vom heiligen Geist erfüllt, um diesen Frevel zu tilgen, und sagte: „Er ist er selbst gestern und heute und in Ewigkeit" (Hebr 13,8*), „gestern" wegen der Ewigkeit, „heute" wegen der Annahme des Leibes.

1.26 Christus ist also und ist immer[484]; wer nämlich „ist", ist immer. Christus ist aber immer, über den Mose sagt: „Der ist, hat mich geschickt" (Ex 3,14). Es war freilich Gabriel, es war Rafael, es waren die Engel, aber von denen, die einmal nicht waren, wird keineswegs auf gleiche Weise gesagt, daß sie immer sind. „Christus" aber, wie

---

[484] Vgl. dafür die Auslegung von Joh 1,1 nach den Hinweisen von SIMONETTI, *La crisi* 471: BASILIUS VON CAESAREA, *Eun.* 2,14f (SCh 305,50–60); *hom. in Ps.* 16 (PG 31,476); GREGOR VON NAZIANZ, *or.* 29,17 (FC 22,206–208); GREGOR VON NYSSA, *Refutatio confessionis Eunomii* 114 (360 JAEGER), sowie Ambrosius, *incarn.* 3,16–18 (CSEL 79,231f).

tem, sicut legimus, „non fuit est et non, sed est in illo fuit". Unde vere dei solius est esse, qui semper est.

1.27 Ergo si et nuncupativum deum non audent dicere et falsum eum dicere maioris est impietatis, superest, ut ‚deus verus' sit, veri patris non dissimilis, sed aequalis. Qui cum et iustificet et sanctificet, quos velit, non foris adsumens sed in se habens sanctificandi potestatem, quomodo non est ‚deus verus'? Nam apostolus eum utique verum dixit, qui naturaliter deus esset, sicut habes: „Quia tunc", inquit, „nescientes deum servistis his, qui natura non erant dii", hoc est qui veri dii esse non poterant, quibus hoc naturaliter minime subpetebat.

2.28 Verum copiose iam „deum verum" Christum in superioribus libris scripturarum lectionibus adprobavimus. Ergo si Christus, ut edoctum est, ‚deus verus' est, quaeramus, qua ratione, cum „solum verum deum" patrem legunt, a patre filium cupiunt separare.

2.29 Si dicunt quia ‚verus solus deus' pater est, negare non possunt quia et filius ‚solus deus veritas' est, quia et Christus „veritas" est. Numquid veritas vero minor est, cum secundum adpellationem nominum verus plerumque a veritate dicatur, sapiens a sapientia, iustus a iustitia?

R (def. p. 604 l. 15 – 1 non *pr.,* 5 qui – 13 iam) *VZ MNCWEO def. LS*
1 sicut] ut *C* ‖ 2 unde et *N* | deus solus *W* ‖ 3 si et] etsi et *R* | noncupativum *C* ‖ 4 superest] restat *MNWEOam (evan. R)* ‖ 5 verus deus *WOam* ‖ 8 nam et *Oa* | eum *om. W* | utique *om. E* ‖ 9 qui] quia *W* | naturaliter] *add.* verus *Oa* ‖ 10 his *om. Ma.c.m2N* | qui *alt.*] quia *VZCWE* ‖ 11 vere *C* | non poterant esse *C* ‖ 13 deum verum] verum deum *CEOam* | 17 legant *Ma. c.m2NCm* | filium *om. R* ‖ 18 si] sed *R* sic *W* ‖ 19 verus deus solus *Zm* | veritas] verus *CW* | quia et *RV* et quia *a om.* et *cet. m* ‖ 20 veritas est *Ram* est veritas *cet.* | minor] maior *Z* ‖ 21 cum] quod *MN* ‖ 22 sicut sapiens *NEm* | a *pr.*] ut *W*

---

[485] Spätestens an dieser Stelle wird deutlich, daß Ambrosius, der am Beginn seiner Arbeit an *De fide* den homöischen Programmbegriff *simi-*

wir lesen, „war nicht zugleich Sein und Nichtsein, sondern das Sein war in ihm" (2 Kor 1, 19). Daher gehört das Sein wahrhaftig zu Gott allein, der immer ist.

1.27 Wenn sie also nicht wagen, ihn sogenannten Gott zu nennen, und ihn falschen Gott zu nennen, was ein Zeichen größeren Unglaubens ist, bleibt nur übrig, daß er ‚wahrer Gott' ist, dem wahren Vater nicht unähnlich, sondern gleich[485]. Da dieser diejenigen, die er will, sowohl rechtfertigt als auch heiligt, nicht von außen die Macht zu heiligen hinzunimmt, sondern sie in sich hat, wie kann der nicht ‚wahrer Gott' sein? Denn der Apostel hat freilich den wahr genannt, der von Natur aus Gott ist, wie du es findest: „Da ihr damals", sagte er, „als ihr Gott nicht kanntet, denen gedient habt, die von Natur aus keine Götter waren" (Gal 4, 8*), das heißt diejenigen, die wahre Götter nicht sein konnten und denen das von Natur aus am allerwenigsten zukam.

2.28 Tatsächlich haben wir in den voraufgehenden Büchern durch Schriftlesungen schon reichlich bewiesen, daß Christus „wahrer Gott" ist. Wenn also Christus, wie gelehrt worden ist, ‚wahrer Gott' ist, wollen wir fragen, auf welche Weise sie den Sohn vom Vater trennen wollen, wenn sie lesen, daß der Vater „allein wahrer Gott" ist.

2.29 Wenn sie sagen, daß der Vater ‚allein wahrer Gott' ist, können sie nicht leugnen, daß auch der Sohn ‚als Wahrheit alleiniger Gott' ist, weil gerade Christus „Wahrheit" (Joh 14, 6) ist. Oder ist aber etwa Wahrheit geringer als wahr sein, obwohl gemäß dem gewöhnlichen Wortgebrauch einer wahr meist wegen seiner Wahrheit genannt wird, weise wegen seiner Weisheit, gerecht wegen seiner Gerechtig-

---

lis (= ὅμοιος) auch in trinitätstheologischen Zusammenhängen noch recht unbefangen verwenden konnte (vgl. den Kommentar zu *fid.* 1, 7, 48, oben 176f), als Gegenbegriff zu *dissimilis* nun *aequalis* verwendet (und nicht mehr *similis*).

| Hoc nos non sentimus inter patrem et filium, quia et patri | 227
nihil deest, quia pater est veritatis, et filius, quia veritas est,
aequalis est vero.

‚Solus deus' cum dicitur, etiam christum significari

2.30 Ut sciant autem, cum „solum" legunt, nequaquam
esse a patre filium separandum, meminerint in prophetis
a deo dictum: „Ego extendi caelum solus." Et utique non
extendit sine filio pater; ipse enim filius, quia ‚sapientia
dei' est, dicit: „Quando parabat caelum, cum ipso aderam", et Paulus de ‚filio' dictum esse confirmat: „Initio
terram tu fundasti, domine, et opera manuum tuarum sunt
caeli." Sive ergo filius caelum fecit, sicut et apostolus
voluit intellegi, et ipse utique non sine patre ‚caelum solus
extendit', sive, ut in Proverbiis habes, „deus in sapientia
fundavit terram, paravit autem caelos in intellectu", ostenditur quia nec pater solus sine filio caelos fecit nec sine
patre filius. Et tamen qui ‚caelos extendit', „solus" dicitur.

R (*def.* 1 filium – 3 est, 14 habes – 16 filio) *VZ MNCWEO def. LS*
1 inter patrem non sentimus Ωam | quia et] quodque Oa || 2 veritatis]
veritas ZC verax m || 4 *Solus deus–Significari hic R* (*litt. minor. artiorequespatio, praefixo signo antiquo capituli*), *l.* 7 solus ZW (*add.* III Z); significant W; *titul. om. VMNCEO* || 7 a domino V | et utique] utque C ||
8 filio] *add.* caelum W | quia] qui Ωam || 10 initium V || 12 sive ergo]
si vero R quia ergo W | sicut *om.* C || 15 autem *om.* W | intellectum C ||
16 caelum *VMNWEOam*

---

[486] Zwei frühmittelalterliche Handschriften aus Rom und Monte Cassino (Z und C) vereinfachen, präzisieren aber auch: „weil der Vater die Wahrheit ist und der Sohn dem Wahren gleich ist, weil er die Wahrheit ist".
[487] FALLER, *Ambrosius* 8, 277, verweist hier auf Ps.-DIDYMUS, *trin.* 3, 16 (PG 39, 865): Die Vokabel μόνος bezieht sich auf die Trinität und umfaßt zwei beziehungsweise drei Hypostasen. Die Verbindung von Jes 44, 24 mit Ijob 9, 8 findet sich auch bei Ps.-DIDYMUS, *trin.* 3, 16 (PG 39, 869), beziehungsweise ATHANASIUS VON ALEXANDRIEN, *Ar.* 3, 9 (PG 26, 340).

keit? Einen solchen Unterschied bemerken wir nicht zwischen dem Vater und dem Sohn, weil auch dem Vater nichts fehlt, weil der Vater zur Wahrheit gehört[486], und der Sohn, weil er die Wahrheit ist, dem Wahren gleich ist.

Wenn ‚alleiniger Gott' gesagt wird, wird auch Christus bezeichnet

2.30 Damit sie aber wissen, daß, wenn sie „allein" lesen, keineswegs der Sohn vom Vater getrennt werden darf[487], sollen sie sich daran erinnern, daß bei den Propheten von Gott gesagt worden ist: „Ich allein habe den Himmel ausgespannt" (Jes 44,24*). Und freilich hat der Vater den Himmel nicht ohne den Sohn ausgespannt, denn der Sohn selbst sagt, weil er ‚Weisheit Gottes' ist: „Als er den Himmel schuf, war ich mit ihm da" (Spr 8,27*), und Paulus versichert, daß über ‚den Sohn' gesagt worden ist: „Am Anfang hast du die Erde gegründet, Herr, und Werke deiner Hände sind die Himmel" (Hebr 1,10*). Sei es also, daß der Sohn den Himmel gemacht hat, wie auch der Apostel es verstanden haben wollte, und er selbst freilich nicht ohne den Vater ‚allein den Himmel ausgespannt hat', sei es, daß „Gott", wie du es in den Sprüchen findest, „in Weisheit die Erde gegründet hat, die Himmel aber nach seinem Verstehen geschaffen hat" (Spr 3,19*[488]), es wird gezeigt, daß weder der Vater allein ohne den Sohn die Himmel geschaffen hat, noch der Sohn ohne den Vater. Und trotzdem wird derjenige, der ‚die Himmel ausgespannt hat', „allein" genannt.

---

[488] Die Formulierung *paravit in intellectu* hätte man auf die platonische Ideenlehre in ihrer mittelplatonischen Fassung (die Ideen als Gedanken Gottes) deuten können; Ambrosius zitiert die Passage zwar noch einmal ausführlich *in psalm. 118* 12,20 (CSEL 62,262), aber interpretiert sie auch dort nicht so. Das mag an seinen Vorbehalten gegenüber der Ideenlehre liegen: BALTES, *Idee* 239f.

2.31 Quam vero id de filio aperte intellegendum sit, quod ‚solus' adpelletur, etsi numquam inscio patre aliquid fecisse credatur, etiam alibi habes, ubi scriptum est: „Extendens caelum | solus et ambulans quasi in pavimento super mare." Namque evangelium domini docuit nos quod in mari non pater, sed filius ambulavit, quando Petrus eum rogavit dicens: „Domine, iube me venire ad te." Sed etiam prophetia ipsa documento est; sanctus enim Iob adventum domini prophetabat, de quo vere dixit quia „magnum cetum" erat „debellaturus". Et factum est; nam feralem illum cetum, diabolum scilicet, ultimis temporibus venerabili corporis sui passione prostratum perculit et adflixit.

2.32 Est ergo ‚solus et verus deus' filius; haec enim et filio praerogativa defertur. De nullo enim, qui creatus est, proprie dici potest quia ‚solus' est. Nam cui inest communitas creaturae, quemadmodum quasi solus potest a ceteris separari? Itaque homo rationabilis videtur inter omnia terrena animantia, sed tamen non est solus rationabilis; scimus enim rationabilia esse et caelestia opera dei, angelos et archangelos rationabiles confitemur. Si ergo angeli rationabiles, non utique solus rationabilis homo dicitur.

R (def. 4 caelum – 10 nam, 14 est ergo – 22 non fere omnia) VZ MNCWEO def. LS
1 id om. Oa id et (id est C) Ωam ‖ 2 appellatur E ‖ 5 nos om. W ‖ 7 rogavit eum Oam | ad te] add. super aquam C ‖ 8 documentum V ‖ 9 vere om. V ‖ 10 coetum V caetum W | devellaturus N ‖ 11 coetum RVM caetum W | zabulum Oa ‖ 12 venerabilis WOa ‖ 14 vere Oa | deus] dei WEOa | enim] ergo Z ‖ 15 filio] fili E | enim] namque m ‖ 16 est om. Oa ‖ 20 rationabiliora C | et pr. om. ZC | caelestia] add. esse alt. Z ‖ 21 ergo] enim C

2.31 Wie aber offensichtlich mit Blick auf den Sohn dieser Sachverhalt verstanden werden muß, daß er „allein" genannt wird, wenn auch niemals von ihm geglaubt wird, daß er etwas ohne das Wissen des Vaters gemacht hat, findest du auch an anderer Stelle, wo geschrieben steht: „Er spannte allein den Himmel aus und wandelte auf dem Wasser wie auf einem Fußboden" (Ijob 9, 8*). Denn auch das Evangelium des Herrn hat uns gelehrt, daß auf dem Wasser nicht der Vater, sondern der Sohn gewandelt ist, als Petrus ihn gebeten und gesagt hat: „Herr, laß mich zu dir kommen" (Mt 14,28). Aber auch die Prophetie selbst dient zum Beweis, denn der heilige Ijob sagte die Ankunft des Herrn vorher, über den er wahrhaftig gesagt hat, daß er „den großen Walfisch[489] besiegen" wollte (Ijob 3, 8*). Und das ist geschehen, denn jener bösartige Walfisch ist freilich der Teufel, den er in den letzten Zeiten vernichtet und gestürzt hat, nachdem er ihn durch das verehrungswürdige Leiden seines Leibes niedergeworfen hatte (vgl. Jes 27, 1; Joh 12, 31; 16, 11).

2.32 Der Sohn ist also ‚alleiniger und wahrer Gott'; dieses Vorrecht wird nämlich auch dem Sohn übertragen. Über keinen, der geschaffen ist, kann ja im eigentlichen Sinne gesagt werden, daß er ‚allein' ist. Denn wie kann derjenige, in dem die Gemeinschaft mit den übrigen Geschöpfen angelegt ist, gewissermaßen allein von den übrigen getrennt werden? Daher scheint der Mensch vernünftig unter allen irdischen Lebewesen, aber dennoch ist er nicht allein vernünftig; wir wissen nämlich, daß auch die himmlischen Werke Gottes vernünftig sind, wir bekennen die Engel und Erzengel als vernünftige Wesen. Wenn also die Engel vernünftig sind, wird freilich der Mensch nicht allein vernünftig genannt.

---

[489] Gemeint ist der LEVIATHAN; vgl. auch Ambrosius, *in Luc.* 4, 40 (CCL 14, 120f).

2.33 Sed dicunt solum dici posse solem, quia sol alter non est. — Sed ipse sol habet communia multa cum stellis, | quod percurrit caelum, quod aetheriae illius caelestisque substantiae est, quod creatura est, quod inter omnia dei opera conputatur, quod cum omnibus deo ‚servit', cum omnibus ‚benedicit' deum, cum omnibus ‚laudat'. Non ergo solus proprie dicitur, quia nec a ceteris separatur.

2.34 Itaque cum patris et filii et spiritus sancti divinitati, quae sola non inter omnia, sed super omnia est, nulla possit creatura conferri — ut de spiritu interim adsertio reservetur —, sicut pater dicitur ‚solus deus verus', cui nihil sit commune cum ceteris, ita etiam solus est filius „imago dei" veri, solus „ad dexteram" patris, solus ‚virtus dei atque sapientia'.

2.35 Solus ergo filius fecit sicut et pater, quia scriptum est: „Quae"cumque „facio, ipse facit." Cum enim unum opus sit patris et fili, bene de patre et filio dicitur, quia deus solus operatus est, unde etiam cum ‚creatorem' dicimus, et patrem et filium confitemur. Nam utique cum Paulus diceret: „Qui servierunt creaturae potius quam creatori", nec patrem creatorem negavit „ex quo omnia" nec filium „per quem omnia".

R (def. 10 ut – 11 verus) VZ MNCWEO def. LS
1 solum *om. R* | posse dici Ω*a* || 2 sed] at *m* sed et ipse Ω*am* | stellis] *add.* sol iustitiae deus solus. et orietur vobis timentibus nomen domini sol iustitiae et sanitas in alis eius *Z* (*cf. Mal. 4,2 = 3,20 Sept.*) 4 inter] *in* O*a* || 5 servit] *add.* quod *W* || 6 laudat *om. W* || 8 filii *R et codd.* > *V* (fili) | et spiritus *RC* spiritusque *cet.* a*m* || 8–9 divinitatis *W* divinitate *V* || 11 servetur *Z* | sit] est *W* | solus deus verus deus *Z* || 13 veri dei O*am* | dextera (*om.* ad) Ω*am* || 15 fecit] facit *m* | quia] sicut *V* || 16 et ipse *RV* (*sed cf. fid. III 90*) ipse] ille *N* | faciet *C* unum *om. RV* || 17 et de filio *ZMNCE* || 20 potius] prius *V* || 21 creatorem *om. W* | omnia *pr.*] *add.* haec *m*

---

[490] Dafür vgl. Ambrosius, *hex.* 1,6,23 f (CSEL 32/1, 21 f), sowie BASILIUS VON CAESAREA, *hex.* 1,11 (GCS 18–20).

2.33 Aber sie sagen, daß die Sonne allein genannt werden kann, weil es keine zweite Sonne gibt. — Aber die Sonne selbst hat viel Gemeinsames mit den Sternen, weil sie den Himmel durchläuft, weil sie von jener luftigen und himmlischen Substanz ist[490], weil sie ein Geschöpf ist, weil sie unter alle Werke Gottes gezählt wird, weil sie mit allen Gott ‚dient‘, mit allen Gott ‚rühmt‘, mit allen ‚lobt‘. Sie wird also nicht im eigentlichen Sinne allein genannt, weil sie auch nicht von den übrigen getrennt wird.

2.34 Da deshalb der Gottheit des Vaters, des Sohnes und des Heiligen Geistes, die sich nicht allein inmitten von allem befindet, sondern über allem steht, kein Geschöpf gleichgestellt werden kann — um vorläufig eine Abhandlung über den Geist beiseite zu lassen[491] —, ist auch der Sohn so, wie der Vater, der nichts mit den übrigen Geschöpfen gemeinsam hat, genannt wird: ‚allein wahrer Gott‘, allein „Abbild des" wahren „Gottes" (Kol 1,15; 2 Kor 4,4), allein „zur Rechten" (Röm 8,34; Hebr 1,3) des Vaters, allein ‚Kraft Gottes und Weisheit‘ (vgl. 1 Kor 1,24).

2.35 Der Sohn hat also allein gehandelt wie auch der Vater, weil geschrieben steht: „Was" auch immer „ich mache, tut er selbst" (Joh 14,10*[492]). Da es nämlich ein einziges Werk des Vaters und des Sohnes gibt, wird über den Vater und den Sohn trefflich gesagt, daß Gott allein gehandelt hat, weshalb wir auch, wenn wir ‚Schöpfer‘ sagen, sowohl den Vater als auch den Sohn bekennen. Denn freilich, als Paulus sagte: „Diejenigen, die dem Geschöpf mehr gedient haben als dem Schöpfer" (Röm 1,25), hat er weder den Vater als Schöpfer geleugnet, „aus dem alles ist", noch den Sohn, „durch den alles ist" (1 Kor 8,6).

---

[491] Aber vgl. die ausführliche Erörterung in Ambrosius, *spir.* 1,2,27f (CSEL 79,27f).
[492] Vgl. dafür die umfangreiche Behandlung in *fid.* 1,3,22, oben 154f; 2,11,98, oben 322f; 3,11,90, oben 422f; 4,6,68, oben 508–511, sowie 5,11,134, unten 690f.

2.36 A quo alienum utique non videtur, quia scriptum | est: „Qui solus habet inmortalitatem." Quomodo enim non „habet inmortalitatem" qui „vitam" habet „in semet ipso"? Habet utique in natura, habet in substantia et habet non per gratiam temporalem, sed per ‚sempiternam divinitatem'; habet non ex dono quasi servus, sed ex generationis proprietate quasi filius coaeternus et habet „sicut pater. Sicut enim pater habet vitam in semet ipso, ita et filio dedit vitam habere in semet ipso." Sicut „habet" inquit, sic „dedit". Didicisti supra, quemadmodum dederit, ne putares esse gratiae largitatem, ubi generationis arcanum est. Cum ergo inter patrem et filium vitae nulla distantia sit, quemadmodum quod ‚inmortalitatem solus' habeat pater, filius non habeat aestimari potest?

2.37 Unde intellegant nec hoc loco a ‚solo deo vero' patre filium separandum, quia probare non possunt quod ‚solus et verus deus' filius non sit, cum praesertim et hic aut subaudiatur, ut diximus, et Christum „verum solum deum" esse aut certe aliud ad divinitatem patris et fili, aliud ad incarnationem Christi relatum intellegendum sit, quia non est perfecta cognitio, nisi quae et secundum aeternitatem unigenitum deum verum dei filium Iesum Christum et secundum carnem generatum ex virgine confitetur. Quod alibi hic ipse evangelista nos docuit dicens:

R (*def.* 1 videtur – 2 inmortalitatem, 5–6 divinitatem – 13 inmortalitatem *fere omnia,* 17 cum – p. 616 l. 1 omnis *fere omnia*); *L* (*inde a l. 13* quemadmodum), *VZ MNCWEO def. S*
2 quomodo – 3 inmortalitatem *om. C* ‖ 3 inmortalitatem non habet *Oam* ‖ 3–4 in semet ipso *om. C* ‖ 5 per *om. W* ‖ 6 habet *om. Ma. c.N* | quasi servus *om. Ma.c.N* ‖ 12 intra *E* ‖ 13 quod *om. V* | pater] *add.* et *C*, si *Z* ‖ 14 non habet *Z* ‖ 15 nec] ne *Oa* | deo vero *RW* vero deo *cet. am* ‖ 15–16 patre *om. C* ‖ 16 quod – 17 sit *om. C* ‖ 18 aut *om. RV* | solum verum *Oa* ‖ 21 et *om. W* ‖ 22 deum verum] domini *C* | dei] *add.* verbum *C* ‖ 23–24 confitetur ex virgine *Z*

---

[493] Auch Ps.-DIDYMUS, *trin.* 3,1 6 (PG 39, 865), argumentiert mit dieser

2.36 Damit scheint freilich nicht unvereinbar, daß geschrieben steht: „Der allein die Unsterblichkeit hat" (1 Tim 6, 16)[493]. Wie nämlich hat der keine Unsterblichkeit, der „das Leben in sich selbst" hat (Joh 5, 26)? Er hat sie freilich in der Natur, er hat sie in der Substanz und nicht durch zeitliche Gnade, sondern durch ‚die ewige Gottheit' (vgl. Röm 1, 20). Er hat sie nicht aufgrund eines Geschenkes wie ein Knecht, sondern aufgrund der Eigentümlichkeit der Zeugung als gleichewiger Sohn und besitzt sie „wie der Vater. Wie nämlich der Vater in sich selbst Leben hat, so hat er auch dem Sohn gegeben, Leben in sich selbst zu haben " (Joh 5, 26*). So wie „er es hat", heißt es, „hat er es auch gegeben". Du hast oben[494] gelernt, wie er gegeben hat, damit du nicht glaubst, daß Freigiebigkeit der Gnade da wirkt, wo das Geheimnis der Zeugung ist. Da es also zwischen Vater und Sohn keinen Unterschied des Lebens gibt, wie kann gemeint werden, daß der Vater ‚allein Unsterblichkeit' hat, der Sohn aber nicht?

2.37 Daher sollen sie einsehen, daß in dieser Bibelstelle (sc. Joh 5, 26) der Sohn vom Vater als ‚allein wahrem Gott' auch nicht getrennt werden darf, weil sie nicht beweisen können, daß der Sohn nicht ‚alleiniger und wahrer Gott' ist. Zumal da man auch hier entweder heraushört, wie wir gesagt haben, daß auch Christus „allein wahrer Gott" ist oder sicherlich verstehen muß, daß das eine auf die Gottheit des Vaters und des Sohnes, das andere auf die Fleischwerdung Christi bezogen ist, da es keine vollkommene Erkenntnis gibt, außer der, zu bekennen, daß Jesus Christus, der Sohn Gottes, der Ewigkeit entsprechend wahrer, eingeborener Gott ist und dem Fleisch entsprechend gezeugt aus der Jungfrau. Das hat dieser Evangelist selbst uns an anderer Stelle gelehrt, indem er sagte:

Stelle.
[494] Vgl. *fid.* 4, 10, 131, oben 556–559.

"Omnis spiritus, qui confitetur Iesum | Christum in carne venisse, de deo est."

2.38 Denique quam non alienum sit etiam incarnationis hoc loco intellegere sacramentum, docet nos ipsius series lectionis. Sic enim habes: "Pater, venit hora, clarifica filium tuum." Utique cum et horam venisse commemoraret et clarificari petat, quomodo nisi secundum carnis adsumptionem locutum eum convenit aestimari? Nam nec ulla sibi temporum praescripta momenta divinitas habet nec clarificatione indiget lumen aeternum. Ergo in ,solo vero deo' patre et filium dei „solum verum" secundum divinitatis intellegimus unitatem et in Iesu Christi nomine, quod ex virgine natus accepit, incarnationis agnoscimus sacramentum.

2.39 Quod si, cum „solum verum deum" patrem legunt, filium cupiunt separare, ergo cum de dei fili incarnatione legunt: „hic est lapis, qui reprobatus est a vobis aedificantibus, qui factus est in caput anguli", et infra: „non est aliud

---

R (def. 10 solo – 12 christi) *LVZ MNCWEO def.* S
1 dominum iesum christum C | in carnem *VNE* ‖ 6 commemoraret R, Turon. commemoret *cet. am* ‖ 7 clarificari se L, (se *s.l.*) Z | secundum] per W | carnis] *add.* hic C ‖ 9 divina *La.c.m2* divinitatis *Oa* ‖ 15 si –deum] sicut deum solum verum C | verum *om. Oa* ‖ 16 dei *om.* Ωam ‖ 18 qui] quia N

---

[495] Den Ausdruck *series lectionis* kann man prinzipiell in drei Bedeutungsweisen verstehen: Entweder bezeichnet er den Wortlaut eines Textes oder die Reihenfolge der Verse in der Perikope, die Ambrosius in der zugrundeliegenden Predigt auslegte (Joh 17,3 wird beispielsweise in *fid.* 5,1,15, oben 596f, zitiert), oder er meint die dreiteilige Leseordnung (Propheten-, Aposteltext und Evangelium: SCHMITZ, *Gottesdienst im altchristlichen Mailand* 317–323). Die anderen Belege des Ausdrucks bei Ambrosius, *fid.* 5,13,161, unten 594f; weiter: *hex.* 1,6,20 (CSEL 32/1,16); 2,2,7 (CSEL 32/1,46); 3,2,7 (CSEL 32/1,63), sowie *parad.* 12,56 (CSEL 32/1,315); 13, 64 (CSEL 32/1,323); *Abr.* 2,7,41 (CSEL

„Jeder Geist, der bekennt, daß Jesus Christus im Fleisch gekommen ist, ist von Gott" (1 Joh 4,2*).

2.38 Schließlich lehrt uns der Wortlaut der Lesung[495] selbst, wie passend es ist, auch in dieser Bibelstelle das Geheimnis der Fleischwerdung zu erkennen. So nämlich findest du es: „Vater, die Stunde ist gekommen, verherrliche deinen Sohn" (Joh 17,1). Da er freilich sowohl erwähnt, daß die Stunde gekommen ist, als auch bittet, verherrlicht zu werden, wie sollte die Stelle anders verstanden werden, als daß er entsprechend der Annahme des Fleisches gesprochen hat? Denn weder hat die Gottheit für sich irgendeinen vorgeschriebenen Zeitpunkt, noch bedarf das ewige Licht der Verherrlichung. Also erkennen wir im ‚allein wahren Gott', dem Vater, auch den Sohn Gottes als „allein wahr", der Einheit der Gottheit entsprechend, und im Namen Jesu Christi, den er, geboren aus der Jungfrau, angenommen hat, erkennen wir das Geheimnis der Fleischwerdung.

2.39 Wenn sie aber, sooft sie lesen, daß der Vater „allein wahrer Gott" ist, den Sohn abtrennen wollen, meinen sie also auch, daß der Vater von der Wohltat, uns das Heil zu schenken, getrennt werden soll, wenn sie über die Fleischwerdung des Sohnes Gottes lesen: „Das ist der Stein, der von euch Bauleuten verworfen worden ist, der zum Eckstein geworden ist" (Apg 4,11), und im nächsten Vers: „Es ist kein

---

32/1,596); *in Luc.* 3,9 (CCL 14,81), sowie 7,15 (CCL 14,220), und [Ps.-?]Ambrosius, *apol. Dav.* 21,4 (CSEL 32/2,361), sind im Rahmen dieses Bedeutungsspektrums zu interpretieren; BLAISE, *Dictionnaire* 755, nennt als Belege JOHANNES CASSIAN, *coll.* 19,12,3 (CSEL 13,411: *sacrarum series scripturarum*); 14,10,4 (CSEL 13,546: *sacrae series lectioni*), sowie SALVIANUS VON MARSEILLE, *Ad ecclesiam* 4,39 (166 HALM: *totam ... divinarum seriem litterarum*), und gibt als Bedeutungen „teneur, texte, contexte".

nomen sub caelo datum hominibus, in quo oportet salvos fieri", patrem existimant ab inpertiendae nobis salutis beneficio separandum? Sed neque sine patre salus neque „vita aeterna" sine filio.

3.40 Sed adserunt Arriani: „„Si solum verum deum" sicut patrem ita et filium dicitis et unius substantiae patrem et filium confitemini, non unum deum, sed duos deos inducitis, quod qui unius substantiae sunt, non unus deus sed duo dii | videntur esse, sicut duo homines aut duae | 232 oves pluresve dicuntur. Homo autem et ovis nec duo homines dicuntur nec duae oves, sed unus homo et una ovis.'

3.41 Haec Arriani dicunt et hac disputatione versuta simpliciores capere nituntur. Tamen si legamus scripturas divinas, inveniemus pluralitatem magis in ea cadere, quae diversae discretaeque substantiae sunt, hoc est eterousia, idque in Solomonis libris habemus expressum, eo loci scilicet in quo dicit: „Tria sunt autem inpossibilia intellegere et quartum quod non agnosco: vestigia aquilae volantis et vias serpentis super petram et semitas navis navigantis et vias viri in iuventute." Utique aquila et navis et serpens unius non sunt generis adque naturae, sed differentis discretaeque substantiae, et tamen tria sunt. Con-

---

R (def.ll. 5 deum – p. 620 l. 8 plures sunt: *supersunt sola initia* [20ʳ *B*] *vel partes extremae* [20ᵛ *A*] *linearem*) *LVZ MNCWEO def. S*
1 oporteat *V* oporteat nos *m* (*Vulg.*) ‖ 2 exstimant *W* aestimant *Oa* | ab] ad *RW* | vobis *Oa* ‖ 3 sed] at *m* ‖ 5 si *om. EOa eras. M* ‖ 8 quod] inquit *W*, quia *m* ‖ 9 dii *om. C* ‖ 14 invenimus *N* | magis *om. Oa* ‖ 15 substantiae] distantiae *C* | eterousia *LCWOa* ethero usia *Z* ete ousian *M* et ero usian *N* erusia *V* ἑτερουσία *m* ‖ 16 idque] quem *MN* | in *om. N* | eo loci *LVE* eo loco *cet. am* ‖ 17 autem *om. Oa* autem] *add.* mihi *V* ‖ 18 quod *om. Oa* | cognosco *m* ‖ 19 viam *Oa* | supra *LCWE* (*def. R*) ‖ 20 et vias *om. E* ‖ 21–22 differentes *V* ‖ 22 discretae (*om.* que) *WE*

anderer Name den Menschen unter dem Himmel gegeben, in dem sie gerettet werden sollen" (Apg 4, 12*). Aber weder gibt es ohne den Vater Heil noch „ewiges Leben" ohne den Sohn.

3.40 Aber die Arianer behaupten: ‚Wenn ihr wie den Vater so auch den Sohn „allein wahren Gott" nennt und bekennt, daß Vater und Sohn von einer einzigen Substanz sind, führt ihr nicht einen einzigen Gott, sondern zwei Götter ein, weil diejenigen, die von einer einzigen Substanz sind, nicht ein einziger Gott, sondern zwei Götter zu sein scheinen, wie man zwei Menschen oder zwei Schafe oder eben mehr sagt. Ein Mensch aber und ein Schaf werden weder zwei Menschen noch zwei Schafe genannt, sondern ein einziger Mensch und ein einziges Schaf.'

3.41 Dies sagen die Arianer und strengen sich an, mit dieser gewandten Argumentation die einfacheren Gemüter einzufangen. Dennoch, wenn wir die göttlichen Schriften lesen, werden wir finden, daß Vielfalt mehr in den Dingen auftritt, die verschiedener und unterschiedlicher Substanz sind[496], das heißt ἑτεροούσια, und das finden wir in den Büchern Salomos ausgedrückt, dort freilich, wo er sagt: „Dreierlei aber ist unmöglich wahrzunehmen und ein viertes, das ich nicht verstehe: Die Spuren des fliegenden Adlers, die Wege der Schlange auf dem Fels und die Bahnen des segelnden Schiffes und die Wege des Mannes in der Jugend" (Spr 30, 18f*). Adler, Schiff und Schlange sind freilich nicht von einer einzigen Art und Natur, sondern von verschiedener und unterschiedlicher Substanz, und dennoch sind sie drei. Sie sehen

---

[496] FALLER, *Ambrosius* 8, 232, verweist für den Vorwurf, „Arianer" führten μερισμοί καὶ διαιρέσεις in der einen Gottheit durch, auf ATHANASIUS VON ALEXANDRIEN, *decr.* 23, 3 – 24, 1 (19f OPITZ): Es seien keine Trennungen in der Gottheit möglich, weil sie unkörperlich ist.

tra se igitur sua esse intellegunt argumenta testimoniis scripturarum.

3.42 Itaque dicendo patris et fili discretam esse substantiam differentemque deitatem duos utique ipsi deos adserunt. Nos autem, cum et patrem confitemur et filium, adserendo tamen unius esse deitatis, non duos deos, sed unum deum dicimus. Et hoc dominicis eloquiis adprobamus, quia ibi plures sunt, ubi aut naturae aut voluntatum et operationum est differentia. Denique — ut suis sibi testimoniis revincantur —, duo homines dicuntur, quia, licet unius naturae sint iure nascendi, tamen et tempore et cogitatione et opere et loco distant. Et ideo non | potest unus homo dici in significatione et numero duorum, quia non est unitas, ubi est diversitas. Unus autem deus cum dicitur, et patris ac fili et spiritus sancti gloria et plenitudo signatur.

3.43 Denique tanta veritas unitatis est, ut etiam, quando natura sola generationis aut carnis significatur humanae, et unus homo de multis dicatur, sicut habes: „Dominus mihi adiutor, non timebo, quid faciat mihi homo", id est non una persona hominis, sed una caro et una fragilitas generationis humanae. Et addidit: „Bonum est sperare in domino quam sperare in homine." Nec hic utique specialem hominem, sed generalem condicionem designavit. Denique statim subiecit de pluribus: „Bonum est con-

---

R (*def.* 18 carnis – 20 non *pr.*) *LVZ MNCWEO def. S*
1 intellegant *Z* ‖ 5 adserent *L* ‖ 6 deos] *add.* esse *C* ‖ 7 deum *om. C* ‖ 8 ibi] ubi *VNWm* | ubi] ibi *Nm* ‖ 9 *est om. N* ‖ 12 opera *W* ‖ 13 in *om. L* ‖ 14 unitas non est *CNm* | cum *om.* Ω*am* ‖ 15 ac] et *Cm* et *alt.*] ac *m* ‖ 19 sic *Oa* ‖ 20 adiutor] *add.* est *C* | mihi faciat *C* ‖ 23 hic *om. Z* ‖ 25 – p. 622 l. 1 sperare] confidere Ω*am*

also ein, daß sich ihre Argumente aufgrund der Schriftzeugnisse gegen sie selbst richten.

3.42 Daher behaupten sie selbst freilich zwei Götter, indem sie sagen, daß die Substanz des Vaters und des Sohnes verschieden ist und ihre Gottheit unterschiedlich. Wir aber, wenn wir sowohl den Vater als auch den Sohn bekennen, indem wir behaupten, daß sie dennoch von einer einzigen Gottheit sind, nennen nicht zwei Götter, sondern nur einen einzigen Gott. Und das beweisen wir mit Aussprüchen des Herrn, da dort mehrere sind, wo entweder ein Unterschied der Natur oder der Absichten und der Handlungen besteht. Schließlich — damit sie von ihren eigenen Zeugnissen überzeugt werden — sagt man: zwei Menschen, weil sie dennoch, obwohl sie kraft ihrer Geburt von einer einzigen Natur sind, sowohl durch Zeit als auch durch Denken, Werk und Ort unterschiedlich sind. Und deshalb kann man nicht bei der Bedeutung und Anzahl von zweien ein einziger Mensch sagen, weil keine Einheit besteht, wo eine Verschiedenheit ist. Wenn aber nur von einem einzigen Gott gesprochen wird, wird ein Ruhm und eine Fülle sowohl des Vaters als auch des Sohnes und des heiligen Geistes bezeichnet.

3.43 Schließlich ist die Wahrheit der Einheit so groß, daß auch, wenn nur die Natur der Zeugung und des menschlichen Fleisches bezeichnet wird, ein einziger Mensch von den Vielen genannt wird, wie du es findest: „Der Herr ist mir eine Hilfe, ich werde mich nicht fürchten, was könnte mir ein Mensch antun" (Ps 118,6: Ps 117,6 LXX), das heißt, nicht eine einzelne menschliche Person, sondern das eine Fleisch und die eine einzige Vergänglichkeit dank der menschlichen Zeugung. Und er hat hinzugefügt: „Es ist besser, auf den Herrn als auf einen Menschen zu hoffen" (Ps 118,8: Ps 117,8* LXX). Und hier hat er freilich nicht einen besonderen Menschen, sondern das allgemeine menschliche Sein bezeichnet. Schließlich hat er sogleich über die große Masse hinzugefügt: „Es ist besser,

fidere in domino quam sperare in principibus." Sed ubi ‚homo' dicitur, naturae interdum, ut supra diximus, communis inter omnes unitas significatur, ubi ‚principes', variarum quaedam differentia potestatum est.

3.44 Sed inter homines aut in hominibus unius alicuius rei unitas est, aut caritatis aut cupiditatis aut carnis aut devotionis et fidei. Generalis autem unitas, et quae in se secundum divinitatis gloriam conplectatur omnia, solius est patris et fili et spiritus sancti.

3.45 Unde et dominus, cum diversitatem inter se hominum designaret, qui nihil habent inter se, quo possint ad unitatem individuae substantiae pervenire: „In lege vestra", inquit, „scriptum est quia duorum ho|minum testimonium verum est." Et cum praemisisset „duorum hominum testimonium verum est", ubi venit ad suum et patris testimonium, non dixit ‚verum est testimonium nostrum, quia duorum deorum testimonium est', sed: „Ego", inquit, „sum qui testimonium perhibeo de me ipso, et testimonium perhibet de me, qui misit me, pater." Supra quoque similiter ait: „Et si iudico ego, iudicium meum verum est, quia solus non sum, sed ego et qui me misit pater." Itaque et infra et supra et patrem signavit et filium nec pluralitatem admiscuit nec divinae unitatem substantiae separavit.

3.46 Evidens est igitur quia, quod unius est substantiae, separari non potest, etiamsi non sit singularitatis, sed unitatis. Singularitatem dico, quae graece monotes dicitur.

R (def. 5 aut – 6 aut quart., 16 non – 18 et) LVZ MNCWEO def. S
3 omnis E homines Z ǁ 4 potestatis C ǁ 6 rei om. E ǁ 7 est pr.] aut Lp. c.m2Z ǁ 8 complectitur Em ǁ 9 est om. L ǁ 11 habet CW | quod possit (add. inter se C) Ωam ǁ 12 pervenire] pertinere (pertenirent Ma.c., pertineret p.c.) Ωam ǁ 13 inquit] quid MN | quia] quod m ǁ 14 et – 15 est om. C ǁ 14–15 hominum om. Oa ǁ 16 non – 17 est om. C ǁ 19 me misit VMC ǁ 20 verum] iustum Oa ǁ 21 misit me ROam ǁ 21–22 et quart. om. Oa ǁ 22 signavit om. E significavit LNWm | et pluralitatem non admiscuit Oa ǁ 24 est bis om. Oa ǁ 26 singularitatem (singulari autem W)] add. hanc Ωam | monotes VME monetes R monothes Z, (h s.l.) L monostes C monotos N monas W μόνότέσ Oa μονοτὴς (sic!) m

auf den Herrn zu vertrauen, als auf Fürsten zu hoffen" (Ps 118,9: Ps 117,9* LXX). Aber wo ‚Mensch' gesagt wird, wird bisweilen die allgemeine Einheit der Natur zwischen allen Menschen, wie wir oben gesagt haben, bezeichnet, wo ‚Fürsten' gesagt wird, gibt es eine Art Unterscheidung von verschiedenen Gewalten.

3.44 Aber zwischen Menschen oder bei Menschen besteht eine Einheit in einer einzigen Sache, entweder in der Liebe oder in der Begierde oder im Fleisch oder in der Frömmigkeit und im Glauben. Die allgemeine Einheit aber und zwar die, die alles in sich dem Ruhm der Gottheit entsprechend umfaßt, ist allein die des Vaters und des Sohnes und des heiligen Geistes.

3.45 Daher hat auch der Herr gesagt, als er die Verschiedenheit der Menschen untereinander bezeichnete, die nichts untereinander gemeinsam haben, wodurch sie zur Einheit der individuellen Substanz gelangen könnten: „In eurem Gesetz steht geschrieben, daß das Zeugnis zweier Menschen wahr ist" (Joh 8,17). Und nachdem er vorher gesagt hatte: „das Zeugnis zweier Menschen ist wahr", hat er, sobald er auf sein und des Vaters Zeugnis kam, nicht behauptet: ‚unser Zeugnis ist wahr, weil es das Zeugnis zweier Götter ist', sondern er hat gesagt: „Ich bin es, der Zeugnis über mich selbst ablegt, und Zeugnis über mich legt der ab, der mich gesandt hat, der Vater" (Joh 8,18). Und auch weiter oben hat er in gleicher Weise gesagt: „Und wenn ich richte, ist mein Urteil wahr, weil ich nicht allein bin, sondern ich und der, der mich gesandt hat, der Vater" (Joh 8,16). Deshalb hat er oben wie unten (vgl. Joh 8) sowohl den Vater als auch den Sohn bezeichnet, weder eine Vielfalt hinzugemischt noch die Einheit der göttlichen Substanz getrennt.

3.46 Es ist also offensichtlich, daß das, was von einer einzigen Substanz ist, nicht getrennt werden kann, wenn es auch keine Einzigkeit ist, sondern eine Einheit. Ich nenne Einzigkeit, was im Griechischen μονότης genannt

Singularitas ad personam pertinet, unitas ad naturam. Ea vero quae diversae substantiae sunt, non solum unum, sed etiam plura dici solere, licet iam et prophetico claruerit testimonio, expressius tamen ipse apostolus declaravit dicens: „Nam et si sunt, qui dicantur dii, sive in caelo sive in terra." Vides igitur, quia hii, qui ex diversis substantiis sunt et non ex unius veritate naturae, adpellantur dii. Pater autem et filius, quia unius substantiae sunt, non duo dii, sed „unus deus pater, ex quo omnia, et unus dominus Iesus, per quem omnia. Unus" inquit „deus pater" et „unus dominus Iesus", et supra „unus deus", non duo, et infra | „unus dominus", non duo.

3.47 Pluralitas ergo excluditur, non unitas sequestratur. Sed quemadmodum, cum legimus ‚dominum Iesum', nec patrem — ut supra diximus — a dominationis iure secernimus quod ei commune cum filio est, ita cum legimus „so-

---

R (def. 1 naturam–3 et, 14 cum–16 secernimus) *LVZ MNCWEO def. S*
3 per plura *Oa* | iam] etiam *VNCWOa* | claruit *E* ‖ 6 hii *RLC* dii *W* hi cet. *am* ‖ 7–8 dii appellantur Ω*am* ‖ 8 quia] qui *E* ‖ 10 iesus] add. christus *Oam* (*Vulg.*) ‖ 11 duo] add. dii m et non duo *Oam* ‖ 16 – p. 626 l. 1 verum solum (dñm?) *R*

---

[497] CANTALAMESSA, *Sant' Ambrogio* 525 f, hat beobachtet, daß Ambrosius hier auffälligerweise den griechischen Begriff ὑπόστασις vermeidet und *singularitas* (= μονότης) von *unitas* unterscheidet. Die griechischen Theologen verwendeten den mißverständlichen Ausdruck μονότης kaum (so fehlt er beispielsweise bei ATHANASIUS), und wenn, dann eher im Sinne von *unitas:* EPIPHANIUS VON SALAMIS, *haer.* 69,60,6 (GCS 209, aus einer Argumentation gegen Arianer): καὶ οὐχ ἕτερον βούλημα ἦν τὸ τοῦ υἱοῦ παρὰ τὸν πατέρα. ἀλλ᾽ ἔδει αὐτὸν καὶ ἐν τούτῳ ταῦτα δεικνύειν, ἵνα τὸ πᾶν τῆς μονότητος ἐπὶ τὸν πατέρα ἀναγάγοι, πρὸς τὸ μὴ μερισθῆναί τι τῆς μιᾶς ἑνώσεως καὶ οἰκονομίας. Das liegt vermutlich

wird⁴⁹⁷. Die Einzigkeit bezieht sich auf die Person, die Einheit auf die Natur. Das aber, was von verschiedener Substanz ist, pflegt nicht nur als einzelnes genannt zu werden, sondern auch in der Mehrzahl. Und das hat trotzdem der Apostel noch einmal selbst, obwohl es auch schon durch prophetisches Zeugnis klargeworden ist, deutlicher erklärt, indem er gesagt hat: „Denn auch wenn es solche gibt, die — sei es im Himmel, sei es auf Erden — Götter genannt werden" (1 Kor 8,5). Du siehst also, daß diejenigen, die aus verschiedenen Substanzen sind und nicht aus der Wirklichkeit einer einzigen Natur, Götter genannt werden. Der Vater aber und der Sohn sind nicht zwei Götter, weil sie von einer einzigen Substanz sind, sondern sie sind „ein einziger Gott Vater, aus dem alles ist, und ein einziger Herr Jesus, durch den alles ist" (1 Kor 8,6*)⁴⁹⁸. „Ein einziger Gott Vater", sagte er, „und ein einziger Herr Jesus" und zuerst „ein einziger Gott", nicht zwei, und dann „ein einziger Herr", nicht zwei.

3.47 Die Vielfalt wird also ausgeschlossen, die Einheit nicht aufgehoben. Aber wie wir, wenn wir lesen, der ‚Herr Jesus', nicht den Vater — wie wir oben⁴⁹⁹ gesagt haben — vom Recht auf Herrschaft, das er gemeinsam mit dem Sohn hat, trennen, so können wir, wenn wir lesen, der „al-

---

auch daran, daß μονότης sowohl „Einheit" bezeichnen kann (JAMBLICH, *Myst.* 8,2: Πρὸ τῶν ὄντως ὄντων καὶ τῶν ὅλων ἀρχῶν ἐστι θεὸς εἷς, πρώτιστος καὶ τοῦ πρώτου θεοῦ καὶ βασιλέως, ἀκίνητος ἐν μονότητι τῆς ἑαυτοῦ ἑνότητος μένων [261 PARTHEY]) als auch „Einzigartigkeit"; (ALEXANDER VON APHRODISIAS, *In Aristotelis Metaphysica commentaria* Δ18,1022a 24 [416 HAYDUCK]: οὕτως καὶ ἡ μονότης τοῦ καθ' αὑτὸ ὑπάρχοντος δηλωτική).

⁴⁹⁸ Vgl. Ambrosius, *spir.* 3,13,92a (CSEL 79,189).
⁴⁹⁹ Vgl. *fid.* 2,5,39, oben 274f.

lum verum deum" patrem, nec filium a solius veri dei iure possumus separare, quod ei commune cum patre est.

3.48 Aut dicant, quid aliud sentiant, quid arbitrentur, cum legimus: „Dominum deum tuum adorabis et illi soli servies", utrum Christum non adorandum et Christo non existiment serviendum. Quod si illa, quae „adoravit eum", Chananea impetrare meruit, quod poposcit, et Paulus apostolus, qui ‚servum' se Christi prima scriptorum suorum praefatione profitetur, „apostolus" esse meruit „non ab hominibus neque per hominem, sed per Iesum Christum", dicant, quid arbitrentur sequendum, utrum cum Arrio mallint sibi societatem esse perfidiae, ut „solum" et „verum deum" Christum negando ostendant quia nec adorandum eum nec serviendum ei iudicent, an vero consortium mallint habere cum Paulo, qui serviendo atque adorando etiam Christum utique solum verum deum voce adfectuque non diffitebatur, quem pio servitio fatebatur.

De eo quod dominus dixit: Vos adoratis quod nescitis nos adoramus quod scimus

4.49 Quod si qui dicet quoniam deum patrem adorat et filius, quia scriptum est: „Vos adoratis, quod nescitis, nos adoramus, quod scimus", consideret, quando et apud quem et cuius suscepto loquatur adfectu.

R (*def.* 9 non – 12 sibi, *tituli* 4,18 de eo quod *et* 18 (adora)tis – 19 scimus, 22 consideret – p. 628 l. 1 in) *LVZ MNCWEO def.* S
1 iure *om. Oa* ‖ 3 quid *alt.*] quidve Ω *am* ‖ 4 illi] ipsi Ω > Z, *am* ‖ 6 estiment *L, Ma.c.m2W* estimant *N* extiment *C* ∣ eum *om. Z* ‖ 8 qui *om. Oa* ∣ se servum *L* ‖ 12 mallent *C* ‖ 13 christum *om. N* ‖ 14 eum] deum *Oa* ∣ ei] deo *i.r. L* ‖ 15 mallint *R, cf. ThesLL. 193, 23sqq.* ‖ 15–16 orando *LVZ, Wa.c.* ‖ 18 *De eo* – 19 *Scimus hic C; l. 21* scriptum est (*L u.t.*, *add. in mg.* cap. IIII *m2*), (*W u.t.*), *Z* (*add.* IIII); *l. 22* scimus *R* (*mutilus: cf. supra*); *titul. recent. Oa; om. titul. VMNE; in linea tituli add. in mg.* p̄ (=caput?) *l.* 19 *Rm1 vel m2* ‖ 20 qui *om. C* quis *Mp.c. WOam* ∣ dicit *CW* dicat *Oam* ∣ quo-niam] quod *V* ∣ adoret *VOa* ‖ 20–21 et non filium *Z* ‖ 21 vos – 22 scimus *ut partem tituli* (*cf. ad. l. 18*) *LZW* ‖ 21 et nos *C* ‖

lein wahre Gott", der Vater, auch nicht den Sohn vom Recht, allein wahrer Gott zu sein, abtrennen, das er gemeinsam mit dem Vater hat.

3.48 Oder sie sollen sagen, was für eine andere Meinung sie haben, was sie glauben, wenn wir lesen: „Du sollst den Herrn, deinen Gott, anbeten und ihm allein dienen" (Dtn 6,13; Mt 4,10), ob sie meinen, daß Christus nicht angebetet und Christus nicht gedient werden soll. Jene Kanaanäerin aber, die „ihn angebetet hat", hat verdient, das zu erlangen, was sie forderte (sc. die Heilung ihres Sohnes; vgl. Mt 15,25), und der Apostel Paulus, der sich in der ersten Vorrede seiner Schriften als ‚Knecht' Christi (vgl. Röm 1,1) bekennt, hat verdient, „Apostel" zu sein „nicht von Menschen und nicht durch einen Menschen, sondern durch Jesus Christus" (Gal 1,1). Wenn dem so ist, sollen sie sagen, welcher Möglichkeit man ihrer Ansicht nach folgen muß, ob sie lieber mit Arius eine Gemeinschaft im Unglauben haben wollen, so daß sie, indem sie Christus als „alleinigen" und „wahren Gott" leugnen, zeigen, daß sie das Urteil fällen, er dürfe weder angebetet noch dürfe ihm gedient werden, oder aber ob sie lieber eine Gemeinsamkeit mit Paulus haben wollen, der dadurch, daß er auch Christus diente und ihn anbetete, ihn jedenfalls mit Wort und seiner inneren Haltung nicht als „allein wahren Gott" leugnete, ihn, den er mit pflichtgetreuem Dienst bekannte.

Darüber, daß der Herr gesagt hat: „Ihr betet an, was ihr nicht kennt, wir beten an, was wir kennen" (Joh 4,22)

4.49 Wenn aber einer sagen wird, daß auch der Sohn Gott, den Vater, anbetet, weil geschrieben steht: „Ihr betet an, was ihr nicht kennt, wir beten an, was wir kennen" (Joh 4,22), soll er überlegen, wann und bei wem und in wessen Natur, die er angenommen hat, er spricht.

---

22 *apud* || *quam MNE* || 23 loquebatur C | in om. Ma.c.N

4.50 Denique et in superioribus non inmerito praemissum est quia „Iesus ex itinere fatigatus sedebat" et a Samaritana bibere postulabat, quia secundum carnem hominis loquebatur; nam secundum divinitatem nec fatigari poterat nec sitire.

4.51 Deinde cum Samaritana quasi ‚Iudaeum' adpellaret et ‚prophetam' putaret, quasi Iudaeus, qui spiritaliter mysteria legis doceret, respondit ei: „Vos adoratis, quod nescitis, nos adoramus, quod scimus." „Nos" inquit, hoc est: se hominibus copulavit. Quo autem nisi secundum carnem hominibus copulatur? Et ut ostenderet quia secundum incarnationem responderat, addidit: „Quia salus ex Iudaeis est."

4.52 Sed statim post hoc sequestravit hominis adfectum dicens: „Veniet", inquit, „hora, et nunc est, quando veri | adoratores adorabunt patrem." Non dixit ‚adorabimus', quod utique dixisset, si consortium nostri subiret obsequii.

4.53 Verum cum legerimus quia magi „adoraverunt eum", intellegere debemus quia non potest per eandem naturam et adorare quasi servus et adorari quasi dominus, sed potius quia ut homo inter homines adorare dicitur et quasi dominus a famulis adoratur.

4.54 Multa ergo secundum incarnationis legimus et credimus sacramentum, sed in ipsa naturae humanae adfectione maiestatem licet spectare divinam. ‚Fatigatur ex itine-

---

R (def. 11 copulatur – 14 sequestravit, 25 humanae – p. 630 l. 1 fatigatos) LVZ MNCWEO def. S
2 fatigatus ex itinere Oam || 3 quia om. V || 6 deinde – 7 adpellaret om. R || 6 cum om. Oa || 7 et] et cum eum R || 8 legis mysteria V | ei om. m ei] dicens Oa || 9 nos alt. – 11 copulatur om. EOa || 10 quo] quomodo Cm | an W || 11 quia] qui W || 12 responderet W || 14 haec ZC | hominis] humanitatis V || 15 inquit om. m | et] ut C || 17 si dixisset Cp.r. m2 || 17–18 obsequium C || 19 verum] denique C | quia] quod Oam | magi adoraverunt R maria adoraverunt LZC maria adoravit VMNWE Oam || 20 quia om. Z quod Oam || 22 quia ut] quasi C || 23 a famulis] et filius Oa || 25–26 adfectatione V || 26 divinam om. W | fatigatus W

4.50 Schließlich ist auch in den vorausgehenden Passagen des Evangeliums nicht grundlos vorausgeschickt worden, daß „Jesus von seinem Marsch ermüdet sich niederließ" (Joh 4,6) und von einer Samaritanerin etwas zu trinken erbat, weil er dem Fleisch des Menschen entsprechend sprach; denn in der Gottheit konnte er weder müde werden noch Durst empfinden.

4.51 Dann, als die Samaritanerin ihn als ‚Juden' ansprach und ihn für einen ‚Propheten' hielt, antwortete er ihr als Jude, der geistlich die Geheimnisse des Gesetzes lehrte: „Ihr betet an, was ihr nicht kennt, wir beten an, was wir kennen". „Wir" hat er gesagt, das heißt, er hat sich mit den Menschen verbunden. Wodurch aber wird er mit den Menschen verbunden, wenn nicht im Fleisch? Und um zu zeigen, daß er mit Blick auf die Fleischwerdung geantwortet hatte, hat er hinzugefügt: „Weil das Heil von den Juden kommt" (Joh 4,22).

4.52 Aber sofort danach hat er den menschlichen Zustand beiseitegelassen und gesagt: „Die Stunde wird kommen", sagte er, „und ist jetzt da, wenn die wahren Anbeter den Vater anbeten werden" (Joh 4,23). Er hat nicht gesagt: ‚Wir werden anbeten', was er freilich gesagt hätte, wenn er sich mit uns gemeinsam in unsere Abhängigkeitsverhältnisse begeben hätte.

4.53 Aber da wir gelesen haben, daß „die Weisen ihn angebetet haben"[500], müssen wir einsehen, daß er nicht durch dieselbe Natur sowohl wie ein Knecht anbeten als auch wie ein Herr angebetet werden kann, sondern eher, daß es heißt, daß er als ein Mensch unter Menschen anbetet und daß er als Herr von den Dienern angebetet wird.

4.54 Vieles also lesen und glauben wir dem Geheimnis der Fleischwerdung entsprechend, aber selbst im Zustand der menschlichen Natur dürfen wir die göttliche Hoheit schauen. ‚Jesus wird müde vom Marsch' (vgl. Joh 4,6),

---

[500] Mt 2,11 = *fid.* 1,4,31f, oben 162f.

re Iesus', ut ‚reficiat' fatigatos, ‚petit bibere' daturus, ‚esurit' cibum salutis esurientibus traditurus, moritur vivificaturus, sepelitur resurrecturus, tremulo pendet in ligno confirmaturus trementes, caelum caligine obducit, ut inluminet, terras tremefacit, ut solidet, maria conturbat, ut mitiget, reserat tumulos mortuorum, ut ostendat domicilia esse vivorum, creatur ex virgine, ut ex deo natus esse credatur, nescire se simulat, ut scire faciat nescientes, adorare quasi Iudaeus dicitur, ut quasi verus dei filius adoretur.

De eo quod scriptum est: Calicem quidem meum bibetis, sedere autem ad dexteram meam vel ad sinistram non est meum dare vobis, sed quibus paratum est a patre meo

5.55 ‚Quomodo' inquiunt ‚filius dei solus verus deus potest esse similis patri, cum ipse dixerit filiis Zebedei: „Calicem quidem meum bibetis, sedere autem ad dexteram meam vel ad sinistram non est meum dare vobis, sed quibus paratum est a patre meo"'? Hoc igitur vestrum divinae, ut vultis, inaequalitatis est argumentum, cum in eo magis venerari domini clementiam, adorare gratiam deberetis, si tamen ‚virtutis atque sapientiae dei' profunda secreta possitis advertere.

R (*def.* 9 filius adoretur, 10 eo – 12 dare) *LVZ MNCWEO def.* S
1 petiit *R* | bibere] *add.* sitientibus potum spiritalem *Oam* (*sed. cf. spir. I 165*) ‖ 2 cibos esurientibus salutis *Oa* ‖ 3 pendit *RM, La.c.* ‖ 5 terram *Cpol. II l.c.p. 84,6* | tremefecit *W* tremere facit *Cpol. II l.c.* ‖ 8 scire se (se *s.l. m1?*) *L, V* ‖ 9 verus *om. V* | deus filius *CEm* ‖ 10 *De eo* – 12 *Meo hic R* (eo – 12 dare *evan.; sed conservatur in mg. signum tituli antiquum*), *C*; De eo quod scriptum est *praemittunt l. 14 ipsi loco scripturae* (*LW u.t.*) *Z*; *add.* V *Z*, cap. V *et sign. capituli Lm2 om. titul. VMNE* ‖ 13 verus solus *L* ‖ 16 vel] aut *C* | dari *W* ‖ 17 igitur] *add.* verum (*om.* ut vultis) *C* | vestrum divinae] vestrae differentiae *Oa* ‖ 18 non aequalitatis *Oa* | argumentum] sacramentum *N* ‖ 19 clementiam et *LZC* ‖ 20 possetis *ZNEOam*

---

[501] FALLER, *Ambrosius* 8, 238, verweist für die Auslegung vor allem auf ORIGENES, *comm. in Mt.* 16, 4 (GCS 471–474); PS.-DIDYMUS, *trin.* 3, 29 (PG 39, 945–949), sowie PS.-BASILIUS, *Eun.* 4, 3 (PG 29, 708). — Zur Aus-

um die Ermüdeten ‚zu erfrischen' (vgl. Mt 11,29), ‚er bittet um etwas zu trinken' (vgl. Joh 4,7.13f; 7,34), um zu geben, ‚er ist hungrig' (vgl. Joh 4,31f), um den Hungrigen die Speise des Heils zu geben (vgl. Joh 6,27), er stirbt, um lebendig zu machen, er wird begraben, um aufzuerstehen, er hängt zitternd am Holz, um die Zitternden zu stärken. Er verschleiert den Himmel mit Finsternis, um zu erleuchten, er läßt die Erde erzittern, um sie zu festigen (vgl. Lk 23,43–47), er wühlt die Meere auf, um sie zu zähmen (vgl. Mt 8,24–26), er öffnet die Gräber der Toten, um zu zeigen, daß sie Wohnsitze der Lebendigen sind (vgl. Mt 27,53f), er wird aus der Jungfrau geschaffen, um als der geglaubt zu werden, der aus Gott geboren ist (vgl. Mt 1,20–23), er gibt vor, nicht zu wissen (vgl. Mt 13,23), um die Unwissenden wissend zu machen. Von ihm wird gesagt, daß er als Jude anbetet, damit er als wahrer Sohn Gottes angebetet wird (vgl. Joh 4,21).

Darüber, daß geschrieben steht: „Ihr werdet freilich meinen Kelch trinken, es liegt aber nicht bei mir, euch zu erlauben, zu meiner Rechten oder Linken zu sitzen, sondern es wird denen gegeben, die von meinem Vater dazu bestimmt sind" (Mt 20,23)

5.55 ‚Wie', sagen sie, ‚kann der Sohn Gottes als allein wahrer Gott dem Vater gleich sein, obwohl er selbst den Söhnen des Zebedäus gesagt hat: „Ihr werdet freilich meinen Kelch trinken, es liegt aber nicht bei mir, euch zu erlauben, zu meiner Rechten oder Linken zu sitzen, sondern es wird denen gegeben, die von meinem Vater dazu bestimmt sind"' (Mt 20,23)? Das also ist euer Beweis für die göttliche Ungleichheit, wie ihr sie wollt, obwohl ihr damit eher die Milde des Herrn hättet verehren, seine Gnade hättet anbeten sollen, jedoch nur, wenn ihr die tiefen Geheimnisse ‚der Kraft und Weisheit Gottes' (vgl. 1 Kor 1,24) erkennen könntet[501].

---

legung des ORIGENES vgl. MARKSCHIES, „*Sessio ad Dexteram*" 22–25.

5.56 Considerate enim quae „cum filiis" et pro filiis petat. „Mater" est utique, cui pro filiorum honore sollicitae inmoderatior quidem, sed tamen ignoscenda mensura votorum est, atque mater aetate longaeva, studio religiosa, solacio destituta, quae tunc temporis, quando vel iuvanda vel alenda foret validae prolis auxilio, abesse sibi liberos patiebatur et voluptati suae mercedem sequentium Christum praetulerat filiorum. Qui prima voce | vocati a domino, ut legimus, „relictis retibus et patre secuti sunt eum."

5.57 Haec igitur studio maternae sedulitatis indulgentior obsecrabat salvatorem dicens: „Dic ut sedeant hi duo filii mei unus ad dexteram tuam et alter ad sinistram in regno tuo." Etsi error, pietatis tamen error est; nesciunt enim viscera materna patientiam. Etsi voti avara, tamen veniabilis cupiditas, quae non pecuniae est avida, sed gratiae. Nec inverecunda petitio, quae non sibi, sed liberis consulebat. Matrem considerate, matrem cogitate!

5.58 Sed nihil mirum, si vilis vobis videtur circa filios adfectus parentum, qui etiam omnipotentis patris vilem putatis esse circa unigenitum filium caritatem. Dominus

---

R (def. 1 considerate – 3 sed, 12 duo – 15 materna) LVZ MNCWEO def. S

1 etenim E | quae cum] quaecumque NC | et pro filiis om. Oa || 2 cui om. N || 2–3 sollicita W || 6 ausilio R | obesse Z | sibi om. C || 7 voluptatis ZNW || 10 eum] deum N || 11 materno N | sed utilitatis MN || 12 dic M (probabiliter R), Turon. 265 (dic ait, om. dicens), om. cet. hii LC || 13 et om. W | alius ad sinistram tuam Oa || 15 materna viscera Oam || 16 veniavilis E veneabilis Ma.c.m2 venerabilis LV, Mp.c.m2 Oa || 20 qui] quia Oa

5.56 Überlegt doch, wer „mit den Söhnen" (Mt 20,20) und für die Söhne bittet. „Die Mutter" ist es freilich, die, besorgt um die Ehre der Söhne, ein zwar ziemlich unbescheidenes, aber dennoch verzeihliches Maß an Wünschen hat. Und die Mutter[502], ihrem Alter nach hochbetagt, in ihrem Eifer fromm, ihres Trostes beraubt, die zu dieser Zeit, als sie durch die Hilfe ihres starken Nachwuchses hätte unterstützt und ernährt werden sollen, hinnahm, daß die Kinder ihr fehlten, und ihrem eigenen Wohlergehen den Gewinn für ihre Söhne, die Christus nachfolgten, vorgezogen hatte. Diese haben, nachdem sie mit dem ersten Berufungswort vom Herrn gerufen worden sind, wie wir lesen, „die Netze und den Vater zurückgelassen und sind ihm gefolgt" (Mt 4,22).

5.57 Sie beschwor also in ihrem mütterlichen Übereifer den Heiland und sagte: „Sag', daß diese meine beiden Söhne in deinem Reich einer zu deiner Rechten und der andere zu deiner Linken sitzen sollen" (Mt 20,21*). Auch wenn es ein Fehler ist, ist es dennoch ein Fehler aus Liebe. Das mütterliche Herz kennt nämlich keine Geduld. Auch wenn sie unersättlich in ihrem Wünschen ist, ist es dennoch ein verzeihliches Verlangen, das nicht auf Geld, sondern auf Gnade aus ist. Und es ist keine unverschämte Bitte, weil sie nicht für sich, sondern für die Kinder sorgte. Betrachtet die Mutter, macht euch Gedanken über die Mutter!

5.58 Aber ist es nicht verwunderlich, wenn euch die Zuneigung der Eltern zu ihren Söhnen wertlos erscheint, die ihr auch die Liebe des allmächtigen Vaters zu seinem eingeborenen Sohn für wertlos erachtet. Der Herr des

---

[502] Ähnlich schon ORIGENES, *comm. in Mt.* 16,4 (GCS 472f).

caeli atque terrarum verecundabatur — ut secundum adsumptionem carnis et virtutes animae loquar —, verecundabatur, inquam, et ut ipsius verbo utar, confundebatur matri pro filiis postulanti etiam suae sedis consortium denegare. Vos aeterni dei filium proprium interdum pro ministerio stare contenditis, interdum famulatorium, hoc est non ex maiestatis unitate, sed ex patris praeceptione vultis eius esse consessum, et negatis hoc deo vero dei filio, quod ille hominibus aperte noluit denegare.

5.59 Considerabat enim matris dilectionem, quae filiorum mercede grandaevam solabatur senectam et | desideriis licet fessa maternis carissimorum pignorum tolerabat absentiam.

5.60 Considerate etiam feminam, hoc est sexum fragiliorem, quem dominus propria nondum confirmaverat passione. Considerate, inquam, Evae illius primae mulieris heredem, transfusa in omnes inmoderatae cupiditatis

---

R (def. 3 verbo – 5 vos, 14–15 fragiliorem – 16 illius) *LVZ MNCWEO* def. S

2 virtutis *RZMC, Ep.c.* animi *C* || 3 verbis *E* || 4 postulanti] supplicanti *C* || 6 famulari *N* || 7 est non *om. W* || 8 consensum *VCW* || 9 aperte] aparte *N* a patre *ME om. R* | negare *C* || 10–11 filiorum] *add.* dilectione (*alio atramento del. m1?*) *R* || 11 mercedem *VW* | grandebam *R* (*signo apposito add. in mg. inf. m? ego te est vit ... ?: cf. Campana p. 47*) | consolabatur *W* || 12 licet *om. EOa* || 17 hereditatem *Oa* | transfusam *LZWOa* | omnis *V* omni *W*

---

[503] Die Ergänzung *virtutes animae* zeigt, daß Ambrosius sich hier erstmals in unserem Buch erkennbar (freilich für damalige Leser beziehungsweise Hörer eher nur indirekt) gegen APOLINARIUS VON LAODICEA wendet; vgl. aber seinen nach der Synode von Aquileia im September

Himmels und der Erden scheute sich — damit ich im Blick auf die Annahme des Fleisches und der Kräfte der Seele rede[503]—, er scheute sich, sage ich, und um ein Wort von ihm selbst zu benützen, es brachte ihn in Bestürzung, der Mutter, die für ihre Söhne bat, auch die Gemeinschaft, mit ihm zusammen zu sitzen, zu verweigern. Ihr behauptet, daß der eigene Sohn des ewigen Gottes bisweilen für einen Dienst bereitsteht, bisweilen dienstbar ist, das heißt ihr wollt, daß er nicht aufgrund der Einheit der Hoheit, sondern aufgrund der Vorschrift des Vaters mit ihm zusammensitzt, und ihr verweigert das dem wahren Gott, dem Sohn Gottes, was jener den Menschen offensichtlich nicht abschlagen wollte.

5.59 Er bedachte nämlich die Liebe der Mutter, die ihrem hohen Alter Trost verschaffte durch den Gewinn für die Söhne, und obwohl sie durch die mütterlichen Wünsche ermüdet war, ertrug sie die Abwesenheit ihrer innig geliebten Söhne.

5.60 Bedenkt, daß sie auch eine Frau ist, das heißt, das schwächere Geschlecht, das der Herr noch nicht durch sein eigenes Leiden gefestigt hatte[504]. Bedenkt, sage ich, daß sie die Erbin jener Eva, der ersten Frau, ist, die nun strauchelte, da die Nachfolge dieser unmäßigen Begierde

---

381 an THEODOSIUS geschriebenen Brief (*epist. extr. coll.* 8[14], 5 [CSEL 82/3, 199]). Ambrosius beklagt, daß das Konzil von Konstantinopel sich nicht mit APOLINARIUS beschäftigte, ihn als Häretiker brandmarkte und absetzte. — Diese antihäretische Dimension der Argumentation fehlt noch in der Interpretation der Bibelstelle bei PS.-DIDYMUS, *trin.* 3, 29: ἐρρήθη οὖν οὕτω διὰ τὴν δουλικὴν μορφὴν (PG 39, 948). MORESCHINI, *Ambrosius* 15, 363 Anm. 1, weist in seiner Ausgabe auf GREGOR VON NAZIANZ hin, der die Stelle freilich nicht in einer trinitätstheologischen Argumentation verwendet: *or.* 37, 14 (SCh 318, 300).
[504] Vgl. ORIGENES, *comm. in Mt.* 16, 4 (GCS 473).

successione labentem, quam dominus adhuc proprio sanguine non redemerat, nondum inolitam adfectibus omnium divini contra fas honoris adpetentiam suo Iesus cruore diluerat. Hereditario mulier delinquebat errore.

5.61 Et quid mirum, si mater pro filiorum suorum, quod est tolerabilius quam pro se, quando etiam apostoli ipsi inter se, sicut legimus, de sui praelatione certabant?

5.62 Non debuit igitur medicus omnium destitutam matrem et aegram adhuc mente pudoris convicio sauciare, ne postulato sibi superbius denegato quasi inmoderatae petitionis damnata maereret.

5.63 Denique dominus, qui honorandam sciret esse pietatem, non mulieri, sed filiis eius respondit dicens: „Potestis bibere calicem, quem ego bibiturus sum?" Dicentibus autem illis „possumus ait illis" Iesus: „Calicem quidem meum bibetis, | sedere autem ad dexteram meam vel ad sinistram non est meum dare vobis, sed quibus paratum est a patre meo."

5.64 Quam patiens et clemens dominus, quam alta sapientia et bona caritas! Volens enim ostendere quia non perfunctoriam rem aliquam discipuli postularent, sed eam, quam impetrare non possent, praerogativam eius paternae honorificentiae reservavit, non metuens, ne quid iuri proprio derogaret, „qui non rapinam arbitratus est esse

---

R (def. 8 non – 10 sibi, 21 perfunctoriam – 23 honorificentiae) *LVZ MNCWEO def. S*
1 successionem *Oa* | labantem *VZMCWEN* | proprio adhuc *C* ‖ 2–3 omnibus *V* omnem *Oa* ‖ 3 divini *RV,* inmodici *cet.* | iesus *om. MNm* ‖ 4 hereditario] *add.* igitur Ω*am* ‖ 6 quem *MN* | pro se quando] prosequendo *VN* ‖ 7 si ipsi quando *Oa* | prolatione *N* ‖ 9 mente *LC* mentis *W* mentem *cet. am* | convicia *Z* ‖ 10 superius *Oa* ‖ 11 mereret *LVZMNC W* ‖ 15 illis *om. C* ‖ 20 enim *om. R (?)* | eam] etiam *Oa* ‖ 21 possunt *E* ‖ 24 denegaret *VNW* | qui] quia *E* | est arbitratus *Turon.* 265 | esse *om. N*

---

[505] Für *hereditario errore* vgl. die analoge Auslegung in Ambrosius, *in psalm.* 118 6,21f (CSEL 62,119); 8,24 (CSEL 62,164f); *myst.* 6,32 (FC

auf alle übertragen ist, die der Herr bisher durch sein eigenes Blut nicht erlöst hatte, und bei der Jesus noch nicht das dem Verhalten aller eingepflanzte, gegen das Recht göttlicher Ehre gerichtete Begehren durch sein Blut abgewaschen hatte. Die Frau wurde also durch einen ererbten Fehler schuldig (vgl. Gen 3,5f[505]).

5.61 Und warum ist es verwunderlich, wenn die Mutter sich für ihre Söhne einsetzte, was erträglicher ist, als wenn sie sich für sich selbst eingesetzt hätte, da auch die Apostel selbst unter sich, wie wir lesen, um ihre Bevorzugung stritten?

5.62 Der Arzt aller durfte also die verlassene und traurige Mutter, die bisher einen Sinn für Bescheidenheit bewiesen hatte, nicht mit einem Vorwurf verletzen, damit sie nicht, nachdem ihr die Forderung allzu hochmütig abgeschlagen worden wäre, gewissermaßen für eine unmäßige Bitte verurteilt, Trauer empfände.

5.63 Schließlich hat der Herr, der wußte, daß Liebe zu den Kindern zu würdigen ist, nicht der Frau, sondern ihren Söhnen geantwortet und gesagt: „Könnt ihr den Kelch trinken, den ich trinken werde?" Und als sie aber sagen: „Wir können", antwortet ihnen Jesus: „Ihr werdet freilich meinen Kelch trinken, es liegt aber nicht bei mir, euch zu erlauben, zu meiner Rechten oder Linken zu sitzen, sondern es wird denen gegeben, die von meinem Vater dazu bestimmt sind" (Mt 20,22f*).

5.64 Wie geduldig und milde ist der Herr, wie tief seine Weisheit und wie gütig seine Liebe! Er wollte nämlich zeigen, daß die Jünger keine unbedeutende Sache forderten, sondern eine, die sie nicht erlangen konnten, und hat auf sein Vorrecht zugunsten der Ehrung des Vaters verzichtet. Und er, der „es nicht für einen Raub gehalten hat, Gott

---

3,228); *sacr.* 3,1,7 (FC 3,122–124); *inst. virg.* 13,84 (PL 16,325), sowie *spir.* 3,74 (CSEL 79,181), und DASSMANN, *Frömmigkeit* 7 Anm. 24; 76 Anm. 3, sowie 256f.

se aequalem deo". Simul diligens discipulos, qui — sicut habes — "usque in finem dilexit eos", noluit his, quos diligeret, videri quod peterent denegasse sanctus et bonus, qui mallet aliquid dissimulare de iure quam de caritate deponere. "Caritas" enim "patiens est, benigna est, non aemulatur, non inflatur, non quaerit quae sua sunt."

5.65 Denique ut agnoscatis non infirmitatis, sed indulgentiae esse, quia dixit "non est meum dare vobis", ubi sine matre filii Zebedei rogant, nihil de patre dixit. Sic enim habes: "Non est meum dare vobis, sed quibus paratum est"; ita Marcus evangelista posuit. Ubi vero mater pro filiis rogat, hoc est secundum Matthaeum, "non est", inquit, "meum dare vobis, sed quibus paratum est a patre meo." Hic addidit "a patre meo", quia maiorem indulgentiam maternus poscebat adfectus.

5.66 Quod si putant dicendo "quibus paratum est a patre meo" quia aut patri plus tribuit aut sibi aliquid derogavit, dicant, utrum et illic putent patri aliquid derogatum, quia dixit in evangelio filius de patre: "Pater non iudicat quem|quam."

5.67 Quod si sacrilegum putamus credere, quia pater ita "iudicium detulit filio", ut ipse non habeat — habet enim nec

---

R (def. 9 patre – 11 Marcus, 22 non – p. 640 l. 2 aestimare *fere omnia)*
LVZ MNCWEO def. S
1 aequalis *C* | qui *RC* quod *Oa* quia *cet.* m | sicut] sic *O* ‖ 2 eos] nos *N* ‖ 3 sanctus *om. V* | bonus *R, add.* dominus Ω*am* ‖ 4 qui] quod *Oa* | de iure *om. MN* ‖ 7 non infirmitatis sed *om. C* ‖ 11 matrem *C* ‖ 14 hic–meo *om. C* ‖ 16 est] *add.* ut *V* ‖ 17–18 irrogavit *Oa* ‖ 18 illi *W* ‖ 21 si *om. V* | sacrilegium (i *alt. dub.*) *R* | credere] dicere *Oa*

gleich zu sein" (Phil 2,6), fürchtete dabei nicht, daß er sein eigenes Recht etwas mindere. Zugleich liebte er die Jünger, er, der — wie du es in der Bibel findest — „bis zum Ende geliebt hat" (Joh 13,1), und wollte nicht, daß die, die er liebte, meinten, daß er ihnen abgeschlagen hätte, was sie forderten, der Heilige und Gute, der lieber etwas von seinem Recht verheimlichen als etwas von seiner Liebe ablegen wollte. „Die Liebe" nämlich „ist geduldig, sie ist gütig, sie ist nicht eifersüchtig, sie bläht sich nicht auf, sie sucht nicht das Ihre" (1 Kor 13,4f).

5.65 Damit ihr schließlich anerkennt, daß es nicht ein Zeichen von Schwäche, sondern von Nachsicht ist, daß er gesagt hat, „es liegt aber nicht bei mir, euch zu erlauben" (Mt 20,23), sobald die Zebedäus-Söhne ohne die Mutter ihre Bitte vorbrachten, hat er nichts über den Vater gesagt. So nämlich findest du es: „Es liegt aber nicht bei mir, euch zu erlauben, sondern es wird denen gegeben, die dazu bestimmt sind" (Mk 10,40); mit diesen Worten hat es der Evangelist Markus gesagt. Sobald aber die Mutter für ihre Söhne gebeten hat, das heißt, nach Matthäus, sagte er, „es liegt aber nicht bei mir, euch zu erlauben, sondern es wird denen gegeben, die von meinem Vater dazu bestimmt sind." Hier hat er hinzugefügt „von meinem Vater", weil die Leidenschaft der Mutter größere Nachsicht erforderte.

5.66 Wenn sie aber glauben, daß er durch die Äußerung „es wird denen gegeben, die von meinem Vater dazu bestimmt sind", entweder dem Vater mehr zugewiesen hat oder sich selbst etwas abgesprochen hat, sollen sie sagen, ob sie auch bei einer weiteren Bibelstelle glauben, daß dem Vater etwas abgesprochen worden ist, weil der Sohn im Evangelium über seinen Vater gesagt hat: „Der Vater richtet niemanden" (Joh 5,22*).

5.67 Wenn wir aber meinen, daß es eine Gotteslästerung ist, zu glauben, daß der Vater seine „Gerichtsgewalt" so „an den Sohn übertragen hat" (Joh 5,22*), daß er sie selbst nicht mehr hat — er besitzt sie nämlich und kann sie nicht

potest amittere, quod naturaliter habet divina maiestas —, sacrilegum utique aestimare debemus quia non potest filius dare, quidquid aut homines mereri possunt aut quaevis accipere creatura, praesertim cum ipse dixerit: „Ego ad patrem vado, et quodcumque ab eo petieritis in nomine meo, hoc faciam." Si enim, quod pater dare potest, filius non potest, mentita est ergo veritas, et non potest facere, quidquid in nomine eius pater fuerit obsecratus. Nec enim ideo dixit „quibus paratum est a patre meo", ut tantummodo a patre poscant; nam omnia, quaecumque a patre fuerint postulata, se donare memoravit. Denique non dixit ‚quodcumque a me petieritis, hoc faciam', sed: „Quodcumque ab eo petieritis in nomine meo, hoc faciam."

6.68 Quaero nunc, utrum possibile aliquid humanae condicioni aut alicui creaturae an inpossibile putent a Zebedei coniuge et filiis postulatum. Si possibile, quomodo ad sinistram suam vel ad dexteram inpertiendae apostolis sedis non habuit potestatem, qui omnia fecit esse, quae non erant? Aut quomodo non poterat iudicare de meritis hominum, cui „pater dedit omne iudicium"?

6.69 Notum est, quemadmodum dederit; nam quomodo quasi indigens accepit filius, qui omnia creavit ex nihilo? Quorum igitur naturas fecerat, | eorum iudicium non

---

R (*def.* 11 fuerint – 12 faciam, 22 ex – p. 642 l. 2 patrem) *LVZ MNCWEO def. S*
1 habet naturaliter *Oa* ‖ 2 utique] itaque *C* ‖ 3 quidquid] quicquam quod *Oa* ‖ 5 ab eo *om. NC* ‖ 7 et non] non enim *Oa* non *om. V* ‖ 8 quidquid] quicquam quod *Oa* ‖ 10 patre *alt.*] *add.* meo *R* | poscat *N* poscatur *m* ‖ 11 donare] donata *W* ‖ 12 a me *om. L* | petieris *E* | faciat *N* ‖ 14 possibile] *add.* sit *Z* | alicuius *C* aliquid *L* ‖ 15 a *om. LV* ‖ 17 impertiendi (sedis *!*) *R* ‖ 17–18 apostoli *Oa* ‖ 19 quae] cum *Oa* | potuit *C* ‖ 23 horum *C*

verlieren, weil die göttliche Hoheit sie von Natur aus hat —, müssen wir es freilich auch für eine Gotteslästerung halten, daß der Sohn nicht geben kann, was auch immer entweder Menschen verdienen oder jedes beliebige Geschöpf empfangen kann, zumal da er selbst gesagt hat: „Ich gehe zum Vater, und was auch immer ihr von ihm in meinem Namen erbittet, das werde ich tun" (Joh 14,12f*). Wenn nämlich der Sohn nicht geben kann, was der Vater geben kann, hat also „die Wahrheit" gelogen, und er kann nicht tun, worum auch immer der Vater in seinem Namen gebeten worden ist. Nicht deshalb nämlich hat er gesagt: „Denen wird es gegeben, die von meinem Vater dazu bestimmt sind", damit sie nur vom Vater fordern; denn er hat daran erinnert, daß er alles, was vom Vater gefordert worden ist, schenkt. Schließlich hat er nicht gesagt, ‚was auch immer ihr von mir fordert, das werde ich tun', sondern: „Was auch immer ihr von ihm in meinem Namen fordert, das werde ich tun".

6.68 Ich frage nun, ob sie glauben, daß von der Frau des Zebedäus und den Söhnen irgendetwas für das menschliche Sein beziehungsweise für irgendein Geschöpf Mögliches oder Unmögliches gefordert worden ist. Wenn sie etwas Mögliches gefordert haben, wie könnte es sein, daß der, der alles ins Sein gebracht hat, was zuvor nicht war, nicht die Macht hatte, den Aposteln den Platz zu seiner Linken oder zu seiner Rechten zuzuweisen? Oder wie konnte der nicht über die Verdienste der Menschen richten, dem der Vater „die ganze Gerichtsgewalt übergeben hat" (Joh 5,22*)?

6.69 Es ist bekannt, wie er sie übergeben hat; denn wie hat der Sohn, als ob er dieser Dinge bedürftig sei, empfangen, der alles aus dem Nichts geschaffen hat?[506] Er hatte also die Naturen derer geschaffen, über die er nicht

---

[506] Zur Art und Weise des Empfangens vgl. auch *fid.* 2,12,100, oben 324f.

habebat? ‚Dedit autem pater omne iudicium, ut omnes', inquit, ‚honorificent filium, sicut honorificant patrem.' Non igitur potentia fili, sed cognitio nostra profecit; neque enim aliquid ad substantiam eius accedit, sed ad nostram utilitatem, quod a nobis cognoscitur, ut ‚cognoscendo dei filium vitam habeamus aeternam'.

6.70 Cum autem in cognitione fili dei honor illius, noster autem, non illius, sit profectus, si quis putat quia ‚dei virtus', illo honore cumulatur, necesse est etiam deum patrem credat posse cumulari, quia et ipse per cognitionem nostram clarificatur sicut filius, iuxta quod scriptum est dicente filio: „Ego te clarificavi super terram." Ergo si possibile aliquid erat, quod petebatur, in potestate utique fili fuit.

6.71 Sed tamen ostendant, qui possibile putant, quis de hominibus aut ceteris creaturis „ad dexteram" aut „ad sinistram" dei sedeat. Pater enim dicit filio: „Sede ad dexteram meam." Itaque si quis „ad dexteram" filio sedet, inter ipsum utique et patrem, ut humano usu loquamur, filius medius repperitur.

6.72 Non ergo possibile homini aliquid petebatur. Sed noluit dicere quod homines secum sedere non possent, siquidem divinam suam gloriam celare, priusquam resurgeret, non divulgare cupiebat. Nam et supra cum inter

---

R (def. inter fol. 25^v B et 26^r A: 15 inde a v. Possibile – p. 670 l. 10 cui hoc) LVZ MNCWO, Turon., def. S, inde a l. 3 non E

1 habeat Oa | pater] add. filio WOam ‖ 3 non – p. 646 l. 3 vel om. E ‖ 3 proficit M, Wp.c., Turon. Oa ‖ 4 enim om. m ‖ 5 agnoscitur V ‖ 5–6 cogoscendi R ‖ 7 cognitionem LCW ‖ 8 nostri La.r. ‖ 9 est om. Oa ‖ 10 credat om. R | et om. W ‖ 15 qui] si Nm | possibile] inde exciderunt folia 6 quaternionis XIIII in R | quis C qui La.c. VZMNWm quid Lp.c.Oa ‖ 16 aut de (s. l.) ceteris C | aut ad dexteram m | ad alt. om. W ‖ 17 sedeant La.c. (n exp.) ‖ 18 filii Lp.c.m2NC, dei W ‖ 19 et om. V | loquar C ‖ 21 homini] humani C ‖ 22 quod] cum Oa | possint MN, (sedere secum non possint) m ‖ 23 celari MNm ‖ 24 devulgare Ma.c.m2 ZCW divulgari m | et om. VOa | cum supra Oa

die Gerichtsgewalt hatte? ‚Der Vater hat ihm aber die ganze Gerichtsgewalt übergeben, damit alle', so heißt es, ‚den Sohn ehren, wie sie auch den Vater ehren' (vgl. Joh 5,22f). Es hat also nicht die Macht des Sohnes, sondern unsere Erkenntnis einen Fortschritt gemacht. Und es kommt nämlich nichts zu seiner Substanz dazu, sondern etwas zu unserem Nutzen, weil von uns erkannt wird, daß ‚wir in der Erkenntnis des Sohnes Gottes das ewige Leben haben' (vgl. Joh 17,3).

6.70 Da aber in der Erkenntnis des Sohnes Gottes seine Herrlichkeit liegt, es aber unser, nicht sein Fortschritt ist, ist es notwendig, wenn irgendeiner glaubt, daß ‚die Kraft Gottes' mit jener Herrlichkeit vermehrt werden kann, zu glauben, daß auch Gott der Vater vermehrt werden kann, weil auch er selbst wie der Sohn durch unsere Erkenntnis verherrlicht wird, wie geschrieben steht, da der Sohn sagt: „Ich habe dich auf der Erde verherrlicht" (Joh 17,4). Wenn es also etwas Mögliches war, das gefordert wurde, stand es freilich in der Macht des Sohnes.

6.71 Aber diejenigen, die es für möglich halten, sollen dennoch zeigen, wer von den Menschen oder den übrigen Geschöpfen „zur Rechten" oder „zur Linken" Gottes sitzen soll. Der Vater nämlich sagt dem Sohn: „Setze dich zu meiner Rechten" (Ps 110,1: Ps 109,1* LXX). Wenn deshalb irgendeiner dem Sohn „zur Rechten"[507] sitzt, wird man, um nach menschlicher Weise zu reden, den Sohn zwischen ihm freilich und dem Vater als den, der in der Mitte sitzt, finden.

6.72 Es wurde also nicht etwas für den Menschen Mögliches gefordert. Aber Jesus wollte nicht sagen, daß Menschen mit ihm nicht gemeinsam thronen können, weil er ja seine göttliche Herrlichkeit verhüllen und vor seiner Auferstehung nicht öffentlich bekanntmachen wollte. Denn auch oben (vgl. Mt 17,3.9), als er zwischen seinen

---

[507] Eine größere Anzahl von Handschriften bietet: „zur Rechten des Sohnes".

famulos suos | Moysen et Helian apparuisset in gloria, monuerat discipulos, ne cui dicerent quod vidissent.

6.73 Itaque si possibile non erat hominibus vel creaturis ceteris hoc mereri, non debet videri filius minus posse, quia non dedit apostolis, quod nec pater hominibus vel creaturis dedit. Aut dicant, cui horum dederit pater. Non utique angelis, de quibus scriptura dicit quia „omnes angeli stabant in circuitu sedis"; denique et Gabrihel stare se dixit, sicut habes: „Ego sum Gabrihel, qui adsto ante dominum."

6.74 Non ergo angelis, non senioribus, qui ‚adorant sedentem'. Illi enim non supra sedem maiestatis sedent, sed ut dixit scriptura, „in circuitu sedis". Sedes enim aliae viginti et quattuor sunt, ut habes in Apocalypsi Iohannis: „Et supra sedes viginti quattuor seniores sedentes." In evangelio quoque ipse dominus dicit: „Cum sederit filius hominis in sede maiestatis suae, sedebitis et ipsi super sedes duodecim iudicantes duodecim tribus Istrahel." Non ergo sedis suae dixit apostolis dari posse consortium, sed alias illas sedes esse duodecim, quas tamen non pro corporali consessu, sed pro successu spiritalis gratiae aestimare debemus.

6.75 Denique in libro Regnorum dixit Michaeas propheta: „Vidi dominum deum Istrahel sedentem super thronum suum, et omnis militia caeli stabat circa eum ad dexteram eius et ad sinistram." Quomodo igitur stan-

---

LVZ MNCWO, Turon., def. RSE
1 helian *V* heliam *C* eliam *cet. am* | gloriam *Ma.r.NC* ‖ 2 discipulos suos *W* ‖ 3 hominibus erat *Oa* ‖ 3–4 creaturis] *add.* ceteris *m* ‖ 7 de-angeli *om. C* | de quo *N* ‖ 8 stabunt *VM* | sedis eius *ZW* | et *om. Z, Ma.c.NWm* | se stare *VOam* ‖ 9 adsisto *W* | deum *Oa* ‖ 10 adhorabant *C* ‖ 11 illi–sedem *om. V* | super *MNm* ‖ 13 et *pr. om. N* sunt] *add.* et *VZMN, Tur. W* | ut] et *L* | ut habes *om. C* ‖ 14 sedis *W* sedem *MOam* | viginti et quattuor *CW* XXIIII. *L* | et (*s. l. m2*) in *L* ‖ 15 ipse *om. V* ‖ 16 sedem *C* ‖ 16–17 duodecim *om. V* ‖ 17 istrahel *L* ‖ 18 dare *LC* ‖ 19 esse *om. Z* | pro *pr. om. Oa* ‖ 19–20 consensu *W* ‖ 20 pro successu] processu *C* ‖ 22 istrahel *L* ‖ 24 ad *alt. om. V*

---

[508] Vgl. ORIGENES, *comm. in Mt.* 16,4 (GCS 475.477f).

Dienern Mose und Elija in Herrlichkeit erschienen war, hatte er seinen Jüngern befohlen, niemandem zu erzählen, was sie gesehen hatten.

6.73 Wenn es deshalb für Menschen oder die übrigen Geschöpfe nicht möglich war, dies zu verdienen, darf es nicht so scheinen, als ob der Sohn weniger kann, weil er den Aposteln nicht gegeben hat, was auch der Vater weder Menschen noch Geschöpfen gegeben hat. Oder sie sollen sagen, wem von diesen der Vater es gegeben hat; nicht den Engeln freilich, über die die Schrift sagt, daß „alle Engel im Umkreis des Thrones standen" (Offb 7,11). Schließlich hat auch Gabriel gesagt, daß er steht, wie du es findest: „Ich bin Gabriel, der ich vor dem Herrn stehe" (Lk 1,19*).

6.74 Also hat er das Recht, mit ihm zu thronen, nicht den Engeln, nicht den Ältesten, die ‚den anbeten, der sitzt' (vgl. Offb 4,10), gegeben. Jene sitzen nämlich nicht auf dem Thron der Hoheit, sondern, wie die Schrift gesagt hat, „im Umkreis des Thrones". Es gibt nämlich vierundzwanzig andere Throne, wie du es in der Johannes-Apokalypse findest: „Und auf den Thronen sitzen vierundzwanzig Älteste" (Offb 4,4*). Auch im Evangelium sagt der Herr selbst: „Wenn der Menschensohn auf dem Thron seiner Hoheit Platz genommen haben wird, werdet auch ihr selbst auf zwölf Thronen sitzen und die zwölf Stämme Israels richten" (Mt 19,28*)[508]. Er hat also nicht gesagt, daß den Aposteln Anteil an seinem Thron gegeben werden kann, sondern daß es jene anderen zwölf Throne geben wird, die wir uns dennoch nicht als ein körperliches Zusammensitzen vorstellen dürfen, sondern als eine Folge der geistlichen Gnade.

6.75 Schließlich hat im Buch der Könige der Prophet Micha gesagt: „Ich habe den Herrn, den Gott Israels, auf seinem Thron sitzen sehen, und das ganze himmlische Heer stand um ihn herum zu seiner Rechten und zu seiner Linken" (1 Kön 22,19*). Wie also werden, während die

|tibus angelis ad dexteram vel ad sinistram domini dei, stante omni militia caelesti, sedebunt homines ad dexteram dei vel ad sinistram, quibus pro virtutis praemio angelorum similitudo promittitur, sicut dicit dominus: Eritis „sicut angeli in caelo"? „Sicut angeli", inquit, non ‚plus quam angeli'.

6.76 Si ergo nihil plus dedit pater quam filius, nihil utique minus dedit filius quam pater. Nihil igitur minus potest filius quam pater.

6.77 Ponite tamen possibile impetratu hominibus quod posceretur; quid est quod ait: „Sedere autem ad dexteram meam vel ad sinistram non est meum dare vobis"? Quid est „meum"? Supra dixit: „Calicem quidem meum bibetis", et infra posuit: „Non est meum dare vobis." Et supra „meum" et infra „meum" dixit nec inmutavit. Ergo superiora docent, propter quid dixerit „meum".

6.78 Rogatus enim a muliere quasi homo, ut „ad dexteram" vel „ad sinistram" suam filios eius sedere pateretur, quia illa quasi hominem rogaverat, et dominus quasi tantummodo homo de sua passione respondit: „Potestis bibere calicem, quem ego bibiturus sum?"

6.79 Itaque quia secundum carnem de passione sui corporis loquebatur, demonstrare voluit quod secundum carnem quidem subeundae passionis nobis exemplum ac similitudinem derelinqueret, secundum humanam autem condicionem sedis supernae consortia non donaret. | Hoc

---

LVZ MNCWO, Turon., inde a l. 3 ad E; def. RS, E (usque ad l. 3 vel)
1 dei] *add.* tui W || 2 stante omni] stant et omnis (... caelestis) V | caelesti militia L | sedeant L || 3 pro virtutibus praemia Oa || 4 dominus dicit Oam || 5 inquit] dicit m || 7 ergo] enim C | dedit plus W | filius quam pater C || 7 nihil *alt. –* 8 pater *om.* C || 7–8 filius *pr. om.* W || 8 nihil – 9 pater *om.* W || 9 potest filius] filius potest Oam || 10 ponit E posito Oa | possibili Oa inpossibile E || 12 meum *alt. om.* Z || 13 meum quidem C | et *om.* m || 15 nec] non Oa | mutabit *La.c.m2* (mutavit) || 16 meum *om.* Oa || 24 quidem *om.* Oa || 26 consortium C

Engel zur Rechten oder zur Linken Gottes, des Herrn, stehen und das ganze himmlische Heer steht, Menschen zur Rechten oder Linken Gottes sitzen, denen Ähnlichkeit mit den Engeln als Lohn für ihre Tugend versprochen wird[509], wie der Herr sagt: Ihr werdet sein „wie die Engel im Himmel" (Mt 22,30)? „Wie die Engel", sagt er, nicht ‚mehr als die Engel'.

6.76 Wenn also der Vater nicht mehr gegeben hat als der Sohn, hat der Sohn freilich nicht weniger gegeben als der Vater. Der Sohn kann also nicht weniger als der Vater.

6.77 Nehmt dennoch einmal an, daß es für Menschen möglich ist zu erlangen, was gefordert wurde. Was heißt das, das er da sagt: „Es liegt aber nicht bei mir, euch zu erlauben, zu meiner Rechten oder Linken zu sitzen"? Was heißt „mir" beziehungsweise „meiner"[510]? Weiter oben hat er gesagt: „Ihr werdet freilich meinen Kelch trinken" (Mt 20,23), und weiter unten hat er angeführt: „Es liegt aber nicht bei mir, euch zu erlauben". Sowohl oben als auch unten hat er „meinen" beziehungsweise „mir" gesagt und hat es nicht verändert. Also lehren die obigen Stellen, weshalb er „meiner" beziehungsweise „mir" gesagt hat.

6.78 Denn er wurde von der Frau wie ein Mensch gebeten, zuzulassen, daß ihre Söhne „zu" seiner „Rechten" oder „zu" seiner „Linken" sitzen, und da sie ihn als Menschen gebeten hatte, hat auch der Herr nur als Mensch mit Berufung auf sein Leiden geantwortet: „Könnt ihr den Kelch trinken, den ich trinken werde?" (Mt 20,22).

6.79 Deshalb, weil er mit Blick auf das Fleisch über das Leiden seines Leibes sprach, wollte er zeigen, daß er dem Fleisch entsprechend uns zwar ein Beispiel und ein Gleichnis für das Ertragen von Leiden hinterläßt, daß er aber dem menschlichen Sein entsprechend uns einen Anteil am himmlischen Thron nicht schenkt. Das bedeutet

---

[509] ORIGENES, *comm. in Mt.* 16,4 (GCS 474).
[510] Im Lateinischen einheitlich mit *meum* ausgedrückt.

est enim quod dixit „non est meum", sicut alibi: „Mea doctrina non est mea"; non est enim, inquit, secundum carnem mea, quia quae divina sunt, non sunt carnis eloquia.

6.80 Indulgentiam autem suam circa discipulos, quos diligeret, quam expresse revelavit praemittens: „Calicem quidem meum bibetis!" Etenim quia non debebat id dare, quod petierant, aliud proposuit, ut prius commemoraret, quid his tribueret, quam quid negaret, quo magis aequitatem sibi petitionis quam studium dominicae liberalitatis intellegerent defuisse.

6.81 „Calicem quidem", inquit, „meum bibetis", hoc est: ‚passionem quidem, quae carnis meae est, non negabo; quod enim humanae adsumptionis habeo, potestis imitari. Donavi vobis victoriam passionis, hereditatem crucis. „Sedere autem ad dexteram meam vel ad sinistram non est meum dare vobis."' Non dixit ‚non est meum dare' sed „non est meum dare vobis", hoc est non sibi potestatem deesse adserens, sed meritum creaturis.

6.82 Accipe aliter: „Non est meum dare vobis", quod est: ‚Non est meum, qui veni humilitatem docere, non est meum, qui veni non ministrari sed ministrare, non est meum, qui iustitiam servo, non gratiam.'

LVZ MNCWEO def. RS

1 est *alt. om. Oa* || 3 mea] meam *LC* | sunt *alt.*] sicut *Oa* || 4 suam *om. V* || 5 quam] quae *Oa* || 6 non debebat] nolebat *E* || 7 aliud] *add.* enim *V* || 8 quid] quod *Ma.c.N* | iis *Oam* | quam–negaret *om. E* || 9 libertatis *Oa* || 15 ad *alt. om. Oa* || 16 vobis – 17 dare *alt. om. C* || 17 hoc – 19 vobis *om. N* || 18 adserens *om. La.c.m2* | creatoris *La.c.m2*, (s *add. m2*) *C* || 19 accipe] ergo accipe et *W* | quod] quid *LVCW* || 20 in humilitate *MN* || 22 non] nam *MN*

nämlich das, was er gesagt hat: „Es liegt aber nicht bei mir" (Mt 20,23), ebenso wie an anderer Stelle: „Meine Lehre ist nicht die meine" (Joh 7,16). Es ist nämlich nicht die meine, sagt er, meinem Fleisch entsprechend, weil Aussprüche, die göttlich sind, nicht Aussprüche des Fleisches sind.

6.80 Wie deutlich hat er seine Nachsicht aber gegenüber den Jüngern, die er lieb hatte, offenbart, indem er zuvor sagte: „Ihr werdet freilich meinen Kelch trinken" (Mt 20,23)! Denn er hat etwas anderes in Aussicht gestellt, weil er das nicht geben durfte, was sie gefordert hatten, so daß er, bevor er erwähnte, was er abschlagen würde, sagte, was er ihnen zuteilen würde, damit sie dadurch einsähen, daß eher ihnen das rechte Maß beim Bitten gefehlt hat als dem Herrn das Bemühen um Freigebigkeit.

6.81 „Ihr werdet freilich meinen Kelch", sagt er, „trinken", das bedeutet: ‚Ich werde freilich das Leiden, das zu meinem Fleisch gehört, nicht verleugnen; was ich im Blick auf die Annahme des Menschseins besitze, könnt ihr nachahmen. Ich habe euch den Sieg über das Leiden geschenkt, das Erbe des Kreuzes. „Es liegt aber nicht bei mir, euch zu erlauben, zu meiner Rechten oder Linken zu sitzen"'. Er hat nicht gesagt, ‚es liegt aber nicht bei mir, zu erlauben', sondern „es liegt nicht bei mir, euch zu erlauben", das heißt, er behauptet nicht, daß ihm die Macht fehlt, sondern den Geschöpfen das Verdienst.

6.82 Vernimm es auf andere Art: „Es liegt nicht bei mir, euch zu erlauben", das bedeutet: ‚Es liegt nicht bei mir, der ich gekommen bin, die Demut zu lehren, es liegt nicht bei mir, der ich gekommen bin, nicht mir dienen zu lassen, sondern zu dienen (Mt 20,28), es liegt nicht bei mir, der ich die Gerechtigkeit bewahre, nicht die Gnade'[511].

---

[511] Die von FALLER, *Ambrosius* 8,246, notierte Stelle PS.-DIDYMUS, *trin.* 3,29 (PG 39,948), scheint mir keine rechte Parallele zu sein.

6.83 Denique et ad patrem referens addidit: „quibus paratum est", ut ostenderet patrem | quoque non petitionibus deferre solere, sed meritis, quia „deus personarum acceptor non est". Unde et apostolus ait: „Quos praescivit et praedestinavit." Non enim ante praedestinavit quam praesciret, sed quorum merita praescivit, eorum praemia praedestinavit.

6.84 Iure igitur repraehenditur mulier, quae et inpossibilia et speciali quodam privilegio ab eo domino postulavit, qui ea, quae sanctis iudicavit esse donanda, non duobus apostolis, sed omnibus discipulis etiam sine cuiusquam precatione voluntaria sui largitate contulerit, sicut scriptum est: „Duodecim vos sedebitis super sedes iudicantes duodecim tribus Istrahel."

6.85 Ergo etiamsi possibile putemus postulatum fuisse, calumniae locus non est. Tamen cum legerim seraphin stare, quomodo possum quod homines „ad dexteram vel ad sinistram" filio dei sedeant arbitrari? ‚Supra cherubin' dominus sedet, sicut habes: „Qui sedes super cherubin, appare." Quomodo apostoli „super cherubin" sedebunt?

6.86 Et hoc tamen colligo non ex meo ingenio, sed ex dominicae vocis oraculo. Ipse enim dominus in posterioribus apostolos commendans patri ait: „Pater, quos dedisti

---

LVZ MNCWEO def. RS
1 et *om. Oam* ‖ 2 quoque patrem *C* ‖ 3 sed] non *ZMNOa* ‖ 4 et *om. W* | ait] dicit *C* | praescciit *L* ‖ 5 non–praedestinavit *alt. om. Oa* ‖ 6 eorum] *add.* aut *W* | praemia] merita *C* ‖ 8–9 et *pr. om. N* ‖ 9 ab eo *om.* ‖ 10 qui] quia *LOa* ‖ 12 petitione (ti *pr. i r. 5 litt.) man. post.* | consulerit *V* ‖ 13 sedes] *add.* duodecim *C* ‖ 15 etiamsi] si *W* | putamus *L a.c. W* ‖ 16 legerimus *V* | seraphym *V* sarafin (saerafin *p. c.*) *L* seraphim *codd. recent.* ‖ 18 filii *W, Ep.c.* cherubim *codd. recent. semper* ‖ 21 et *om. C*

---

[512] Es liegt die wörtliche Übersetzung „... ihr Zwölf ..." nahe, aber die einheitliche Bezeugung in der *Itala* (1,138 JÜLICHER/MATZKOW) lautet stets: *vos super sedes duodecim* beziehungsweise *duodecim sedes*

6.83 Schließlich hat er auch mit Bezug auf den Vater hinzugefügt: „Die dazu bestimmt sind", um zu zeigen, daß auch der Vater nicht auf Bitten hin zu geben pflegt, sondern für Verdienste, „weil Gott keiner ist, der Personen ansieht" (Apg 10,34). Daher hat auch der Apostel gesagt: „Diejenigen, die er vorhergewußt hat, hat er auch vorherbestimmt" (Röm 8,29). Er hat nämlich nicht vorherbestimmt, bevor er vorherwußte, sondern deren Verdienste er vorherwußte, deren Belohnung hat er vorherbestimmt.

6.84 Mit Recht also wird die Frau getadelt, die sowohl etwas Unmögliches als auch etwas, das mit einem bestimmten besonderen Vorrecht verbunden ist, von diesem Herrn gefordert hat, der das, von dem er meinte, daß es den Heiligen geschenkt werden müsse, nicht zwei Aposteln, sondern allen Jüngern, auch ohne daß irgend jemand gebeten hätte, durch seine freiwillige Großzügigkeit überlassen hat, wie geschrieben steht: „Auf zwölf Thronen werdet ihr sitzen"[512] und die zwölf Stämme Israels richten" (Mt 19,28).

6.85 Wenn wir also auch glauben, daß die Forderung möglich war, bleibt kein Raum für böswillige Anschuldigungen. Wie kann ich dennoch, obwohl ich gelesen habe, daß die Serafim stehen, meinen, daß die Menschen „zur Rechten oder zur Linken" des Sohnes Gottes sitzen (Mt 20,23)? ‚Über den Kerubim' thront der Herr, wie du es in der Schrift findest: „Der du über den Kerubim thronst, erscheine"[513]. Wie sollen die Apostel „über den Kerubim" sitzen?

6.86 Und das habe ich dennoch nicht aus meinem eigenen Verstand zusammenphantasiert, sondern ich habe es aus der Offenbarung der Stimme des Herrn. Der Herr selbst nämlich vertraut in späteren Passagen des Textes die Apostel dem Vater an und sagt: „Vater, ich will, daß

---

beziehungsweise *thronos*.
[513] Ps 79,2*; vgl. ORIGENES, *comm. in Mt.* 16,4 (GCS 475).

mihi, volo, ut ubi ego sum, et illi sint mecum." Utique si iudicasset quia divinam sedem pater hominibus daret, dixisset: ‚Volo, ut ubi ego sedeo, et illi sedeant mecum.' Sed „volo" inquit, „ut sint mecum", non ‚ut | sedeant mecum', et „ubi ego", non ‚quomodo ego'.

6.87 Deinde sequitur: „Ut videant claritatem meam." Nec hic dixit: ‚Ut habeant claritatem meam', sed „ut videant". Servus enim videt, dominus possidet, sicut et David docuit dicens: „Ut videam voluntatem domini", et ipse dominus in evangelio revelavit adserens: „Beati mundo corde, ipsi enim deum videbunt. Videbunt", inquit, non ‚super cherubin cum deo sedebunt'.

6.88 Desinant ergo viliora secundum divinitatem aestimare de dei filio, ne viliora quoque de patre aestiment. Qui enim male crediderit de filio, non potest bene sentire de patre, qui male crediderit de spiritu, non potest bene sentire de filio. Ubi enim una dignitas, una gloria, una caritas, una maiestas est, in commune derogatur, quidquid in aliquo putaveris derogandum; iam enim non erit ‚plenitudo', quam discernas et dividas in aliquas portiones.

LVZ MNCWEO def. RS
3 ut *om. Oa* ‖ 4 sed–mecum *alt. om. VW, in mg. N* | ut *alt. om. Oa* ‖ 7 nec hic dixit] non *Oa* | claritatem meam *om. Oa* ‖ 7–8 videant *C* ‖ 9 voluntatem *codd.* (volumtatem *LC*) *a; cf. Psalt. Rom. Weber et Vulg. nov. ed. ad loc.;* voluptatem m (*Vulg. Clem.*) ‖ 10 adserens] dicens *Oa* | mundi m (*cf. apol. Dav. 64; in Luc. I 27*) ‖ 12 domino *Z* ‖ 14 ne–16 spiritu *om. N* ‖ 14 de dei filio *Oa* ‖ 15 non–16 spiritu *om. E* ‖ 16 de patre. De patre *Oa* | et de spiritu *Oa* ‖ 17 ubi] eorum *Oa* ‖ 19 aliquo] alio *C* ‖ 20 dividis *W*

auch jene, die du mir gegeben hast, dort, wo ich bin, mit mir zusammen sind" (Joh 17,24*). Wenn er freilich gemeint hätte, daß der Vater Menschen den göttlichen Thron geben sollte, hätte er gesagt: ‚Ich will, daß auch jene dort mit mir sitzen, wo ich sitze'. Aber er sagt: „Ich will, daß sie mit mir zusammen sind", nicht, ‚daß sie mit mir zusammen thronen', und „wo ich", nicht ‚wie ich bin'.

6.87 Darauf folgt: „Damit sie meine Herrlichkeit sehen". Und er hat hier nicht gesagt: ‚Damit sie meine Herrlichkeit haben', sondern „damit sie sie sehen". Der Knecht nämlich sieht, der Herr besitzt, wie auch David gelehrt hat, indem er sagte: „Daß ich den Willen des Herrn sehe" (Ps 27,4: Ps 26,4 LXX). Auch der Herr selbst hat im Evangelium offenbart und versichert: „Selig sind, die reinen Herzens sind, denn sie selbst werden Gott schauen" (Mt 5,8*). „Sie werden schauen", sagt er, nicht ‚sie werden mit Gott über den Kerubim thronen'.

6.88 Sie sollen also aufhören, gering über den Sohn Gottes im Blick auf seine Gottheit zu denken, damit sie nicht auch gering über den Vater denken. Wer nämlich eine schlechte Meinung über den Sohn vertreten hat, kann nicht gut über den Vater denken. Wer eine schlechte Meinung über den Geist vertreten hat[514], kann nicht gut über den Sohn denken. Wo nämlich eine einzige Würde besteht, ein einziger Ruhm, eine einzige Liebe, eine einzige Hoheit, gilt der Vorwurf allgemein, was auch immer du meintest, einem vorwerfen zu müssen. Es wird nämlich keine ‚Fülle' mehr sein, was du trennst und in irgendwelche Teile aufteilst.

---

[514] Bemerkenswerterweise wird hier nun der Geist hinzugenommen; vgl. ATHANASIUS VON ALEXANDRIEN, *ep. Serap.* 1,1,2 (PG 26,532), und Ambrosius, *spir.* 2,11,114–118 (CSEL 79,131).

De eo quod scriptum est: Dilexisti eos, sicut et me dilexisti

7.89 Existunt tamen, imperator auguste, qui hanc divinae unitatem substantiae negare cupientes extenuare | studeant patris et fili caritatem, quia scriptum est: „Et dilexisti eos, sicut et me dilexisti." Quod cum dicunt, quid aliud agunt, nisi inter dei filium et homines aequalitatem quandam conparationis inducant?

7.90 Numquid sic diligi possunt a deo homines quemadmodum filius ‚in quo conplacuit pater'? Ille per se conplacet, nos per ipsum. In quibus enim deus filium suum ‚ad imaginem suam' cernit, eos ‚per filium adsciscit in gratiam filiorum', ut quemadmodum per imaginem ad imaginem sumus, sic per generationem fili in ‚adoptionem' vocemur. Alius igitur naturae amor sempiternus, alius gratiae.

7.91 Aut si ex verbis faciunt quaestionem, quia scriptum est „et dilexisti eos, sicut et me dilexisti", et conparationem factam putant, ergo et illud conparative dictum putant: „Estote misericordes, sicut et pater vester, qui est in caelis", et alibi: „Estote perfecti, sicut et pater meus, qui in caelis est, perfectus est?" Quod si ille secundum plenitudinem maiestatis suae „perfectus est", nos autem „perfecti" secundum virtutis accedentis profectum, etiam

---

LVZ MNCWEO def. RS
1 *De eo – Me dilexisti hic posui, l. 4* scriptum est (*om. 2 De eo–dilexisti*): *Lm2* (*in mg.* cap. VI), (*rubro, add. VI*) *Z, l. 5,* dilexisti *C totum titul.; titul. recent. Oa; om. titul. Lm1VMNWE* ∥ 2 existant *N* ∣ imperator *om. C* ∣ hanc divinae] hac divinitate *Oa* ∥ 4 claritatem *C* ∥ 8 possint *Ma.c.m2 N* ∥ 10 dei filium *W* ∥ 11 filium suum *Oa* ∥ 11–12 in gratia *E* ∥ 12 ut *om. V* ∥ 13 sic et *Z* ∥ 17 et *alt. om. Oa* ∥ 17–18 conparative] in comparatione *Oa* ∥ 19 estote ergo *Oa* ∥ 20 in caelis est *NCOa* in caelis] *add.* misericors est *m* ∥ 21 quod si] quia *Oa* ∥ 23 virtutes accedentes *MN, Ep.c.* ∣ accidentis *VZW* ∣ profecto *N* profectu *W* ∣ sic etiam *Oa*

---

[515] Zum Begriff „Bild" vgl. ORIGENES, *princ.* 1, 2, 6 (GCS 34 f); Ambrosius, *incarn.* 10, 111–113 (CSEL 79, 277–279); *in psalm. 118* 10, 16, 1 (CSEL

Darüber, daß geschrieben steht: „Du hast sie geliebt, wie du auch mich geliebt hast" (Joh 17, 23)

7.89 Es treten trotzdem, erhabener Kaiser, solche Leute auf, die diese Einheit der göttlichen Substanz leugnen wollen und sich darum bemühen, die Liebe des Vaters und des Sohnes gering zu machen, weil geschrieben steht: „Und du hast sie geliebt, wie du auch mich geliebt hast" (Joh 17, 23). Wenn sie das sagen, was anderes tun sie damit, als daß sie eine Art Gleichsetzung des Sohnes Gottes mit den Menschen einführen?

7.90 Können Menschen von Gott etwa so geliebt werden wie der Sohn, ‚an dem der Vater Wohlgefallen hatte' (vgl. Mt 3, 17; 17, 5)? Er findet Wohlgefallen durch sich selbst, wir hingegen durch ihn. Diejenigen, in denen Gott nämlich seinen Sohn ‚zu seinem Ebenbild' sieht, die ‚nimmt er durch den Sohn zur Gnade der Kindschaft auf' (vgl. Eph 1, 5), so daß wir, wie wir durch das Ebenbild zu seinem Abbild gemacht sind[515], so auch durch die Zeugung des Sohnes in die ‚Annahme an Kindes Statt' (Gal 4, 5) gerufen werden. Das eine ist also die ewige Liebe aufgrund der Natur, das andere die Liebe aufgrund der Gnade.

7.91 Oder meinen sie, auch hier sei eine Gleichsetzung formuliert, wenn sie aus den biblischen Worten eine Frage aufwerfen, weil geschrieben steht: „Und du hast sie geliebt, wie du auch mich geliebt hast", und glauben also, auch das sei gesagt, um gleichzusetzen: „Seid barmherzig wie auch euer Vater, der im Himmel ist" (Lk 6, 36*) und an anderer Stelle: „Seid vollkommen, wie auch mein Vater vollkommen ist, der im Himmel ist" (Mt 5, 48*)[516]? Wenn aber jener durch die Fülle seiner Hoheit „vollkommen ist", wir aber aufgrund des Fortschritts der von außen hinzukommenden Tugend „vollkommen" sind, wird auch

---

62, 212–214); SEIBEL, *Fleisch und Geist* 54–67.
[516] Vgl. für das Zitat MUNCEY, *The New Testament of Saint Ambrose* XIII.

filius diligitur a patre secundum semper manentis plenitudinem caritatis, in nobis autem caritatem dei virtutis emeretur profectus.

7.92 Vides igitur, quam gratiam deus dederit hominibus, et tu patris et fili vis dis|solvere naturalem et individuam caritatem, et tu verba adhuc discutis, ubi unitatem maiestatis advertis?

7.93 Vide, totum hunc locum ex cuius adfectu loquatur. Habes enim dicentem ipsum: „Clarifica me, pater, claritate ea, quam habui, priusquam mundus esset, apud te." Vide quia ex primi hominis loquatur adfectu, quia ea nobis petitione deposcat quae ante peccatum in paradiso homini meminerit esse collata, ut et latroni reformationem pollicens veteris claritatis in ipsa situs passione memoravit: „Amen amen dico tibi, hodie mecum eris in paradiso." Haec est ‚ante mundum' claritas. Mundum autem pro hominibus dixit, sicut habes: Ecce totus mundus post eum abit, et alibi: „Et cognoscat hic mundus quia tu me misisti."

7.94 Et tamen ut scires ‚magnum deum' et ‚salvatorem' et omnipotentem dei filium, indicium suae maiestatis admiscuit dicendo: „Et mea omnia tua sunt et tua mea."

„Omnia" habet, et tu ‚missum esse' ad iniuriam derivas?
7.95 Qui si ‚secundum carnem' non accipis ‚missum', ut

LVZ MNCWEO def. RS

2 dei N ‖ 4 dederit deus V ‖ 5 et pr. om. Va.c.m2 | naturam W ‖ 6 tu om. Z, Wa.c. | adhuc] add. satur W ‖ 7 adtendis N ‖ 8 video EOa ‖ 10 ea] mea C ‖ 10 vide – 18 misisti LVZ, om. cet. a ‖ 11 ea LZ, om. V | nobis ea m ‖ 12 deposcit m | homini] homo LZm ‖ 13 reformationem – 14 claritatis V, om. LZm (cf. Proleg. IV 11) ‖ 14 ipsa situs V, om. LZm | passionem LZ ‖ 17 eum] ipsum m | abit Vm abiit LZ (Vulg.) | et alt.] ut m ‖ 19 et–salvatorem om. W | deum] dominum V | salvatorem ZC salutarem cet. am ‖ 21 et pr. om. C | tua alt.] add. omnia C | mea] add. titulum De eo quod obiciunt a patre filium missum (L u.t.), rubro (add. VII) Z, add. cap. VII in mg. Lm2; eundem titulum p. 658 l. 10 ‖ 22 mittebatur C (cf. Proleg. VI 5) | dirivas N, Ep.c. ‖ 23 si om. Oa | ut om. Oa

---

[517] *Fid.* 5,7,94–99, unten 656–661, vgl. *fid.* 2,9,74–79, oben 300–309:

der Sohn aufgrund der Fülle der immerwährenden Liebe vom Vater geliebt, bei uns aber verdient der Fortschritt der Tugend die Liebe Gottes.

7.92 Du siehst also, welche Gnade Gott den Menschen gegeben hat, und du willst die natürliche und unteilbare Liebe des Vaters und des Sohnes auflösen, und du treibst dort noch Wortklauberei, wo du die Einheit der Hoheit erkennst?

7.93 Sieh', in wessen Natur Christus die ganze Stelle spricht. Denn du findest, daß er selbst sagt: „Verherrliche mich, Vater, durch die Herrlichkeit, die ich bei dir hatte, bevor die Welt war" (Joh 17, 5*). Sieh, daß er aus der Natur des ersten Menschen heraus spricht, daß er mit dieser Bitte für uns das fordert, was seiner Erinnerung nach dem Menschen vor der Sünde im Paradies verliehen worden war, wie er auch dem Räuber, als er sich gerade im Leiden befand, die Wiederherstellung der alten Herrlichkeit versprochen und gesagt hat: „Amen, Amen, ich sage dir, heute noch wirst du mit mir im Paradiese sein" (Lk 23, 43*). Das ist die Herrlichkeit ‚vor der Erschaffung der Welt'. Über die Welt aber hat er vor den Menschen so gesprochen, wie du es in der Bibel findest: „Siehe, die ganze Welt läuft ihm nach" (Joh 12, 19*), und an anderer Stelle: „Und diese Welt soll erkennen, daß du mich gesandt hast" (Joh 17, 23*).

7.94 Und damit du dennoch weißt, daß der Sohn Gottes ‚großer Gott' (vgl. Tit 2, 13), ‚Erlöser' und Allmächtiger ist, hat er damit ein Zeugnis für seine Hoheit verbunden, indem er sagte: „Und alles, was mein ist, gehört dir und alles, was dein ist, mir" (Joh 17, 10*).

„Alles" besitzt er, und du deutest die Aussage, daß er gesandt ist, zu einer Beleidigung um?[517] 7.95 Wie? Wenn du ‚gesandt' nicht als ‚nach dem Fleisch' verstehst, wie

---

Dazu vgl. eine Bemerkung des MAXIMINUS, c. Ambr. (fol. 300ᵛ, 36–38 [CCL 87, 153]): ‚Der, der schickt, und der Geschickte dürfen nicht verglichen werden'; ebenso PALLADIUS VON RATHIARIA, c. Ambr. 89f (fol. 347ʳ, 40 – 347ᵛ, 36 [CCL 87, 192f]): Es gebe nicht drei wahre Götter, sondern nur einen.

apostolus dixit, et ex verbo simplici praeiudicium struis,
quo dicas inferiores a superioribus mitti solere, quid ad illa
respondes, | quod filius ad homines missus est? Nam si
minorem putas eum qui mittitur, eo videlicet a quo mittitur, disce quia et minor maiorem misit et maiores ad mi-
nores missi sunt. Nam et Tobias Raphahel archangelum
misit et angelus ad Balaam missus est et dei filius ad Iudaeos.

7.96 Numquid ergo minor etiam Iudaeis dei filius,
ad quos mittebatur? De ipso enim scriptum est: „Novis-
sime autem misit illis filium suum unicum." Et vide quia
ante servos, postea „filium" nominavit, ut scias quia dei
filius unigenitus secundum divinitatis potentiam nec nomen habet nec consortium commune cum servis. ‚Reverendus' mittitur, non cum famulis conferendus.

7.97 Et bene addidit ‚meum', ut non unus de multis nec
degeneris naturae aut minoris aliqui potestatis, sed ‚verus
a vero' et paternae „imago" venisse „substantiae" crederetur.

LVZ MNCWEO def. RS
1 ex *om. Z* | struis *La.c.m2* extruis *E* instruis *Lm2VZC* ‖ 2 quo] quod
L | inferioris *V* | solere *om. W* ‖ 3 respondens *L* | quod] quo *W* quia
m ‖ 5 quia] quod *m* qm̃ *L* | et *om. VZW* ‖ 6 raphael *W, recent.* | ar-
changelum] angelum *Oa* ‖ 7 dei *om. C* ‖ 9 etiam *om. C* ‖ 10–11 no-
vissimo *V* ‖ 11 autem *s.l. L, om. C* | illis *om. C* eis *Oam* | unicum] *add.*
dicens verebuntur filium meum *m* ‖ 12 servus *W* | quia] quod *m* | dei]
deus *m* ‖ 14–15 referendus *C* ‖ 15 conferendus] reverendus *Oa* confe-
rendum *W* ‖ 17 aut] nec *Em* | aliqui *LZM, Turon., om. E (6 litt. eras.), N*
alicuius *cet.* (cuius *i.r. Cm2*) ‖ 18 et *exp. L, om. Oa* ‖ 18–19 credatur *W*

---

[518] Für das besser bezeugte *unicus* an der Stelle des selteneren *unigenitus*
vgl. *Itala* (1, 155 JÜLICHER/MATZKOW).
[519] Da Ambrosius auf die Fortsetzung des Verses anspielt (*verebuntur filium meum*: „Vor meinem Sohn werden sie Achtung haben"), muß der
Text ursprünglich im Zusammenhang einer Predigt gestanden haben, in
der der ganze Vers verlesen sowie unter Umständen auch ausgelegt wurde. Im gegenwärtigen Kontext wirkt das Wort *meum* unverständlich

der Apostel es gesagt hat, und aus dem einfachen Wort ein negatives Urteil aufbaust, um dadurch zu sagen, daß Geringere von Höherstehenden gesandt zu werden pflegen, was antwortest du darauf, daß der Sohn zu den Menschen gesandt worden ist? Denn wenn du den, der gesandt wird, für geringer hältst als den freilich, von dem er gesandt wird, lerne, daß auch ein Geringerer einen Größeren gesandt hat und Größere zu Geringeren gesandt worden sind. Denn Tobias hat den Erzengel Rafael gesandt (vgl. Tob 9, 1f), und ein Engel ist zu Bileam gesandt worden (vgl. Num 22, 22) und der Sohn Gottes zu den Juden (vgl. Mt 21, 37).

7.96 Ist also etwa der Sohn Gottes geringer sogar als die Juden, zu denen er gesandt wurde? Über ihn selbst steht nämlich geschrieben: „Zuletzt aber hat Gott zu ihnen seinen einzigen[518] Sohn gesandt" (Mt 21, 37*). Und sieh', daß er vorher die Knechte, dann „den Sohn" genannt hat, damit du weißt, daß der eingeborene Sohn Gottes aufgrund der Macht der Gottheit weder den Namen noch das Schicksal mit den Knechten gemeinsam hat: ‚Als einer, der Ehre verdient' (vgl. Mt 21, 37), wird er gesandt, nicht als einer, der mit den Dienern auf eine Stufe gestellt werden soll.

7.97 Und treffend hat er hinzugefügt ‚meinen'[519], damit er nicht für einen von Vielen und nicht für irgend jemanden von minderer Natur oder geringerer Macht gehalten wird, sondern daß man glaubt, daß er der ‚Wahre vom Wahren'[520] ist, und daß er als „Ebenbild" der väterlichen „Substanz" gekommen ist.

---

und gestattet einen Rückschluß auf die fehlende Sorgfalt, mit der dieser Text überarbeitet wurde.
[520] Vgl. aus dem nizänischen Symbol (DH 125, 63): *Deum verum de Deo vero*.

7.98 Esto tamen, minor sit qui mittitur eo a quo mittitur: ergo et Pilato minor Christus, quoniam Pilatus „eum misit ad Herodem"? Sed sermo non praeiudicat potestati; scriptura quem missum dicit a patre, missum dicit a praeside.

7.99 Unde si sobrie de dei filio, quae digna sunt, opinemur, ideo missum intellegere debemus, quia ex illo inconpraehensibili inenarrabilique secreto maiestatis profundae dedit se conpraehendendum pro captu | nostro mentibus nostris dei verbum, non solum cum ‚se exinaniret', sed etiam cum habitaret in nobis, sicut scriptum est: „Quoniam inhabitabo in illis." Denique et alibi habes quia deus dixit: „Venite, descendamus et confundamus linguas eorum." Non enim deus de loco aliquando decedit, qui ait: „Ego caelum et terram conpleo", sed in eo descendere videtur, si nostros dei verbum penetret adfectus, sicut dixit propheta: „Parate viam domino, rectas facite semitas eius", ut quemadmodum ipse promisit, ‚veniens cum patre apud nos faciat mansionem'. Evidens est igitur, quomodo veniat.

LVZ MNCWEO def. RS
3 misit eum *EOam* | sermo non *om. Oa* ‖ 4 scripturae *N* | quem *C* quae *cet. am* | a patre dicit *Oa* | dicit] *add.* et *LZEm2* ‖ 8 profunde *MWE* ‖ 11 in nobis *om. C* ‖ 14 loco] caelo *C* | decidit *LZ, Ma.c. NZEOa* descendit *m* ‖ 15 conplebo *E* | in eo] dico *Oa* | videtur *om. E a.c.m2* ‖ 16 penetrat *C* ‖ 17 domini *N*

7.98 Nehmen wir dennoch einmal an, es sei so, daß der, der gesandt wird, geringer ist als der, von dem er gesandt wird: Ist also Christus auch geringer als Pilatus, weil Pilatus „ihn" ja „zu Herodes sandte" (Lk 23,7*)? Aber der Bibelvers fällt kein negatives Urteil über die Macht. Denjenigen, den die Schrift gesandt vom Vater nennt, nennt sie auch gesandt vom Statthalter.

7.99 Wenn wir daher ganz vernünftig über den Sohn Gottes glauben wollen, was angemessen ist, dann müssen wir einsehen, daß er deshalb gesandt worden ist, weil sich das Wort Gottes aus jenem unfaßbaren und unaussprechlichen Geheimnis der unergründlichen Hoheit doch faßbar entsprechend unserem Fassungsvermögen[521] unseren Sinnen gegeben hat, nicht nur, weil es ‚sich entäußerte', sondern auch, weil es in uns wohnte, wie geschrieben steht: „Ich werde in ihnen wohnen" (2 Kor 6,16; vgl. Lev 26,11f). Schließlich findest du auch an anderer Stelle, daß Gott gesagt hat: „Kommt, wir wollen herabsteigen und ihre Sprachen verwirren" (Gen 11,7*). Gott, der sagt: „Ich fülle Himmel und Erde" (Jer 23,24*), weicht nämlich nicht irgendwann einmal von seinem Ort, sondern er scheint an ihm herabzusteigen, wenn das Wort Gottes unsere Natur durchdringt, wie der Prophet gesagt hat: „Bereitet dem Herrn den Weg, macht seine Pfade gerade" (Mt 3,3*; Jes 40,3), damit er, wie er selbst versprochen hat, ‚wenn er mit dem Vater kommt, bei uns Wohnung nimmt' (vgl. Joh 14,23). Es ist also offensichtlich, wie er kommt.

---

[521] Vgl. für die Formulierung *pro captu nostro* bei ORIGENES, *Jo.* 10,6,26 (GCS 176): ἕκαστος τοσοῦτον καὶ τοιοῦτον, ὁποίαν αὐτῷ, und MAIER, *Les missions divines* 209–211.

8.100 Unde et evidens est, quomodo dominum dicat, quem patrem novit. Ait enim: „Confiteor tibi, pater, domine caeli et terrae." Ante patrem dixit sapientia suum, postea creaturae dominum nuncupavit. Itaque dominatum non esse, ubi vera progenies est, ipse dominus ostendit in evangelio suo dicens: „Quid vobis videtur de Christo? Cuius filius est? Dicunt ei: David. Ait illis Iesus: Quomodo ergo David in spiritu vocat eum dominum dicens: Dixit dominus domino meo: Sede a dextris meis?" Et addidit: „Si ergo David in spiritu vocat eum dominum, quomodo filius eius est? Et nemo poterat ei | respondere verbum."

8.101 O quam caute propter Hemiarrios etiam in hoc testimonio dominus fidei prospexit! Non enim dixit ‚vocat eum spiritus dominum', sed quia „David" dixit „in spiritu", ut cuius secundum carnem filius est, David scilicet, eius etiam secundum divinitatem et deus et dominus crederetur. Vides igitur quia nomen pietatis et domini discretum est?

LVZ MNCWEO def. RS
1 et *om. CW* | dominus *Z* deum *W* | dicat] *add. titulum:* De eo quod scriptum est. Confiteor tibi deus (*sic!*) pater caeli et terrae (*om.* 2 quem – 3 terrae, *add.* VIII) *Z*, (*exp.* 2 quem – ait enim, *add. s.l.* Capitulum VIII. De eo quod scriptum est) *L* (*m2?*) || 2 confitebor *LCW* || 2–3 domine pater *W* || 3 suum] sum *C* || 4 creaturae] creatorem et *C* || 8 dominum in spiritu vocat eum *C* || 10 quomodo – 11 verbum *om. E* || 11 respondere ei *LVM* (*Vulg.*) || 12 hemiarrios *scripsi* emiarrios *M*, Turon. enim arrios *N* arrianos enim *C* arrianos *cet.*; *cf. Epiphan. Pan. Haer.* 73 (*III pp. 267–313 Holl* Κατὰ Ἡμιαρείων) || 14 dominum *om. E* || 15 ut *om. Z* | scilicet] licet *Z* || 16 et dominus et deus *Oam* || 17 vide *L* | pietatis] patris *N* | et dominii *M* et dñm *Turon.* | secretum *Oa* ||

---

[522] FALLER, *Ambrosius* 8, 257, verweist für *fid.* 5, 8, 100–102 auf ATHANASIUS VON ALEXANDRIEN, *Ar.* 2, 50, 4–6 (226 f METZLER/SAVVIDIS): ATHANASIUS bietet ebenfalls den Hinweis auf den Unterschied zwischen den Begriffen „Vater" beziehungsweise „Herr der Geschöpfe" in Mt 11, 25.

[523] Diese Übersetzung von *confiteor* geht auf die entsprechende Bedeutung des griechischen Wortes ἐξομολογεῖσθαι in der LXX zurück: Vgl. BAUER/ALAND, *Griechisch-deutsches Wörterbuch* 560, und REITZENSTEIN, *Das iranische Erlösungsmysterium* 252.

8.100 Daher ist es auch offensichtlich, wie er denjenigen Herrn nennt, den er als Vater kennt[522]. Denn er hat gesagt: „Ich preise dich[523], Vater, Herr des Himmels und der Erde" (Mt 11, 25). Zuerst nannte die Weisheit ihn ihren Vater, und später erklärte sie ihn zum Herrn der Schöpfung. Und so hat der Herr selbst in seinem Evangelium gezeigt, daß es dort keine Herrschaft gibt, wo ein wahrer Nachkomme ist, indem er sagte: „Was denkt ihr von Christus? Wessen Sohn ist er? Sie sagen ihm: „Davids. Jesus antwortet ihnen: Wie also nennt David ihn im Geist Herrn, wenn er sagt: ‚Der Herr hat zu meinem Herrn gesagt: Setze dich nieder zu meiner Rechten'?" Und er hat hinzugefügt: „Wenn David ihn also im Geist Herrn nennt, wie ist er sein (sc. Davids) Sohn? Und niemand konnte ihm eine Antwort geben" (Mt 22, 42–46*).

8.101 Ach, wie weise hat der Herr wegen der Semiarianer[524] auch in diesem Schriftbeleg für den Glauben vorgesorgt! Er hat nämlich nicht gesagt: ‚Der Geist nennt ihn Herr', sondern, daß „David im Geist" gesprochen hat, damit derjenige, der „nach dem Fleisch" sein Sohn ist (Röm 1,3), Davids nämlich, auch nach der Gottheit als sein Gott und Herr geglaubt wird. Siehst du also ein, daß der Name, der ihm gewöhnlicher Ehrerbietung nach zukommt (sc. ‚Davids Sohn'), und der Name, der ihm als Herr zukommt (sc. ‚Sohn Gottes'), unterschieden sind?

---

[524] Ambrosius verwendet den griechischen Begriff ἡμιάρειοι, nicht den latinisierten Semiarriani. Daraus darf man schließen, daß der Mailänder Bischof mit der häresiologischen Terminologie des EPIPHANIUS VON SALAMIS vertraut war, der offenbar den Begriff ἡμιάρειοι eingeführt hat (haer. 73 [GCS 267–313]; vgl. LAMPE, A Patristic Greek Lexicon 607). Bei EPIPHANIUS bezeichnet der Begriff die heute „Homöusianer" genannte „Kirchenpartei" (MORESCHINI, Ambrosius 15, 383 Anm. 2; SIMONETTI, La crisi 240 mit Anm. 66). Von Semiarriani spricht FILASTRIUS, Diversarum haereseon liber 67[39], 1 (CCL 9, 245); er bezeichnet mit diesem Begriff allerdings „Pneumatomachen" und keine christologische Häresie.

8.102 Et bene dominus suum quidem patrem, caeli autem et terrae dominum praedicavit, ut tu, cum legis et ‚patrem' et ‚dominum', intellegas patrem fili et dominum creaturae. In alio praerogativa naturae est, in alio auctoritas potestatis. „Formam" enim „servi accipiens" eo utique dominum vocat, quo servitutem suscepit, aequalis „in dei forma", servus in corporis; servitus enim carnis, dominatus autem divinitatis est. Unde et apostolus ait: „Deus domini nostri Iesu Christi, pater gloriae", hoc est ‚deum' adsumptionis humanae adserens, ‚patrem' autem gloriae. Non enim duos filios habuit deus, Christum et gloriam, minime. Ergo si unus dei filius Christus, utique Christus est gloria. Quid autem ei derogas, qui patris gloria est?

8.103 Si ergo et filius gloria est et pater gloria, quia „pater gloriae" non potest aliud esse quam gloria, non divisio gloriarum, sed una est gloria. Itaque ad proprietatem naturae gloria refertur, dominatus ad | suscepti corporis servitutem. Si enim caro etiam animae iusti subdita est, sicut scriptum est: „Castigo corpus meum et servituti redigo", quanto magis subiecta est divinitati, de qua dicitur: „Quoniam universa serviunt tibi!"

LVZ MNCWEO def. RS
2 praedicavit – 3 dominum *pr. om.* E ‖ 2 tu *om.* C ‖ 2–3 et *tert. om.* MN ‖ 6 servientem *Oa* ‖ 7 forma dei C | in corpore *Lp.r.m2Z* ‖ 9 deum] dominum *CWE* ‖ 11 non] num *NWOam* ‖ 12 hunius C | dei] deus W ‖ 13 est] ex *La.c.m2* et *Ma.c.m2* | qui] quia C | pater gloriae E ‖ 14 et *om.* W | pater gloriae] patris gloriae W ‖ 15 aliud non potest esse W | quam] *add.* quod *LV* ‖ 15 non – 16 gloria *alt. om.* E ‖ 16 itaque – 17 gloria *om.* W ‖ 17 gloriae C | dominatus autem м ‖ 18 iusti animae *Oam* ‖ 18 subiecta E ‖ 19 in servitutem *Ep.c.m2 (Vulg.)* ‖ 21 servient E | tibi] ei *Oa*

---

[525] Vgl. Ambrosius, *epist.* 39[46], 3 (CSEL 82/2, 28); für die Übersetzung von *dominus creaturae* vgl. BLAISE, *Dictionnaire* 229.
[526] Vgl. für diese Übersetzung BLAISE, *Dictionnaire* 392.
[527] *Divisio* bedeutet „Teilung", *distinctio* „Unterscheidung": TERTUL-

8.102 Und zu Recht hat der Herr ihn jedenfalls als seinen Vater, aber auch als den Herrn des Himmels und der Erde verkündigt, damit du, wenn du sowohl ‚Vater' als auch ‚Herr' liest, einsiehst, daß er Vater des Sohnes und Herr der Schöpfung ist[525]. Im einen besteht das Vorrecht der Natur, im anderen das eigentümliche Recht der Macht. Denn wenn er „die Gestalt eines Knechtes annimmt", nennt er Gott deswegen jedenfalls in der Gestalt Herrn, in der er die Knechtschaft angenommen hat; gleich ist er „in der Gestalt Gottes", Knecht aber in der Gestalt des Leibes. Die Knechtschaft ist nämlich Zeichen des Fleisches, die Herrschaft aber Zeichen der Gottheit. Daher sagte auch der Apostel: „Der Gott unseres Herrn Jesu Christi, der Vater der Herrlichkeit" (Eph 1,17), das heißt, der Apostel sagt ‚Gott', wo es um die Annahme des Menschseins geht[526], ‚Vater' aber, wo es um den Sohn in seiner Herrlichkeit geht. Denn Gott hatte nicht zwei Söhne, Christus und die Herrlichkeit, ganz und gar nicht. Wenn also Christus der einzige Sohn Gottes ist, dann ist freilich Christus die Herrlichkeit. Was aber würdigst du den herab, der doch die Herrlichkeit des Vaters ist?

8.103 Wenn also sowohl der Sohn Herrlichkeit ist als auch der Vater Herrlichkeit, da der „Vater der Herrlichkeit" nichts anderes sein kann als Herrlichkeit, gibt es keine Teilung[527] von Herrlichkeiten, sondern eine einzige Herrlichkeit. Daher bezieht sich die Herrlichkeit auf die Eigentümlichkeit der Natur, die Herrschaft auf die Knechtschaft des angenommenen Leibes. Denn wenn das Fleisch auch der Seele des Gerechten unterworfen ist, wie geschrieben steht: „Ich züchtige meinen Leib und unterwerfe ihn der Knechtschaft" (1 Kor 9,27*), um wieviel mehr ist es der Gottheit unterworfen, von der gesagt wird: „Da doch alles dir dient!" (Ps 119,91: Ps 118,91*)

LIAN, *adv. Prax.* 2,4 (CCL 2,1161: *personae*), *divinae numerum sine divisione patiuntur.*

8.104 Una autem quaestione et Sabellianos et Fotinianos et Arrianos dominus exclusit. Nam cum „dominum" cum „domino" dicit, Sabellianus excluditur, qui eundem patrem vult esse quem filium. Excluditur Fotinus, qui „secundum carnem iudicat", quia „dominus" David regis non poterat esse, nisi qui deus est. Scriptum est enim: Dominum deum tuum adorabis et ipsi soli servies. Numquid contra legem propheta sentiret, qui sub lege regnaret? Excluditur Arrius, quia filium sedere audit ad dexteram patris, ut, si ex usu argumentetur humano, ipse se perimat et venenum sacrilegae disputationis suae in se refundat, ut dum inaequalitatem patris et fili ex consuetudine hominum interpraetatur, in utroque a vero devius, eum praeferat, cui derogat, confessurus priorem, quem audit ad dexteram. Excluditur etiam Manichaeus. Non enim negat esse se „David filium secundum carnem", utpote qui clamantibus caecis Iesu, fili David, miserere nobis et delectatus est fide | et stetit et curavit eos. Sed negat hoc suae esse aeternitatis, si David solius filius a perfidis nominetur.

LVZ MNCWEO; def. RS
2–3 dominum cum domino *Ma.c.NVE, Turon.*] dominus eum et dominum C dominum (*om.* cum domino) *LZ* dominus (*om.* cum domino) *W* dominum dixisse domino *m* ∥ 3 sabellius *Oam* ∥ 4 fotinianus *C* ∥ 7 ipsi] illi *VNOam* (*Vulg.*) ∥ 9 quia] qui *V, Ma.c.m2m* ∥ 10 ut] et *V* | humana *W* | perimet *W* ∥ 13 interpretetur *N* ∥ 14 denegat *E* | audivit *L* ∥ 16 se *om. VC* | utpote *om. Ep.r.* ∥ 18 neget *Lp.c.m2Z* | hoc suae] nos *Oa* ∥ 18 suae – 19 filius *om. C*

[528] *Quaestio* hier als „Hauptpunkt einer strittigen Materie"; vgl. GEORGES, *Lateinisch-Deutsches Handwörterbuch* 1200.
[529] HILARIUS VON POITIERS legt die synoptische Parallele zu Mt 22,43f (*id est* Mk 12,34–37) in *trin.* 9,26f (CCL 62A,399–401) aus; aber er hält sie im Gegensatz zu Ambrosius nicht für einen solchen „Ketzerhammer", der die wichtigsten Häresien gleichermaßen niederstreckt.

8.104 Aber durch einen einzigen Hauptpunkt seiner Rede[528] hat der Herr sowohl Sabellianer als auch Photinianer als auch Arianer ausgeschlossen[529]. Denn wenn er ‚Herr' mit ‚Herr' zusammen sagt, wird Sabellius[530] ausgeschlossen, der will, daß der Vater derselbe wie der Sohn ist. Photinus wird ausgeschlossen, der „nach dem Fleisch" ‚urteilt' (vgl. Joh 8,15), daß ‚Herr' des Königs David nur der sein konnte, der Gott ist. Es steht nämlich geschrieben: „Du sollst den Herrn, deinen Gott, anbeten und ihm allein dienen" (Mt 4,10*; vgl. Dtn 6,13). Oder würde etwa der Prophet David, der unter dem Gesetz herrscht, eine Meinung gegen das Gesetz vertreten? Arius wird ausgeschlossen, weil er hört, daß der Sohn „zur Rechten des Vaters" sitzt[531], so daß er, wenn er nach menschlicher Gewohnheit Beweise anführt, sich selbst vernichtet und das Gift seiner gottlosen Argumentation in sich zurückgießt, so daß er, während er eine Ungleichheit des Vaters und des Sohnes nach der Gewohnheit der Menschen auslegt, bei beiden von der Wahrheit abweicht und denjenigen bevorzugt, den er herabwürdigt, indem er den als Ersten bekennen will, von dem er hört, daß er zur Rechten sitzt. Aber auch Mani[532] wird ausgeschlossen. Denn Christus leugnet nicht, daß er ‚Sohn Davids nach dem Fleisch' ist, da er ja, als die Blinden schrien, „Jesus, Sohn Davids, erbarme dich unser" (Mt 20,30*), erfreut war über den Glauben und „stehen blieb" und sie heilte. Aber er leugnet, daß das mit seiner Ewigkeit zu tun hat, wenn er von Ungläubigen nur Sohn Davids genannt wird.

---

[530] Hier wird SABELLIUS „Sabellianus" genannt (wie zum Beispiel gern MANI „Manichaeus"), so daß der Häresiarch und seine Anhänger nur schwer zu unterscheiden sind. An einer weiteren Stelle im Werk ist nämlich, wie der Kontext zeigt, ein Anhänger gemeint: *fid.* 2,13,118, oben 334–337.
[531] Zu dieser antiarianischen Dimension des *sessio*-Motivs vgl. oben 630f mit Anm. 501.
[532] Vgl. oben die Anm. 530 zu Sabellianus.

8.105 Nam filius dei est contra Hebionem, filius David est contra Manichaeos, filius dei est contra Fotinum, filius David est contra Marcionem, filius dei est contra Paulum Samosatenum, filius David est contra Valentinum, filius dei est contra Arrium atque Sabellium, gentilis erroris heredes, dominus David est contra Iudaeos, qui dei filium in carne cernentes hominem tantummodo impio furore credebant.

8.106 Sed ecclesiastica fide et dei patris et David idem atque unus est filius, quia incarnationis dei mysterium universae salus est creaturae, secundum quod scriptum est: „Ut sine deo pro omnibus gustaret mortem", id est quod creatura omnis sine passione aliqua divinitatis dominici sanguinis redimenda sit praetio, ut et alibi habet: „Omnis creatura liberabitur a servitute corruptionis."

8.107 Aliud igitur est secundum divinam substantiam, aliud secundum susceptionem carnis filium nominari. Nam et secundum generationem divinam deo patri ‚aequalis est' filius et secundum susceptionem corporis deo patri servus est, quia „formam servi", inquit, ‚accepit'; unus tamen atque idem est filius.

Contra autem sancto patriarchae David secundum gloriam suam ‚dominus' est, secundum corporalis succes-

---

LVZ MNCWEO; def. R, usque ad l. 15 *S*
2 filius – 3 Marcionem *om. V* ‖ 2 est *pr. om. L* | fotinianum *C* ‖ 4 samosetanum *C* ‖ 7 in carne] carnem *W* ‖ 9 idem – 10 est] idem unus atque idem *Oa* ‖ 10 unius *C* ‖ 11 salutis *Z* ‖ 12 pro] pre *C* | omnibus] hominibus *Ep.c.m1* | id est quod *om. E* ‖ 14 redempta *C* ‖ 14 ut–habet] sicut habes *Oa* | et *om. MN, Ea.c.m* ‖ 15 corruptione servitutis *W* ‖ 16 aliud] *hic redit S* | est igitur *m* igitur esse *C* ‖ 18 nam *om. C* ‖ 18 et *om. m* | deo *om. E* (patris *a.c.*) ‖ 19 et *om. E* ‖ 19–20 deo patri servus est quia] minor et alibi *W, om. LV, Ma.c.m2NS* ‖ 23 est] *add.* et *C* | susceptionis *VZWE*, (*s.l.* vel susceptionis) *Lm2*

8.105 Denn die Formulierung Sohn Gottes ist gegen Ebion gesagt, Sohn Davids gegen die Manichäer, Sohn Gottes gegen Photin, Sohn Davids gegen Marcion, Sohn Gottes gegen Paul von Samosata, Sohn Davids gegen Valentin, Sohn Gottes gegen Arius und Sabellius, die Erben des heidnischen Irrtums, Herr Davids aber gegen die Juden, die, als sie den Sohn Gottes im Fleisch sahen, ihn mit ungläubiger Wut nur als Menschen glaubten.

8.106 Aber nach dem kirchlichen Glauben sind der Sohn Gottes des Vaters und auch der Sohn Davids ein und derselbe, weil das Geheimnis der Fleischwerdung Gottes das Heil für die ganze Schöpfung ist, wie geschrieben steht: „Damit er ohne Gott für alle den Tod schmecke" (Hebr 2,9*[533]), das heißt, daß jedes Geschöpf ohne irgendein Leiden der Gottheit um den Preis des Blutes des Herrn erlöst werden muß[534], wie man es auch an anderer Stelle findet: „Jedes Geschöpf wird befreit werden von der Knechtschaft der Verderbnis" (Röm 8,22.21*).

8.107 Es ist also das eine, ihn einen Sohn entsprechend der göttlichen Substanz zu nennen, das andere entsprechend der Annahme des Fleisches. Denn mit Blick auf die göttliche Zeugung ‚ist' der Sohn Gott dem Vater ‚gleich', im Blick auf die Annahme des Leibes ist er gegenüber Gott, dem Vater, ein Knecht, weil er, wie es heißt, die „Knechtsgestalt" ‚angenommen' hat (vgl. Phil 2,6f); trotzdem ist der Sohn ein und derselbe.

Gegenüber dem heiligen Stammvater David aber ist er dagegen wegen seiner Herrlichkeit ‚Herr', nach der Ge-

---

[533] Die Formulierung *sine deo* (so auch *fid.* 2,8,68, oben 296f) gibt das griechische χωρὶς θεοῦ aus Hebr 2,9 wieder; andere Handschriften folgen der Textvariante χάριτι θεοῦ und bieten als Übersetzung *gratia dei;* vgl. FREDE, *Vetus Latina* 25/2, 1139.

[534] Die Erlösung ist hier im Anschluß an PAULUS als Loskauf verstanden: *… ut eos qui sub lege erant redimeret ut adoptionem filiorum reciperemus* (Gal 4,5).

sionis seriem filius est, non deficiens a se, sed nostrae ius sibi adoptionis adquirens.

8.108 Nec solum ex genere David servitutem suscepit in persona hominis, sed etiam ex nomine, sicut habes: „Inveni David servum meum", et alibi: „Ecce ego mittam ad vos servum meum, Oriens nomen est ei." Et ipse filius ait: „Sic dicit dominus, qui finxit me servum ex utero sibi, et dixit mihi: Magnum tibi est vocari puerum meum. Ecce posui te in testamentum generis mei in lucem gentium, ut sis in salutem usque ad extremum terrae." Cui hoc dicitur nisi Christo, „qui cum in forma dei esset, exinanivit se" et „formam servi" accepit? Quid est „in dei forma" nisi in ‚divinitatis plenitudine'?

8.109 Disce ergo, quid sit ‚formam servi accepit', id est plenitudinem perfectionis humanae, plenitudinem oboedientiae. Ideoque dicit in psalmo tricesimo: „Statuisti in loco spatioso pedes meos; super omnes inimicos meos factus sum obprobrium; inlustra faciem tuam super servum tuum." Servus dictus est homo, in quo ‚unctus' est, servus

---

R redit (fol. 26ʳ A) l. 10 (di)citur LVZ SMNCWEO; sed cf. ad ll. 5– (19) p. 672 l. 1 CEOa)
1 nostra eius La.c.CW | ius om. O ‖ 2 adoptionis gratia Oa ‖ 3 nec] non Oa ‖ 3 servitutem – 4 hominis] servus est Mp.c.m2CEOa ‖ 5 et alibi – p. 672 l. 1 sanctificatus est om. C ‖ 5 et alibi – 19 servum tuum om. EOa ‖ 5 alibi] add. et Z ‖ 7 ex utero servum m ‖ 8 est tibi W ‖ 9 in testamentum LVMNm (εἰς διαθήκην), in om. cet. | ut sis om. S ‖ 10 (di)citur] redit R ‖ 11 in om. W ‖ 14 ergo] igitur Nm ‖ 16 tricesimo] XX W XXX (XXXᵐᵒ) LZSMN ‖ 18 sum om. W ‖ 19 dictus om. CEO dictus est] dicitur V | homo pr. om. CEOa | in quo unctus est servus homo post p. 672 l. 1 est pr. m | homo alt. p. 672 l. 1] est CEOa

---

[535] MORESCHINI, Ambrosius 15,387 Anm. 16, zur Stelle verweist auf HILARIUS VON POITIERS, trin. 2,27 (CCL 62,63): Ita potestatis dignitas non amittitur, dum carnis humilitas adoptatur.
[536] Ambrosius versteht oriens wohl im Sinne von „Aufgang" (griechisch: ἀνατολαί), nicht „Sproß" (so die hebräische Textfassung). Vgl. Ambrosius, parad. 3,23 (CSEL 31/1,280): ergo bene paradisus, qui pluribus flu-

schlechterreihe der leiblichen Abstammung Sohn, der nichts von seiner Kraft verliert, sondern für sich das Recht erwirbt, uns an Kindes Statt anzunehmen[535].

8.108 Und nicht allein wegen seiner Herkunft aus dem Geschlecht Davids hat er die Knechtschaft in der Person eines Menschen angenommen, sondern auch wegen der Bezeichnung, wie du es in der Bibel findest: „Ich habe David, meinen Knecht, gefunden" (Ps 89,21: Ps 88,21 LXX); und an anderer Stelle: „Siehe, ich werde meinen Knecht zu euch senden, Aufgang ist sein Name" (Sach 3,8*; 6,12)[536]. Und der Sohn sagt selbst: „So spricht der Herr, der mich vom Mutterleib an zu seinem Knecht gebildet hat und mir gesagt hat: Es ist etwas Großartiges für dich, mein Diener genannt zu werden. Siehe, ich habe dich zum Bund für mein Geschlecht eingesetzt, als Licht der Völker, damit du zum Heil dienst bis an das Ende der Erde" (Jes 49,5f*). Wem wird das gesagt, wenn nicht Christus, „der, als er in der Gestalt Gottes war, sich entäußert" und „Knechtsgestalt" angenommen hat (Phil 2,6f)? Was bedeutet „in der Gestalt Gottes", wenn nicht in der ‚Fülle der Gottheit' (vgl. Kol 2,9)?

8.109 Lerne also, was das bedeutet, er hat ‚Knechtsgestalt' angenommen, das heißt die Fülle der menschlichen Vollkommenheit, die Fülle des Gehorsams. Daher sagt er im dreißigsten Psalm: „Du hast meine Füße auf weiten Raum gestellt, nicht nur allen meinen Feinden bin ich zum Spott geworden; laß dein Angesicht über deinem Knecht leuchten" (Ps 30,9.12.17 LXX). Knecht ist er als der Mensch genannt, in dessen Gestalt[537] er ‚gesalbt' worden

---

minibus inrigatur, secundum orientem, non contra orientem, hoc est secundum illum orientem, cui nomen est oriens, id est secundum Christum, qui iubar quoddam aeternae lucis effudit, et est in Edem, hoc est in voluptate.
[537] Die Wiederholung der Vokabel *forma* fehlt hier; möglicherweise möchte Ambrosius gegen APOLINARIUS das mißverständliche *forma* vermeiden und sagt daher hier stets *in quo*.

homo, in quo ‚sanctificatus' | est, servus homo, in quo | 257
‚creatus' est, in quo ‚factus est sub lege', ‚factus ex virgine'
est. Et ut de conpendio dicam, servus dictus est, in quo matrem habet, sicut scriptum est: „O domine, ego servus
tuus, ego servus tuus et filius ancillae tuae."

8.110 Quis „nimis humiliatus" est nisi Christus, qui
venit, ut omnes liberaret per oboedientiam? „Sicut enim
per inoboedientiam unius hominis peccatores constituti
sunt plurimi, ita et per unius oboedientiam iusti constituentur multi." Quis ‚calicem salutaris accepit', Christus
„princeps sacerdotum" an David, qui neque sacerdotium
habuit nec passionem subiit? Qui ‚sacrificavit hostiam
laudis'?

8.111 Sed si hoc parum est, accipe aliud: „Custodi animam meam, quoniam sanctus sum." Numquid de se hoc
David diceret? Sed ille dicit, qui ait: „Non derelinques
animam meam in infernum nec dabis sanctum tuum videre
corruptionem."

8.112 Idem ergo utrumque dicit et addidit: „Salvum
fac servum tuum", et infra: „Da potestatem puero tuo et filio ancillae tuae", et alibi id est in Ezechiel: „Et suscitabo
pastorem super eos unum, et reget eos servus meus David

R (def. 15 numquid – 17 in) LVZ SMNCWEO (sed lacuna 6 quis – p. 674
l. 4 hominis CEOa)
1 homo] est CEOa ǁ 1–2 in quo creatus est CE, om. R, cet. am ǁ 1 in quo
alt. – 3 est om. CEOa ǁ 2–3 est tert. om. ZMNm ǁ 3 de om. m | dictus
est] dicitur W, est CEOa ǁ 4 o] ego S ǁ 4–5 ego servus tuus alt. om. S ǁ
5 tuae] add. et alibi afflictus sum et humiliatus sum nimis (Ps. 37, 9) m ǁ
10 salutaris RW salutarem cet. m (ποτήριον σωτηρίου) ǁ 11 neque m ǁ
11–12 qui alt. RMWquis cet. m ǁ 14 alium MN ǁ 15 quoniam] add. ego
m | de se] est W ǁ 15–16 david hoc ZM ǁ 16 diceret david Lm dicere W ǁ
17 in om. Sa.c.m2 | (in in-)fernum R, M (εἰς Ἅιδην) in inferno cet. m ǁ
19–20 et pr. om. SMNm | addidit vero m (hic incipit § 112 m) ǁ 22 super
eos pastorem Nm | david om. W, add. ipse pascet eos Sm (cf. Vulg.)

---

[538] Das lateinische *princeps sacerdotum* entspricht ἀρχιερεύς (Hebr

ist (vgl. Lk 4, 18), Knecht als der Mensch, in dessen Gestalt er ‚geheiligt' worden ist (vgl. Joh 10, 36; 17, 19), Knecht als der Mensch, in dessen Gestalt er ‚erschaffen' worden ist (vgl. Spr 8, 22), in dessen Gestalt er ‚dem Gesetz unterstellt' worden ist (vgl. Gal 4, 4), ‚aus der Jungfrau erschaffen' worden ist (vgl. Gal 4, 4). Und um es kurz zu sagen: Knecht ist er in der Gestalt genannt, in der er eine Mutter hat, wie geschrieben steht: „O Herr, ich bin dein Knecht, ich bin dein Knecht und Sohn deiner Magd" (Ps 116, 16; Ps 115, 16* LXX).

8.110 Wer ist „so sehr erniedrigt" (Ps 116, 10; Ps 115, 10 LXX) worden, wenn nicht Christus, der gekommen ist, um alle durch Gehorsam zu befreien? „Wie nämlich durch den Ungehorsam eines einzigen Menschen sehr viele zu Sündern geworden sind, so werden auch durch den Gehorsam eines einzigen Menschen viele gerecht werden" (Röm 5, 19*). Wer ‚hat den Kelch des Heiles angenommen', Christus, „der Hohepriester"[538], oder David, der weder ein Priesteramt hatte noch Leiden auf sich genommen hat? Wer ‚hat ein Opfer des Lobes dargebracht' (vgl. Ps 116, 17: Ps 115, 17 LXX)?

8.111 Aber wenn das zu wenig ist, so vernimm etwas anderes: „Beschütze meine Seele, weil ich heilig bin" (Ps 86, 2: Ps 85, 2 LXX). Hätte das etwa David über sich sagen können? Nein, sondern der sagt es, der spricht: „Du wirst meine Seele nicht in der Unterwelt lassen und wirst deinen Heiligen die Verwesung nicht schauen lassen" (Ps 16, 10: Ps 15, 10 LXX).

8.112 Derselbe sagt also beides und hat hinzugefügt: „Rette deinen Knecht" (Ps 86, 2: Ps 85, 2 LXX) und weiter unten: „Gib Macht deinem Diener und dem Sohn deiner Magd" (Ps 86, 16: Ps 85, 16* LXX) und an anderer Stelle, das heißt bei Ezechiel: „Und ich werde einen einzigen Hirten über sie einsetzen, und mein Knecht David wird

---

7, 26f et cetera).

et erit eorum pastor, et ego dominus ero illis in deum et
| David in medio eorum princeps." Utique David iam defunctus erat, filius Iesse. De Christo itaque dicit, qui propter nos „filius ancillae" factus est secundum formam hominis. Nam secundum divinam generationem non matrem habet, sed patrem, nec corporalis ‚ventris est fructus', sed „sempiterna" dei „virtus".

8.113 Ergo etiam illud cum legimus quia dixit dominus: „Tempus meum nondum inpletum est", et: „Adhuc modicum tempus vobiscum sum et vado ad eum qui me misit", et: „Clarificatus est filius hominis", ad incarnationis sacramentum referre debemus. Cum autem legimus: „Et deus clarificatus est in eo et deus clarificavit eum", quid ibi est quaestionis, ubi et filius clarificatur a patre et pater clarificatur a filio?

8.114 Denique ut fidem unitatis et copulam trinitatis aperiret, etiam ab spiritu clarificandum esse se dixit, sicut habes: „Ille de meo accipiet et clarificabit me." Clarificat ergo dei filium etiam spiritus sanctus. Quomodo igitur ipse dixit: „Si ego clarificavero me ipsum, claritas mea nihil est?" Ergo nihil est claritas fili? Sacrilegum est dicere, | nisi referas ad carnem, quia ex persona hominis filius loquebatur, eo quod conparatione divinitatis nulla carnis est claritas.

R (*def.* 7 sempiterna – 8 meum, 22 (conparati)one – p. 680 l. 12 scriptum esse) *LVZS* (*usque ad l.* 7 virtus), *MNCWEO*
1 dominus] *add.* et *MN* | in illis in deum *Z* | et *tert. add.* servus meus *m* (*Vulg.*) || 3 iessae *Sa.c.V* || 6 est *om. S* est ventris *Oa* || 7 virtus] *add.* est. EXP. LIB. III. (*sic!*) INC. LIB. IIII. FELICITER. BEATUS QUI LEGIT. AMEN. LEGE BEATUS. *S* (*cf. Proleg. IV 12*) || 8 illud *om. Oa* || 9 inpletum est] advenit *C* || 10 tempus *alt. om. m* | misit me *m* || 12 cum] quod *C* || 13 clarificabit *C* (*Vulg.*) (*cf. fid. IV 136*) || 14 clarificatur *alt.*] glorificatur *E* || 15 et copulam trinitatis *om. Oa* || 16 ab *om. VZW* | spiritu] filio *W* spiritum *Z* | se *om. CW, Ea.c.m2 Oa* || 17 clarificavit *RZMW, Ea.c.* (*cf. spir. II 42.118; III 115*) | clarificat] clarificavit *in mg. Em1* || 19 ante si *signum capituli Rm1* (?) *Lm2* | si – est] *rubr. Z, add.* VIIII *Z*, capitul. VIIII *Lm2* || 20 ego] ergo *MC* | nihil *alt.*] nihilum *Nm* | est *alt. om. Oa* || 21 ex persona] personam *W* || 22 nullae *C* | est carnis *VZOam*

sie führen, und er wird ihr Hirte sein, und ich, der Herr, werde für sie Gott sein und David in ihrer Mitte Fürst" (Ez 34,23f*). Freilich war David schon verstorben, der Sohn Isais (vgl. 1 Sam 16,1). Deswegen spricht Ezechiel über Christus, der unsretwegen „Sohn einer Magd" geworden ist entsprechend der „Gestalt eines Menschen". Denn gemäß der göttlichen Zeugung hat er keine Mutter, sondern nur einen Vater, und er ist nicht ‚Frucht eines' körperlichen ‚Leibes', sondern „ewige Kraft" (Röm 1,20) Gottes.

8.113 Also müssen wir auch das auf das Geheimnis der Fleischwerdung beziehen, wenn wir lesen, daß der Herr gesagt hat: „Meine Zeit ist noch nicht erfüllt" (Joh 7,8*) und „noch eine kurze Zeit bin ich bei euch und gehe dann zu dem, der mich gesandt hat" (Joh 7,33*), und „der Menschensohn ist verherrlicht worden" (Joh 13,31). Wenn wir aber lesen: „Und Gott ist verherrlicht worden in ihm, und Gott hat ihn verherrlicht" (Joh 13,31f), was gibt es dort für eine Frage, wo sowohl der Sohn vom Vater als auch der Vater vom Sohn verherrlicht wird?

8.114 Schließlich hat er, um den Glauben an die Einheit und „das Band der Trinität"[539] zu offenbaren, gesagt, daß er auch vom Geist verherrlicht werden muß, wie du es im biblischen Text findest: „Jener wird von dem Meinen nehmen und mich verherrlichen" (Joh 16,5). Auch der heilige Geist verherrlicht demzufolge den Sohn Gottes. Wieso also hat er selbst gesagt: „Wenn ich mich selbst verherrliche, ist meine Herrlichkeit nichts" (Joh 8,54*)? Ist die Herrlichkeit des Sohnes also nichts? Das zu sagen, ist gottlos, es sei denn, du beziehst es auf das Fleisch, weil der Sohn aus der Person eines Menschen heraus gesprochen hat, deswegen, weil es im Vergleich zur Gottheit keine Herrlichkeit des Fleisches gibt.

---

[539] Vgl. dazu ABRAMOWSKI, *Der Geist als „Band"* 126–132. Was dort σύνδεσμος heißt und wohl auf die neuplatonische Rezeption der chaldäischen Orakel zurückgeht (Belege: ebd. 129–131), übersetzt Ambrosius mit *copula*. Wahrscheinlich war ihm der Begriff von ATHANASIUS VON ALEXANDRIEN her bekannt: Vgl. *Ar.* 3,21 (PG 26,368).

8.115 Desinant igitur impie obicere quod in suam perfidiam retorquetur. Scriptum est enim — non nego —: „Nunc clarificatus est filius hominis." Sed videant, quid adiectum sit: „Clarificatus est filius hominis", videant etiam quid sequatur: „Et deus clarificatus est in eo." Ego excusationem habeo de filio ‚hominis', ille de patre non habet, quia pater non suscepit carnem. Excusationem habeo et non utor, ille non habet et calumniatur. Aut simpliciter me patiatur intellegere aut ad carnem referre, quae carnis sunt. Pia mens, quae leguntur, secundum carnem divinitatemque distinguit, sacrilega confundit et ad divinitatis detorquet iniuriam, quidquid secundum humilitatem carnis est dictum.

9.116 Quin etiam more iudaico etiam falsi et inpudentes interpraetes Arriani verborum sunt divinorum dicentes usque adeo aliam patris aliam fili aliam sancti esse spiritus potestatem, ut scriptum sit: „Ite, docete omnes gentes baptizantes eos in nomine patris et fili et spiritus sancti", et

---

RLVZ MNCWEO def. S
1 pie C impii W ‖ 2 retorqueretur Z ‖ 2 scriptum est – 5 sequatur] Dicunt enim: Scriptum est: Nunc clarificatus est filius hominis. Non nego scriptum: Clarificatus est filius hominis; sed videant quid sequatur *m* ‖ 3 sed – 4 hominis *om.* C ‖ 3–4 quid adiectum] quod subiectum *Oa* ‖ 8 et *om.* L a.c. m2Oa ‖ 11 et sacrilege C ‖ 12 retorquet *Oa* ‖ 13 dictum] *add. titul. recent. Oa* ‖ 14 quin] quid quod *Oam* qui *Turon.* | etiam *alt. om. Oam (fortasse recte)* ‖ 14–15 inprudentes *VZW* ‖ 16–17 spiritus sancti *Oam* ‖ 16 esse – 18 sancti *om.* W ‖ 17 ut] cum V ‖ 18 eos *om. LVME*

---

[540] Als exegetische Regel ist das bei ATHANASIUS VON ALEXANDRIEN, *ep.* Serap. 2, 8 (PG 26, 620f), ausgedrückt: Wer in der Schrift liest, muß prüfen und unterscheiden, wann sie von der Gottheit des Logos und wann sie von seiner Menschheit redet.

8.115 Sie sollen also aufhören, gottlos solche Vorwürfe vorzubringen, was im Gegenzug auf ihren Unglauben zurückfällt. Es steht tatsächlich geschrieben — ich leugne das nicht — „Nun ist der Sohn des Menschen verherrlicht" (Joh 13,31). Aber sie sollen sehen, was dem hinzugefügt ist: „Verherrlicht ist der Sohn des Menschen" und sie sollen auch sehen, was dem folgt: „Und Gott ist verherrlicht in ihm". Ich habe eine Entschuldigung für den Sohn ‚des Menschen', der arianische Häretiker hat keine für den Vater, weil der Vater nicht Fleisch angenommen hat. Ich habe eine Entschuldigung und verwende sie nicht, jener hat sie nicht und übt gottlose Kritik. Entweder soll er einfach zulassen, daß ich recht verstehe, oder wenigstens zulassen, daß ich auf das Fleisch beziehe, was zum Fleisch gehört. Ein frommer Geist unterscheidet, was gelesen wird, nach Fleisch und Gottheit[540]. Ein gottloser Geist vermischt und verdreht zur Beleidigung gegenüber der Gottheit, was auch immer mit Blick auf die Niedrigkeit des Fleisches gesagt ist.

9.116 Ja, sogar nach jüdischer Sitte sind die Arianer auch falsche und törichte Ausleger der göttlichen Worte, indem sie so weit gehen und sagen, daß die Macht des Vaters eine andere ist als die des Sohnes, eine andere als die des Heiligen Geistes, selbst wenn geschrieben steht: „Geht, lehrt alle Völker und tauft sie im Namen des Vaters und des Sohnes und des Heiligen Geistes" (Mt 28,19*[541]). Und aus

---

[541] HERRMANN, *Ambrosius von Mailand als Trinitätstheologe* 1,17, beziehungsweise 2,17, weist für diese homöische Verwendung von Mt 28,19 auf die zweite Sirmische Formel hin: *Formel der zweiten Synode zu Sirmium i.J. 357* (201 HAHN = BSGR); vgl. auch HILARIUS VON POITIERS, *syn.* 11 (PL 62,489); sowie zur Formel MARKSCHIES, *Ambrosius von Mailand und die Trinitätstheologie* 46 mit Anm. 28. Allerdings wird die Bibelstelle dort nicht zum Beleg der dreigestuften Ordnung herangezogen, sondern illustriert, *quod trinitas semper servanda est*. Ambrosius lebte nicht einmal zehn Jahre nach Abfassung dieser Formel in Sirmium (MARKSCHIES, *Ambrosius von Mailand und die Trinitätstheologie* 45–57).

ex ver|borum ordine differentiam divinae faciunt potesta- | 260
tis.

9.117 Ego autem, licet hoc ipsum testimonium in superioribus libris pro unitate adseruerim maiestatis ac nominis, tamen si hinc faciunt quaestionem, possum testimoniis adserere scripturarum in plerisque locis prius filium nominatum, postea patrem dictum. Numquid igitur, quia fili significatio ante praemissa est, verborum — ut Arriani volunt — praeiudicio pater secundus a filio est? Absit, inquam, absit! Nescit hunc ordinem fides, nescit discretum patris et fili honorem. Non legi, non audivi, nec aliquem in deo invenio gradum. Nusquam secundum, nusquam tertium deum legi. ‚Primum' legi, ‚primum' ac ‚solum' audivi.

9.118 Si ordinis exigimus superstitionem, nec „ad dexteram" patris sedere filius debet, nec ‚primum' se et „principium" debuit dicere. Male ergo evangelista, quia prius a verbo quam a deo coepit dicens: „In principio erat verbum et verbum erat apud deum." Etenim iuxta humani ritus or-

---

LVZ MNCWEO def. RS
3 ipsud *Cp.r.m2* ‖ 4 pro *om. Ma.c.m2N* | unitatem *N* | adseruerit *CMN* ‖ 5 hic *W* ‖ 7 quia *om. Oa* ‖ 8 sanctificatio *Oa* ‖ 9 a *om. E* | est a filio *W* ‖ 9–10 inquam absit *om. C* ‖ 12 inveni m ‖ 13 dominum | legi *om. W* | legi *om. C* | primum *om. C* ‖ 16 et] in *C* | ergo et *E* ‖ 17 quia *om.* m ‖ 19 deum] *add.* et deus erat verbum *C* | humani ritus] humanitatis *C*

---

[542] FALLER, *Ambrosius* 8,259, verweist auf folgende Texte: EUNOMIUS VON CYZICUS, *apol.* 25 (68 VAGGIONE: Der heilige Geist ist τρίτον καὶ φύσει καὶ τάξει); BASILIUS VON CAESAREA, *Eun.* 3,3 (SCh 305,156): „Die Gemeinschaft der Namen beweist nicht eine Trennung der Natur, sondern eine Beziehung zum Vater und dem Sohn", beziehungsweise die Widerlegung des EUNOMIUS in *Eun.* 3,2 (SCh 305,150): Etwas, was der τάξις nach zweites oder drittes ist, muß nicht anderer Natur sein, beziehungsweise mit Zitat in *Eun.* 3,5 (SCh 305,162). WULFILA sagt über den heiligen Geist *non esse primum nec secundum, sed a primo per secundum*

der Reihenfolge der Worte machen sie einen Unterschied der göttlichen Macht[542].

9.117 Ich aber, obwohl ich eben dieses Schriftzeugnis in den voraufgehenden Büchern[543] für die Einheit der Hoheit und des Namens herangezogen habe, kann dennoch durch Schriftzeugnisse beweisen, wenn sie von daher eine Frage aufwerfen, daß an den meisten Stellen zuerst der Sohn, dann der Vater genannt ist. Ist also etwa der Vater der zweite nach dem Sohn aufgrund der falschen Entscheidung nach der Wortstellung — wie es die Arianer wollen —, weil die Bezeichnung des Sohnes vorausgeschickt worden ist? Das sei ferne, sag' ich, das sei ferne! Der Glaube kennt diese Reihenfolge nicht, kennt keine verschiedenen Ehren des Vaters und des Sohnes. Ich habe nichts von einer Abstufung gelesen, ich habe nichts davon gehört und ich finde auch keine in Gott. Nirgends habe ich von einem zweiten, nirgends habe ich von einem dritten Gott gelesen. Von einem ‚ersten' habe ich gelesen, von dem ‚ersten' und ‚alleinigen' (vgl. Jes 43,10f; 44,6; 45,14f; Joh 17,3) habe ich gehört.

9.118 Wenn wir den Aberglauben einer abstufenden Reihung auf die Spitze treiben, darf der Sohn weder „zur Rechten des Vaters" sitzen, noch hätte er sagen dürfen, daß er der ‚erste' (vgl. Offb 1,17; 2,8; 22,13) und „Anfang" (Joh 1,8; 8,25; 22,13) ist. Falsch also vom Evangelisten, daß er eher vom Wort als von Gott zu sprechen begonnen hat, als er sagte: „Im Anfang war das Wort, und das Wort war bei Gott" (Joh 1,1). Denn er hätte gemäß der Reihen-

---

in tertio gradu substitutum, siehe MAXIMINUS, *c. Ambr.* 30 (fol. 305ᵛ, 27–35 [CCL 87, 162]; Brief des AUXENTIUS, in dem er die Lehre des WULFILA referiert).
[543] Vgl. oben *fid.* 1,8–10, oben 180–193.

dinem prius patrem debuit nominare. Nescivit etiam
apostolus ordinem, qui ait: „Paulus, servus Christi Iesu, vo-
catus apostolus, segregatus in evangelium dei", et alibi:
„Gratia domini nostri Iesu Christi et caritas dei et com-
municatio spiritus sancti." Si verborum sequamur ordi-
nem, in | primo filium posuit, in secundo patrem. Sed ver-
borum ordo saepe mutatur, et ideo non debes vel de ordine
vel de gradu patri deo et filio eius facere quaestionem, cum
secundum divinitatem divisio nulla sit unitatis.

10.119 Ad extremum, ut Christianos se non esse mani-
festent, negant in Christum esse credendum dicentes
scriptum esse: „Qui in me credit, non credit in me, sed in
eum, qui me misit."

Hanc ego expectabam confessionem. Quid me quibus-
dam ambagibus ludebatis? Sciebam mihi adversus gentiles
esse contentionem. Sed illi convertuntur, vos non conver-
timini. Illi si credant, salvum est sacramentum, vos per-
didistis acceptum aut nec coeptum fortasse, sed fictum.

10.120 ‚Scriptum est, inquiunt: „Qui in me credit, non
credit in me, sed in eum, qui me misit."' — Sed videte quid
sequatur, et videte sic, quemadmodum se dei filius vult
videri! Sequitur enim: „Et qui videt me, videt eum, qui

R inde a l. 12 qui, *LVZ MNCWEO def. S*
2 iesu christi *L* ‖ 3 evangelio *La.c.E* ‖ 4 nostri *om. C* ‖ 5 prosequa-
mur *N* persequamur м ‖ 6 in *pr. om. Ma.c.m2N* | primo] principio *Lm1*
(primo *s.l.m2*), *NC* ‖ 10 se *om. V* ‖ 10–11 manifestant *C* ‖ 12 qui] *re-
dit R* | credit *alt. om. E* ‖ 12–13 in eo *W* ‖ 14 ego] ergo *VW* | mecum
Ep.c.m2 ‖ 15 sciebam *RC*м scio *Ei.r.* sciam *cet. a* | adversum *VMN
WE*м ‖ 16 illi *om. Oa* | non *om. C* ‖ 17 si] se *La.c.Ea.c.m2* sibi *Em2* |
credunt *Ep.c.m2* | est] esse *MNE* ‖ 18 aut] et *Oa*м ut *Turon.* | aut nec
coeptum *om. E* | nec] ne *Oa* | fictum] factum *Oa* ‖ 19 qui – 20 misit
rubro (add. X.) *Z* cap. X *in mg. Lm2* ‖ 20 non in me credit *Oa*м | misit
me *Turon.* ‖ 21 sic (c.*m2*) *R* sic] et *W* | se *om* | filium *V* filius deus *W* ‖
22 videre *C* | et] set *C*

---

[544] Nach ATHANASIUS VON ALEXANDRIEN, *Ar.* 2,42,3 (219 METZLER/
SAVVIDIS), ist die von Arianern gespendete Taufe παντελῶς κενὸν καὶ

folge des menschlichen Brauchs zuerst den Vater nennen müssen. Auch der Apostel kannte diese abgestufte Reihenfolge nicht, der sagt: „Paulus, Knecht Jesu Christi, berufen zum Apostel, ausgesondert für das Evangelium Gottes" (Röm 1,1*) und an anderer Stelle: „Die Gnade unseres Herrn Jesu Christi und die Liebe Gottes und die Gemeinschaft des Heiligen Geistes" (2 Kor 13,13*). Wenn wir der Reihenfolge der Worte folgten, dann hat er den Sohn an die erste Stelle gesetzt, an die zweite Stelle den Vater. Aber die Reihenfolge der Worte wird oft geändert, und daher darfst du, wenn es um Gott, den Vater, und seinen Sohn geht, weder über die Reihenfolge noch über die Abstufung eine Frage stellen, weil es im Blick auf die Gottheit keine Trennung der Einheit gibt.

10.119 Letztendlich leugnen sie, so daß sie offenbar machen, daß sie keine Christen sind, daß an Christus geglaubt werden muß, indem sie sagen, es stehe geschrieben: „Wer an mich glaubt, glaubt nicht an mich, sondern an den, der mich gesandt hat" (Joh 12,44*).

Ich habe dieses Bekenntnis erwartet. Warum habt ihr mich mit mancherlei Winkelzügen an der Nase herumgeführt? Ich wußte, daß ich eine Auseinandersetzung mit Heiden führe. Aber jene lassen sich bekehren, ihr laßt euch nicht bekehren. Wenn jene glauben, ist das Sakrament (der Taufe) heilsam, ihr aber habt das empfangene Sakrament verdorben oder das, was vielleicht noch gar nicht begonnen hat, sondern eingebildet ist[544].

10.120 ‚Es steht geschrieben, sagen sie, „Wer an mich glaubt, glaubt nicht an mich, sondern an den, der mich gesandt hat"‘ (Joh 12,44*). — Aber seht doch, was folgt, und seht es so, wie der Sohn Gottes gesehen werden will! Es folgt nämlich: „Wer mich sieht, sieht den, der mich gesandt

---

ἀλυσιτελές. Über die Ungültigkeit der Ketzertaufe äußert sich das Konzil von Nicaea zwar nicht, wohl aber BASILIUS VON CAESAREA, ep. 188,1; 199,47 (93.137 JOANNOU), und die *Canones Apostolorum* 46f (72 BENEŠEVIC).

me misit", hoc est quia pater videtur in filio. Exposuit igitur, quidquid ante praemisit, quia ille credit in filium, qui confitetur patrem. Nam qui filium nescit, nec patrem novit; „omnis" enim, „qui negat filium, nec patrem habet; qui confitetur filium, et filium | et patrem habet."

10.121 Quid est ergo „non credit in me"? — ‚Non in id', inquit, ‚quod corporaliter cernitis, non in hominem tantummodo, quem videtis.' Non enim in hominem tantummodo credendum adseruit, sed ut credas quia Iesus Christus ipse est et dei filius et homo. Propter quod et utrumque ait: „A me ipso non veni", et alibi: Ego sum „principium, quod loquor vobis". Quasi homo a se non venit, quasi dei filius non ex homine principium habet, sed ‚sum, inquit, ipse principium quod loquor vobis, neque humana, sed divina sunt, quae locutus sum'.

10.122 Neque enim fas est credere quod negaverit in se esse credendum, cum ipse dixerit: „Ut omnis qui credit in me, in tenebris non maneat", et alibi: „Haec est enim voluntas patris mei, qui me misit, ut omnis, qui videt filium et credit in eum, habeat vitam aeternam", et alibi: „Credite in deum, et in me credite."

10.123 Nemo ergo filium sine patre accipiat, quia „filium" legimus. Habet patrem filius, sed non temporalem,

---

RLVZ MNCWEO def. S
2 quidquid] id quod Ωam | ille *om. Oa* || 3 et patrem *Oam* in filio patrem (in filio *exp. m1*) R || 4 omnes ... negant C || 5 habent Cp. c.m2 || 6–7 in id inquit *scripsi* inquid R in id *cet. am* | homine C || 8 non – 9 tantummodo *om.* E || 9 sed *om. Oa* || 10 et *pr. om.* VWm || 12 quod] qui et WOa (*Vulg.*) quod et MNCm || 12 quasi – 14 vobis *om.* C || 14 ipse *om.* WE | quod et m || 17 cum] quod E || 21 creditis m (*cf. adnot. font.*)

---

[545] Vgl. ATHANASIUS VON ALEXANDRIEN, *ep. Serap.* 1, 1f (PG 29, 532).
[546] Zu dieser Bibelstelle vgl. oben 390 mit Anm. 254: Es handelt sich um eine lateinische Fehlübersetzung (wörtlich: „Ich bin der Anfang, was ich euch sage"; vgl. den Befund in der *Itala*-Ausgabe (2, 91 JÜLICHER/ MATZKOW) des griechischen Bestandes: τὴν ἀρχὴν, ὅτι λαλῶ ὑμῖν. Das

hat" (Joh 12,45), das heißt, daß der Vater im Sohn gesehen wird. Was auch immer er vorausgeschickt hatte — er hat also dargelegt, daß derjenige an den Sohn glaubt, der den Vater bekennt[545]. Denn wer den Sohn nicht kennt, kennt auch den Vater nicht. „Jeder" nämlich, „der den Sohn leugnet, hat auch den Vater nicht; wer den Sohn bekennt, hat sowohl den Sohn als auch den Vater" (1 Joh 2,23*).

10.121 Was bedeutet also: „...der glaubt nicht an mich?" —‚Nicht an das', meinte er, ‚was ihr körperlich wahrnehmt, nicht nur an den Menschen, den ihr seht'. Er hat dargelegt, daß nämlich nicht allein an den Menschen geglaubt werden darf, sondern daß du glauben sollst, daß Jesus Christus selbst sowohl Sohn Gottes als auch Mensch ist. Deswegen spricht er auch von beidem: „Ich bin nicht von mir selbst aus gekommen"(Joh 7,28), und an anderer Stelle: Ich bin „der Anfang, als der ich zu euch spreche" (Joh 8,25*[546]). Als Mensch ist er nicht von sich aus gekommen, als der Sohn Gottes hat er nicht seinen Anfang von einem Menschen genommen, sondern ‚ich bin, sagt er, selbst der Anfang, als der ich zu euch spreche, und es ist auch nicht Menschliches, was ich euch gesagt habe, sondern Göttliches.'

10.122 Denn es ist nicht recht, zu glauben, daß er gesagt habe, daß man nicht an ihn glauben dürfe, weil er selbst gesagt hat: „Damit jeder, der an mich glaubt, nicht in der Finsternis bleibt" (Joh 12,46), und an anderer Stelle: „Dies ist nämlich der Wille meines Vaters, der mich gesandt hat, daß jeder, der den Sohn sieht und an ihn glaubt, das ewige Leben hat" (Joh 6,40*) und an anderer Stelle: „Glaubt an Gott und glaubt an mich" (Joh 14,1*).

---

bedeutet nach BAUER/ALAND, *Griechisch-deutsches Wörterbuch* 224 (*sub voce* ὅλως), ursprünglich, „daß ich überhaupt noch zu euch rede". Ambrosius dürfte die Stelle im Sinne von „Ich bin der Anfang, als der ich zu euch spreche" verstanden haben.

non ex passione, non ex conceptione, non ex gratia. Generationem legi, non legi conceptionem. Et pater dicit „genui", non dicit ‚creavi', et filius non creatorem suum deum secundum aeternitatem divinae generationis, sed patrem nominat.

10.124 Se quoque nunc ex persona hominis, nunc in dei maiestate significat, nunc unitatem sibi divinitatis cum deo patre vindicans, nunc fragilitatem humanae carnis adsumens, nunc ‚doctrinam suam se non habere', nunc ‚voluntatem suam se | non quaerere', nunc ‚testimonium suum verum non esse', nunc ‚verum esse' significans. Nam ipse dixit: „Si ego testimonium perhibeo de me ipso, testimonium meum non est verum", et ipse in posterioribus ait: „Et si ego testimonium perhibeo de me, verum est testimonium meum."

10.125 Quomodo igitur „non est verum" testimonium tuum, domine Iesu, cui qui credidit, in cruce licet positus et inter confessi sceleris supplicia constitutus, merita latronis exuit, praemia innocentis emeruit?

10.126 Deceptus est ergo Paulus, qui ideo recepit oculos, quia credidit, quos amiserat, antequam crederet?

10.127 Erravitne etiam Iesus Nave, qui ‚ducem militiae caelestis' agnovit? Sed posteaquam credidit, statim vicit, dignus qui fidei proelio triumpharet. Denique non „aeratas acies" in bello produxit nec ariete ceterisque tormen-

---

R LVZ MNCWEO def. S

1 contentione Z ǁ 6 se] sed *EOa* | nunc *pr. om.* Z ǁ 8 vindicat V ǁ 9 se *pr. om. Oa* ǁ 10 suum *om. E* ǁ 11 nunc verum esse *om. E* ǁ 11 si– 13 est verum] *rubro (add.* XI.) Z; *signum capituli, mg.* cap. XI. *Lm2* ǁ 13 verum] meum W ǁ 16 qui *om. VMN* | credit *Oa* | licet] latro *N* ǁ 17 supplicio *Oa* ǁ 18 exemit *Ep.c. (ex* eximit) | meruit *Oa* ǁ 20 credidit] *add.* in te C ǁ 21 erravit *E* | etiam *om.* C | iesu C ǁ 23–24 erratas *Ma.c.m2* ferratas *Mm2W* numeratas V ǁ 24 bello *RLN* bella *cet. am* | arietibus *E*

---

[547] Vgl. Joh 7,16; 5,30f und 8,14.

10.123 Niemand soll sich also den Sohn ohne den Vater vorstellen, weil wir nur „Sohn" lesen. Der Sohn hat einen Vater, aber keinen zeitlichen, nicht aus Leidenschaft, nicht aus einer Empfängnis, nicht aus Gnade. Ich habe Zeugung gelesen, ich habe nicht Empfängnis gelesen. Und der Vater sagt, „ich habe gezeugt", er sagt nicht, ‚ich habe geschaffen', und der Sohn nennt Gott nicht seinen Schöpfer, sondern Vater im Blick auf die Ewigkeit der göttlichen Zeugung.

10.124 Aber er gibt sich auch bald in der Person eines Menschen, bald in der Hoheit Gottes zu erkennen, indem er bald für sich die Einheit seiner Gottheit mit Gott dem Vater beansprucht, bald die Hinfälligkeit des menschlichen Fleisches annimmt, bald anzeigt, ‚daß er nicht seine eigene Lehre habe', bald, ‚daß er nicht nach seinem eigenen Willen trachte', bald sagt, ‚daß sein Zeugnis nicht wahr sei', bald ‚daß es wahr sei'[547]. Denn er hat selbst gesagt: „Wenn ich über mich Zeugnis ablege, ist mein Zeugnis nicht wahr" (Joh 5,31), und er selbst sagte an einer späteren Stelle im Johannesevangelium: „Und wenn ich über mich selbst Zeugnis ablege, ist mein Zeugnis wahr" (Joh 8,14*).

10.125 Wie also „ist" dein Zeugnis „nicht wahr", Herr Jesus, obwohl doch der, der ihm geglaubt hat, als er ans Kreuz gehängt war und schon dabei war, für das von ihm bekannte Verbrechen zu büßen, die Verfehlungen des Räubers ablegte und den Lohn eines Unschuldigen verdiente?

10.126 Ist also Paulus getäuscht worden, der deshalb, weil er geglaubt hat, sein Augenlicht, welches er verloren hatte, bevor er geglaubt hat, wieder empfing (vgl. Apg 9,18)?

10.127 Hat sich auch Jesus (sc. Josua), der Sohn des Nun, geirrt, der ‚den Führer des himmlischen Heeres' erkannt hat? Doch nachdem er geglaubt hatte, hat er sofort gesiegt; würdig, im Kampf des Glaubens zu triumphieren. Schließlich hat er nicht „gepanzerte Schlachtreihen"[548] im Krieg geführt und hat auch nicht mit dem Sturmbock und

---

[548] VERGIL, Aen. 7,703 (278 MYNORS); 9,463 (321 MYNORS).

torum machinis, sed tubarum septem sacerdotalium sono murorum hostilium saepta deposuit. Ita bellum inmane confecit tubae clangor et infula sacerdotis.

10.128 Vidit hoc meretrix, et quae in excidio civitatis remedia desperaret salutis, quia fides vicerat, signa fidei atque vexilla dominicae passionis adtollens coccum in fenestra ligavit, ut species cruoris mystici, quae foret mundum redempura, vernaret. Ita foris | Iesu nomen fuit proeliantibus ad victoriam, intus species dominicae passionis periclitantibus ad salutem. Unde quia intellexit Raab caeleste mysterium, dicit dominus in psalmo: „Memor ero Raab et Babylonis scientibus me."

10.129 Quomodo ergo „non est verum" testimonium tuum, domine, nisi secundum fragilitatem hominum? „Omnis" enim „homo mendax".

10.130 Denique ut secundum hominem se dixisse demonstraret, ait: „Qui misit me pater, ipse testimonium perhibet de me. Verum" autem est testimonium secundum divinitatem, sicut ipse ait: „Et verum est testimonium meum, quia scio, unde veni et quo vado, vos autem nescitis, unde veni et quo vado. Vos secundum carnem iudicatis." Non ergo secundum divinitatem, sed secundum homi-

---

R LVZ MNCWEO def. S
2 inmane] imminens *C* in manu *Z* ‖ 3 confregit *Z* ł fregit *s.l. Lm2* | tuba et clangor *E* ‖ 6 vexilla *om. C* ‖ 6–7 in fenestram *V* ‖ 7 mystica *V* mystice *C* ‖ 8 vernaret] veniret *C* | furis *Ea.c.m2* futuri *corr. Em2* | iesus nomen *MNOa* ‖ 12 scientium *m* (*Vulg.,* τοῖς γινώσκουσι *Sept.*) ‖ 14 humanam *V* ‖ 15 enim *om. CE* | mendax est *L* ‖ 16 se *om. CW* | dixisse se *LVMNOam* ‖ 17 qui – 19 ait *om. E* ‖ 18 est *om. Ma.c.N* | testimonium est *C* ‖ 19 et *om. C* ‖ 19–20 meum *om. Ma.c.N* ‖ 20 veni et] venio aut *Oa* ‖ 20 autem – 21 vos *om. C* ‖ 21 venio *NOa*

---

[549] Vgl. *fid.* 1 prol. 3, oben 140f.
[550] Vgl. zu JOSUA = Jesus oben 392f die Anm. 256.
[551] Hält man die Interpretation der Passage aus ORIGENES, *hom. in Jos.* 3,5 (GCS 306f), daneben, fallen schnell gewichtige Unterschiede auf: So

den übrigen schweren Belagerungsgeschützen, sondern durch das Getöse von sieben priesterlichen Posaunen den Ring der feindlichen Mauern (sc. Jerichos) niedergerissen. So hat das Schmettern der Posaunen und der Turban eines Priesters den schrecklichen Krieg beendet (vgl. Jos 5, 13 – 6, 21[549]).

10.128 Dies hat die Hure (sc. Rahab) gesehen, und sie, die beim Fall der Stadt schon alle Hoffnung auf Rettung aufgegeben hatte, hat, weil der Glaube gesiegt hatte, die Zeichen des Glaubens und die Fahnen des Leidens des Herrn aufgerichtet und am Fenster ein scharlachrotes Seil angebunden (vgl. Jos 2, 18.21); damit die Farbe des geheimnisvollen Blutes, das die Welt erlösen wird, im voraus erscheine. So verhalf nach außen der Name „Jesus"[550] den Kämpfenden zum Siege, innerlich der Hinweis auf das Leiden des Herrn denen, die in Gefahr waren, zum Heil. Darum, weil Rahab das himmlische Geheimnis erkannt hat, sagt der Herr im Psalm: „Ich werde mich Rahabs und Babylons erinnern, da sie mich kennen" (Ps 87, 4: Ps 86, 4 LXX)[551].

10.129 Wie „ist" also dein Zeugnis „nicht wahr"[552], Herr, außer, wenn du in der Hinfälligkeit der Menschen sprichst? Denn „jeder Mensch ist ein Lügner" (Ps 115, 11).

10.130 Um schließlich zu zeigen, daß er als Mensch gesprochen hat, sagt er: „Der Vater, der mich gesandt hat, gibt selbst Zeugnis über mich" (Joh 8, 18*). „Wahr ist" aber sein Zeugnis mit Blick auf die Gottheit, so wie er selbst gesagt hat: „Und mein Zeugnis ist wahr, weil ich weiß, woher ich gekommen bin und wohin ich gehe, ihr aber wißt nicht, woher ich gekommen bin und wohin ich gehe. Ihr urteilt nach dem Fleisch" (Joh 8, 14f*). Nicht also der Gottheit gemäß, sondern dem Menschen entsprechend

---

interpretiert ORIGENES die räumlichen Angaben „innen — außen" vollkommen anders; das „Fenster" spielt eine große Rolle und die reinigende Wirkung des Blutes — alles Aspekte, die bei Ambrosius fehlen.
[552] Vgl. *fid.* 5, 10, 124, oben 684f.

nem iudicant, qui putant Christo testificandi scientiam defuisse.

10.131 Ergo cum audis: „Qui credit in me, non credit in me" et: „Qui misit me pater, ipse mihi mandatum dedit", didicisti, quo id putes esse referendum. Denique „mandatum" quod esset, ostendit dicens: „Pono animam meam et iterum sumam illam. Nemo tollit eam a me, sed ego pono eam a memet ipso." Vides ideo dictum, ut ostenderet liberam sibi ponendae ac resumendae animae potestatem, sicut ipse dixit: „Potestatem habeo ponendi eam et potestatem habeo iterum sumendi eam. Hoc | mandatum accepi a patre meo."

10.132 Sive igitur „mandatum", sive, ut aliqui latini habent, „praeceptum", non utique secundum divinitatem, sed secundum incarnationem datur ad subeundae victoriam passionis.

11.133 An vero in hanc humilitatem dei filium deducemus, ut nisi quae audierit, facere aut loqui nesciat, et praescriptam tacendi loquendique ei putemus esse mensuram, quia scriptum est: „Ex me ipso non sum locutus", et infra: „Sicut dixit mihi pater, ita loquor?" — Sed ad oboedientiam carnis aut ad fidem unitatis ista referantur.

R LVZ MNCWEO def. S
4 et] sed *W* sed in eum *V* ‖ 4–5 didicistis *N* ‖ 5 putas *W* ‖ 6 dicens om. *W* | et *RLVOa* ut *cet.* m (*Vulg., Ambr. fid. IV 120; Graece* ἵνα; *sed cf. Wordsworth-White ad loc.*) ‖ 7 illam] eam *Oa* | tollat *Ea.c.* tollet *C* ‖ 7–8 memet] me *COam* ‖ 8 vide si *W* | dictum] dominus dixit *W* | liberam om. *Oa* ‖ 10–11 eam *pr.*] animam meam *Oa* ‖ 12 ut om. *C* | aliquid *C, Ea.c.* | latini codices m ‖ 14 subeundam *RLZ* ‖ 15 passionis] *add. titul. recent. Oa* ‖ 16 an] haud *Oa* hanc om. *E* ‖ 16–17 deducimus *LNW* ‖ 18 praescriptum *V* | tacendi] agendi Ω*am* | loquendi *Ra.c.m2* ‖ 19 sum] solum *W* ‖ 20 sicut–loquor] *rubr., add.* . XII., *Z, signum capituli Lm2* (*in mg.* cap. XII) ‖ 21 aut] ut *Ea.c.m2Oa* | referuntur *Ep.c.m2*

urteilen diejenigen, die meinen, daß Christus das Wissen, um Zeugnis abzulegen, gefehlt habe.

10.131 Wenn du also hörst, „Wer an mich glaubt, glaubt nicht an mich" (Joh 12,44) und „Der Vater, der mich gesandt hat, er selbst hat mir ein Gebot gegeben" (Joh 12,49), dann hast du gelernt, auf wen du das deiner Meinung nach beziehen sollst. Schließlich hat er gezeigt, was dieses „Gebot" ist, indem er sagte: „Ich gebe meine Seele weg und werde sie wiederum nehmen. Niemand nimmt sie von mir, sondern ich gebe sie von mir aus" (Joh 10,17f*). Du siehst also, daß es deshalb gesagt worden ist, damit er zeigte, daß er die souveräne Macht hat, seine Seele aufzugeben und wieder anzunehmen, wie er selbst gesagt hat: „Ich habe Macht, meine Seele zu geben, und ich habe Macht, sie wiederum zu nehmen. Diesen Auftrag habe ich von meinem Vater empfangen" (Joh 10,18).

10.132 Sei es also ein „Gebot", oder sei es, wie es einige lateinische Handschriften bieten, eine „Vorschrift"[553], sie wird jedenfalls nicht im Blick auf die Gottheit, sondern die Fleischwerdung gegeben, zum Sieg über das Leiden, das er erdulden muß.

11.133 Oder werden wir den Sohn Gottes gar in eine solche Niedrigkeit herabziehen, daß er nur zu tun oder reden weiß, was er gehört hat, und meinen wir, daß ihm ein bestimmtes Maß des Schweigens und Redens verordnet sei, weil geschrieben steht: „Ich habe nicht von mir selbst aus geredet" (Joh 12,49), und weiter unten: „Wie der Vater mir gesagt hat, so rede ich" (Joh 12,50*)? — Aber diese Bibelstellen soll man auf den Gehorsam des Fleisches und auf den Glauben an die Einheit von Vater und Sohn bezie-

---

[553] Vgl. für die unterschiedliche Übersetzung des ταύτην τὴν ἐντολήν durch *mandatum* und *praeceptum* die *Itala* (4,114 JÜLICHER/MATZKOW) und CYPRIAN VON KARTHAGO, *testim.* 2,24 (CCL 3,62): *hoc enim mandatum accepi a patre meo.*

Plerique enim doctiores et ‚audire filium' et ‚dicere aliquid filio patrem' accipiunt per unitatem naturae. Quod enim per unitatem voluntatis novit filius patrem velle, videtur audisse.

11.134 Unde non officium corporale, sed arbitrium indissociabile declaratur. Neque enim verborum hic aliquem significat auditum, sed unitatem voluntatis atque virtutis, quae et in patre est et in filio. Quam etiam in spiritu sancto esse memoravit alio loco dicens: „Non enim loquitur a se, sed quae audit loquitur", ut adverteremus quia quidquid spiritus loquitur, loquitur et filius, et quidquid loquitur filius, loquitur et pater, quia una sententia et operatio trinitatis est. Sicut enim pater ‚videtur' | in filio, non utique specie corporali, sed unitate divinitatis, ita etiam pater ‚loquitur' in filio, non temporali voce nec corporali sono, sed operis unitate. Denique cum dixisset: „Pater, qui in me manet, ipse loquitur, et opera, quae ego facio, ipse facit, addidit: Credite mihi, quia ego in patre et pater in me. Alioquin propter opera ipsa credite."

R LVZ MNCWEO def. S
1 enim] etiam Oa || 5 unde om. Z || 6 indesociabile Oa indissociabile] add. cooperationis Oam || 8 etiam et Oa | memoravit esse N || 10 loquitur pr. R, Ma.c.C loquetur cet. am (Vulg.; cf. spir. II 131.133) | quaecumque m | audiet VZ | loquitur alt. om. C, loquetur VZ, Mp.c. Oam (Vulg.; cf. spir. l. c.) || 14 utique om. C || 16–17 et pater Oa || 17 et ipse C (cf. fid. III 90) || 18 et addidit Z || 19 me] add. est Oam | ipsa om. Z

---

[554] FALLER, Ambrosius 8,265, verweist auf HILARIUS VON POITIERS, trin. 8,18 (CCL 62A,329: dum quae loquitur, manens in se Pater loquitur), und fid. 4,10,131, oben 556–559.
[555] Ich verstehe videtur audisse im Sinne von: „das scheint er (nur) gehört zu haben". Eine gewisse doketische Note der Interpretation einer ursprünglich subordinatianisch gemeinten Bibelstelle wird man hier nicht

hen. Denn die meisten Leute, die etwas gelehrter sind[554], verstehen sowohl die Tatsache, daß ‚der Sohn hört', als auch, daß ‚der Vater etwas zum Sohn sagt', aufgrund der Einheit der Natur beider. Wovon nämlich der Sohn durch die Einheit des Willens weiß, daß der Vater es will, davon scheint er nur gehört zu haben[555].

11.134 Daher wird das Hören des Sohnes nicht als eine leibliche Handlung, sondern als untrennbarer Wille[556] erklärt. Christus bezeichnet hier auch nicht irgendein Hören von Worten, sondern die Einheit des Willens und der Kraft, welche im Vater wie im Sohn vorhanden ist. Und er hat daran erinnert, daß diese Einheit auch mit dem Heiligen Geist besteht, indem er an anderer Stelle gesagt hat: „Er redet nämlich nicht von sich aus, sondern er redet, was er hört" (Joh 16,13*); damit wir erkennen, daß das, was auch immer der Geist redet, auch der Sohn redet, und was auch immer der Sohn redet, auch der Vater redet, weil es nur eine Meinung und eine Handlung der Trinität gibt. Wie nämlich der Vater im Sohn ‚gesehen wird' (vgl. Joh 12,45; 14,9), jedenfalls nicht in leiblicher Gestalt, sondern durch die Einheit der Gottheit, so ‚spricht' auch der Vater im Sohn nicht mit zeitlicher Stimme oder leibhaftigem Ton, sondern durch die Einheit des Werkes. Nachdem er schließlich gesagt hatte: „Der Vater, der in mir bleibt, spricht selbst, und die Werke, die ich tue, tut er selbst" (Joh 14,10*[557]), hat er hinzugefügt: „Glaubt mir, weil ich im Vater bin und der Vater in mir. Ansonsten glaubt wegen der Werke selbst" (Joh 14,11).

---

bestreiten können, vgl. MARKSCHIES, *Altkirchliche Christologie und Neues Testament* 894–899.
[556] Für die Übersetzung von *arbitrium* vgl. GEORGES, *Lateinisch-Deutsches Handwörterbuch* 536, und BLAISE, *Dictionnaire* 94.
[557] Vgl. *fid.* 1,3,22, oben 154f; 3,11,90, oben 422f, und 4,6,68, oben 508–511.

11.135 Hic intellectus est noster secundum divinarum seriem scripturarum. Arriani autem, qui nolunt de deo aestimari, quae digna sunt, vel apto suis meritis confutentur exemplo, ne totum carnaliter credant, cum ipsi patris sui diaboli opera incorporaliter videant, sicut de eorum consortibus Iudaeis dominus declaravit dicens: „Vos, quod vidistis patrem vestrum facientem, facitis", cum utique, non quia diabolum operantem viderint, sed quia arbitria eius fecerint, arguantur, invisibiliter in his secundum iniquitatem suam diabolo operante peccatum. Hoc secundum apostolum ‚propter insipientiam posuimus perfidorum'.

11.136 Ceterum satis probatum est scripturarum exemplis ad unitatem maiestatis pertinere divinae, quod et ‚pater maneat in filio' et ea quae ‚loquitur filius, a patre videatur audisse'. Unitatem autem maiestatis quibus aliis possumus intellegere, quam quod eadem patri et filio deferuntur? Nam quid praecellentius potest dici, quam quod apostolus dixit „dominum maiestatis" crucifixum?

11.137 Filius ergo et deus maiestatis et dominus maiestatis. Sed non creaturis subiecta maiestas. Non ergo creatura filius.

R LVZ MNCWEO def. S
1 est noster] esse videtur O*a* || 2 deo] dei filio *V* || 3 aestimare Ω*am* | sui merito *N* || 3–4 confitentur *E* || 4 exemplum *C* || 6 declaraverit *Z* || 7 quod] qui *L* || 9 arbitrio *W* arbitraria O*a* || 17 possunt *Z* || 19 dominum] deum *R* | crucifixum – 21 maiestatis *alt. om. C* || 20 ergo est et Ω*am*

---

[558] Vgl. BLAISE, *Dictionnaire* 755.
[559] Zu dem athanasianischen Theologumenon, daß der Teufel Vater der Arianer ist, vgl. oben 378 mit Anm. 240.
[560] Vgl. *fid.* 2,7,58 – 2,13,121, oben 288–339; 3,12,92 – 3,13,107, oben 424–435.
[561] Es folgt eine Reihe von zumeist knappen Syllogismen, achtmal geschlossen mit: „Also ist der Sohn (Gottes) kein Geschöpf": *non ergo creatura (dei) filius.* — Der Schluß ist nach antiken (vgl. PS.-APULEIUS,

11.135 Dies ist unser Verständnis dem Wortlaut[558] der göttlichen Schriften entsprechend. Die Arianer aber, die nicht wollen, daß von Gott gedacht wird, was seiner würdig ist, sollen vielmehr durch ein ihren Verfehlungen angemessenes Schriftbeispiel widerlegt werden, damit sie nicht das Ganze auf fleischliche Weise glauben, obwohl sie selbst die Werke ihres eigenen Vaters, des Teufels[559], nicht auf körperliche Weise sehen, wie der Herr von ihren Schicksalsgenossen, den Juden, erklärt hat, indem er sagte: „Ihr tut, was ihr euren Vater habt tun sehen" (Joh 8,38*). Damit werden sie jedenfalls beschuldigt, nicht daß sie den Teufel am Werk gesehen haben, sondern daß sie seinen Willen tun, indem der Teufel in ihnen unsichtbar ihrer Bosheit entsprechend Sünde bewirkt. Das haben wir dem Apostel folgend ‚gesagt wegen der Torheit der Irrlehrer' (vgl. 2 Tim 3,9).

11.136 Im übrigen ist durch Beispiele aus den Schriften genug bewiesen, daß sich beide Aussagen auf die Einheit der göttlichen Hoheit beziehen, daß ‚der Vater im Sohn bleibt' (vgl. Joh 14,10) und daß das, was ‚der Sohn spricht, er vom Vater gehört zu haben scheint' (vgl. Joh 8,28)[560]. Wodurch sonst aber können wir die Einheit der Hoheit erkennen als dadurch, daß dem Vater und dem Sohn dieselben Prädikate übertragen werden? Denn was kann Bedeutsameres gesagt werden, als daß der Apostel gesagt hat, daß der „Herr der Herrlichkeit" gekreuzigt worden ist (1 Kor 2,8*).

11.137 Der Sohn also ist sowohl Gott von Hoheit als auch Herr von Hoheit. Aber die Hoheit ist den Geschöpfen nicht unterworfen. Also ist der Sohn kein Geschöpf[561].

---

herm. 2f [177 THOMAS]) und modernen Logikregeln gültig, wenn seine Prämissen stimmen; das hätten die Homöer für die erste Prämisse natürlich bestritten!

11.138 Filius paternae est „imago substantiae". Omnis autem creatura dissimilis supernae substantiae, sed non dissimilis dei patris filius. Non ergo creatura filius.

11.139 Filius „non rapinam arbitratus est esse se aequalem deo". Sed nulla creatura aequalis deo, aequalis autem filius. Non ergo creatura filius.

11.140 Omnis creatura mutabilis, sed non mutabilis dei filius. Non ergo creatura dei filius.

11.141 Omnis creatura accidentia et boni et mali recipit suae capacitate naturae eademque decessionem sentit. Dei autem filio nihil potest ex eius divinitate vel decedere vel accedere. Non ergo creatura dei filius.

11.142 „Omne opus suum adducet deus in iudicium." Sed dei filius non adducitur in iudicium, quia ‚ipse iudicat'. Non ergo creatura dei filius.

11.143 Postremo ut unitatem intellegas, de ovibus dicens salvator: „Nullus", inquit, „rapit eas de manu mea. Pater quod dedit mihi, maius omnibus est et nemo potest rapere de manu patris mei. Ego et pater unum sumus."

11.144 Sic vivificat filius ut pater. „Sicut enim pater suscitat mortuos et vivificat, sic et | filius, quos vult, vivificat." Sic suscitat filius ut pater, sic conservat filius ut pater. Qui non inpar est gratia, quomodo inpar est potestate? Sic

---

RLVZ MNCWEO def. S

1 substantiae] *add.* non ergo creatura filius *Oa* ‖ 3 dei] deus *Z* | creatura illius *C* | filius *alt. om. R* ‖ 4 rapina *RN* | se *om. C, Ea.c.m2* ‖ 4–5 aequalis *C* ‖ 9 accidentiam *C* accedentia *La.c.* ‖ et *pr. om. COa* ‖ 10 capacitatem *C* | defensionem *E* ‖ 11–12 decidere … accidere *RV, Ep.c.* ‖ 12 dei *om. C* ‖ 13 deus] dominus *C* | in iudicio *La.c.* ‖ 14 adducetur *ZW* ‖ 20 ut] et *C* ‖ 22 servat *W* ‖ 23 inpar (in *s.l. m1*) *R*

---

[562] Vgl. ATHANASIUS VON ALEXANDRIEN, *Ar.* 1,35,1 (144–146 METZLER/ SAVVIDIS); 1,36,3 (144–146 METZLER/SAVVIDIS); 1,51,1 – 1,52,6 (161–163 METZLER/SAVVIDIS); *ep. Serap.* 2,3 (PG 26,612f).

11.138 Der Sohn ist „Abbild der väterlichen Substanz" (Kol 1,15; Hebr 1,3). Jedes Geschöpf dagegen ist der himmlischen Substanz unähnlich; aber der Sohn Gottes des Vaters ist nicht unähnlich. Also ist der Sohn kein Geschöpf.

11.139 Der Sohn „hielt es nicht für einen Raub, Gott gleich zu sein" (Phil 2,6). Aber kein Geschöpf ist Gott gleich, gleich ist aber der Sohn. Also ist der Sohn kein Geschöpf.

11.140 Jedes Geschöpf ist veränderlich, aber der Sohn Gottes ist nicht veränderlich. Also ist der Sohn Gottes kein Geschöpf[562].

11.141 Jedes Geschöpf empfängt sowohl gute als auch schlechte Eigenschaften durch die Aufnahmefähigkeit seiner Natur, und dasselbe fühlt deren Verlust. Dem Sohn Gottes aber kann aufgrund seiner Gottheit weder etwas verloren gehen noch hinzukommen. Also ist der Sohn Gottes kein Geschöpf.

11.142 „Gott wird jedes seiner Werke ins Gericht führen" (Koh 12,14*[563]). Aber der Sohn Gottes wird nicht ins Gericht geführt, weil ‚er selbst richtet'. Also ist der Sohn Gottes kein Geschöpf.

11.143 Damit du schließlich die Einheit verstehst, sagt der Heiland über die Schafe: „Niemand", sagt er, „reißt sie aus meiner Hand. Was mir der Vater gegeben hat, ist größer als alles, und niemand kann es aus der Hand meines Vaters reißen. Ich und der Vater sind eins" (Joh 10,28–30*).

11.144 Der Sohn macht so lebendig wie der Vater. „Wie nämlich der Vater Tote auferweckt und sie lebendig macht, so macht auch der Sohn die lebendig, die er will" (Joh 5,21). Der Sohn erweckt so wie der Vater, so erhält der Sohn wie der Vater. Wie ist aber der, der nicht ungleich hinsichtlich der Gnade ist, ungleich hinsichtlich der Macht? Wie der

---

[563] FALLER, *Ambrosius* 8,267, verweist auf ATHANASIUS VON ALEXANDRIEN, *Ar.* 2,6,1 (182 METZLER/SAVVIDIS).

etiam non perdit filius ut pater. Et ideo ne quis vel duos deos crederet vel discretionem potestatis induceret, ‚unum se esse cum patre' dixit. Id quemadmodum potest dicere creatura? Non ergo creatura dei filius.

11.145 Non idem est regnare et servire. Christus autem et ‚rex est' et ‚filius regis'. Non ergo servus est dei filius. Omnis autem creatura servit, sed non servit dei filius, qui ex servis filios dei facit. Non ergo creatura dei filius.

12.146 Divine itaque illam parabolam induxit divitis, qui „in regionem longinquam profectus est accipere regnum et reverti", se ipsum secundum substantiam divinitatis incorporationisque describens. Ipse enim dives secundum plenitudinem „divinitatis", qui ‚pro nobis pauper factus est, cum dives esset', et rex aeternus et ex aeterno rege progenitus, „peregre profectus" secundum corporis susceptionem, qui vias hominis tamquam iter ingressus alienum venit in hunc mundum, ut regnum sibi pararet ex nobis.

12.147 Venit ergo Christus in hanc terram „regnum accipere" de nobis, quibus ait: „Regnum dei intra vos est." Hoc est regnum | quod Christus ‚accepit', hoc est, quod ‚patri tradidit'. Nam quomodo regnum accepit, qui rex erat

---

R LVZ MNCWEO def. S
3 quo**modo *E* | dici *Lp.r.Z* ‖ 4 filius] *add.* est *Oa* ‖ 5 idem est] ergo idem *W* ‖ 7 creatura] *add.* deo *C* ‖ 9 divinae *RVW* | itaque] utique *Oa* ‖ 11 se ipsum *om. C* ‖ 14 et *alt. om. C* | ex *om.* Ω > *CE, am* ‖ 16 qui] quia Ω*am* ‖ 17 in hoc mundo *N* in hunc mundum venit *Oa* | pareret *Ea.c.* pararet sibi *W* ‖ 19 christus] iesus *Oam* | in hunc mundum *Oa* ‖ 21 regnum *alt.*] *add.* dei *Oa* | accipit *La.c.E* ‖ 22 tradit *MNE* tradet *L* | accipit *La.c.ZE*

---

[564] Vgl. Mt 21,5; 25,34.40; 27,11; Joh 18,37; Offb 10,16; für *filius regis* Ps 71,2 und die Beiträge bei HENGEL/SCHWEMER, *Königsherrschaft Gottes und himmlischer Kult.*
[565] Vgl. hierfür *fid.* 3,7,52, oben 394f, und ANGSTENBERGER, *Der reiche und der arme Christus* 243f. Der Autor zeigt schön, wie Ambrosius mit dieser Interpretation der Menschwerdung Christi als einer Armut nicht

Vater, so richtet auch der Sohn nicht zugrunde. Und daher, damit keiner entweder an zwei Götter glaubt oder eine Unterscheidung der Macht zwischen Vater und Sohn einführt, hat er gesagt, daß ‚er eins ist mit dem Vater'. Wie kann das ein Geschöpf sagen? Also ist der Sohn Gottes kein Geschöpf.

11.145 Es ist nicht dasselbe, als König zu herrschen und als Knecht zu dienen. Aber Christus ‚ist König und Sohn des Königs'[564]. Also ist der Sohn Gottes kein Knecht. Jedes Geschöpf dagegen dient, der Sohn Gottes aber dient nicht, der aus Knechten Gottes Kinder macht. Also ist der Sohn Gottes kein Geschöpf.

12.146 Auf göttliche Weise hat er daher jenes Gleichnis vom reichen Mann eingeführt, der „in ein weit entferntes Gebiet fortgegangen ist, ein Königtum zu empfangen und zurückzukehren" (vgl. Lk 19, 12), womit er sich selbst in der Substanz der Gottheit und der Fleischwerdung beschrieben hat. Er selbst nämlich ist reich nach der Fülle „der Gottheit", der ‚für uns arm geworden ist, obwohl er reich war' (vgl. 2 Kor 8, 9[565]), sowohl ewiger König, als auch aus dem ewigen König hervorgebracht; er ist „in die Fremde aufgebrochen" mit der Annahme des Leibes, der die Wege der Menschheit betreten hat wie einen fremden Weg und in diese Welt gekommen ist, um sich aus uns ein Königreich zu bereiten.

12.147 Christus ist also auf diese Erde gekommen, „ein Königreich zu empfangen" aus uns, denen er sagte: „Das Königreich Gottes ist mitten unter euch" (Lk 17, 21). Das ist das Königreich, das Christus ‚empfangen hat', das heißt, das ‚er dem Vater übergeben hat'. Denn wie hat derjenige ein Königreich empfangen, der schon immer-

---

nur an mehreren Stellen mit vergleichsweise identischen Redewendungen paulinische Theologumena wiederholt (*in psalm.* 40, 4 [CSEL 64, 232]; *patr.* 9, 38 [CSEL 32/2, 146], sowie *in Luc.* 2, 42 [CCL 14, 49]), sondern auch, daß er durch diese Formel beispielsweise mit der Christologie eines AUGUSTINUS oder LEO DEM GROSSEN eng verbunden ist.

sempiternus? Venit ergo filius hominis „accipere regnum et reverti". Noluerunt eum suscipere Iudaei, de quibus ait: Illi „qui noluerunt me regnare super se, adducite et interficite eos."

De eo quod scriptum est: „Cum autem subiecta illi fuerint omnia, tunc et ipse subiectus erit illi, qui sibi subiecit omnia, ut sit deus omnia in omnibus"

12.148 Sequamur scripturarum ordinem. Ille qui venit, regnum deo patri tradit. Et „cum tradiderit regnum, tunc et ipse subiectus erit ei, qui sibi subiecit omnia, ut sit deus omnia in omnibus." Si ut filius hominis regnum accipit dei filius, ut filius utique hominis etiam traditurus est, quod accepit. Si ut filius hominis tradit, ergo ut filius hominis subiectionem utique per condicionem carnis, non per maiestatem divinitatis agnoscet.

12.149 Et tu ad contumeliam obicis, quod ‚ei subiecerit omnia' deus, cum audias ‚quod regnum filius hominis deo tradat' et, ut in superioribus libris diximus, legeris: „Nemo" venit „ad me nisi pater eum adtraxerit, et ego re-

---

R LVZ MNCWEO def. S

2 de *om. WE* || 3 ille *N* (illi: *attract. inversa!*) || 5 *De* – 8 *In omnibus hic posui, l.* 9 regnum *Lm2* (5 *De* – 6 *Omnia s.l.*), *ibidem rubro totum Z; add.* (cap. *Lm2*) XIII *Lm2Z; om. titul. R* (*cf. Proleg.* VI 3), *cet.* (*de cod. W vide l.* 9) || 6 illi] ei *L* || 7 et in omnibus *Z* || 9 regnum] *add.* cum autem subiecta illi fuerint omnia (*reliquias tituli!*) *W* || 9 tunc – 11 omnibus *om. LZ* || 10 ei] illi *W* | subdidit *W* || 11 et in omnibus *VMNC Em* omnibus] *add.* (*repetens!*) tunc et ipse subiectus erit ei (*ex titulo non agnito, cf. ad l.* 9) *W* | si ut *VEO* sicut *R, cet.* | filius] *add.* utique *C* | accepit *Lp.c.m2MNCOam* || 12 etiam *om. C* || 13 si ut *REm* sicut *cet. a* | tradet *C* tradidit *VW* | ergo ut *RV* ergo ut et *C* ergo et ut *cet. am* | filius *alt.*] *add.* dei *N* || 14 subiectionem] susceptionem *N* subiecit omnia *C* || 15 agnoscit *La.c.m2* agnoscis *W* agnosce *MNC* agnosceret *Oa* || 16 ad contumeliam] contumeliae *N* | ei] et *ZOa* || 18 tradit *Z* | ut] cum *C* | diximus libris *Oam* || 19 adtraxerit eum Ω*am*

währender König war? Der Menschensohn ist also gekommen, „ein Königreich zu empfangen und zurückzukehren". Die Juden wollten ihn nicht aufnehmen, von denen er sagte: Jene, „die nicht wollten, daß ich über sie als König herrsche, bringt her und tötet sie" (Lk 19,27*).

Darüber, daß geschrieben steht: „Wenn aber alles ihm unterworfen sein wird, dann wird auch er selbst dem unterworfen sein, der ihm alles unterworfen hat, damit Gott alles in allem ist" (1 Kor 15, 28)

12.148 Wir wollen der Reihenfolge der Schriften nachgehen. Der, der gekommen ist, übergibt das Königreich Gott, dem Vater. Und „wenn er das Königreich übergeben hat, dann wird auch er selbst dem unterworfen sein, der ihm alles unterworfen hat, damit Gott alles in allem sei" (1 Kor 15, 24.28*)[566]. Wenn der Sohn Gottes als Menschensohn das Königreich empfängt, wird er freilich als Menschensohn auch übergeben, was er empfangen hat. Wenn er als Menschensohn übergibt, wird er also als Menschensohn sicherlich die Unterwerfung durch das Sein des Fleisches, nicht aber durch die Hoheit der Göttlichkeit anerkennen.

12.149 Und du wirfst ihm zu seiner Schande vor, daß Gott ‚ihm alles unterworfen hat', obwohl du hörst, daß ‚der Menschensohn Gott das Königreich übergibt', und obwohl du gelesen hast, wie wir in den vorhergehenden Büchern gesagt haben[567]: „Niemand" kommt „zu mir, wenn der Vater ihn nicht zu sich gezogen hat, und ich

---

[566] MORESCHINI, *Ambrosius* 15, 403 Anm. 2, verweist auf Ambrosius, *in psalm. 118* 12, 27, 2f (CSEL 62, 267). Der Mailänder Bischof führt dort aus, daß Gott alles in allem ist, wenn Gott alle dienen. Die Sünder dienen nicht. Dazu vgl. HIERONYMUS, *Pelag.* 1, 18 (CCL 80, 23 f): Die Stelle beziehe sich auf das von Christus angenommene Fleisch; ebenso GREGOR VON NAZIANZ, *or.* 30, 5 (SCh 250, 232 f).
[567] Vgl. *fid.* 2, 12, 104, oben 328 f.

suscitabo eum in novissimo die"? Si litteram sequamur, vide magis adque adverte unitatem honorificentiae: et pater subicit filio et filius patri tradit. Dic, quid sit amplius, trahere an resuscitare! Nonne secundum morem hominum ministerium trahentis, potestas est suscitantis? Sed et filius ad patrem trahit et pater ad filium trahit, et filius suscitat et pater suscitat. Facessant igitur sacrilegae conmenta discretionis, ubi unitas potestatis est.

12.150 ‚Tradat igitur patri regnum suum filius!' Non deperit Christo regnum, quod tradit, sed proficit. Nos sumus regnum, quia nobis dictum est: „Regnum dei intra vos est." Et sumus regnum Christi ante, postea patris, quia scriptum est: „Nemo venit ad patrem nisi per me." Cum in via sum, Christi sum, cum pervenero, patris sum, sed ubique per Christum et ubique sub Christo.

12.151 Bonum est in regno Christi esse, ut Christus nobiscum sit, sicut ipse ait: „Ecce ego vobiscum sum usque ad consummationem mundi." Sed ‚melius est esse cum Christo': „Dissolvi" enim „et cum Christo esse multo melius." Cum in hoc mundo | „sub peccato" sumus, Christus nobiscum est, ut „per unius oboedientiam iusti" constituantur „multi". Si peccatum mundi huius evasero, incipiam ‚esse cum Christo'; denique ait: „Veniam iterum et adsumam vos ad me", et infra: „Volo, ut, ubi ego sum, et isti sint mecum."

R (def. 24 me et infra, 24 ubi – 25 mecum) *LVZ MNCWEO def. S*
1 novissima *V* | sequimur *Z* || 3 subicit *R*, *Mp.r.E* subiecit *cet. am* | tradet *L*, *Mp.c.Ea.c.Oa* tradidit *ZW* trahere] tradere *VZC* || 4 morem] mortem (t *semieras.) R*, *W* || 4–5 hominis *E* || 5 tradentis *NC* | resuscitantis *LOa* || 6 et *pr.*] ut *V* | trahit] tradit *(bis) C* | et *alt. om. ZW* | ad *om. Ea.c.m2* || 7 facessat *ZW* faciant *E* | igitur *om.* Ω*am* | sacrilega *RL* || 9 tradat *REO* tradit *LZMC* tradet *V* credat *W* tradidit *N* | regnum *om. Oa* || 10 sed] quod *E* || 11 et nobis *Oa* || 11–12 infra vos *C* || 12 antea *LV* || 14 in vita *NW* | sum *alt. om. Ea.c.m2* | patri *Na.c. C* || 15 et] sed *W* || 16 ut et *Lp.c.m2Z* || 18 ad *om. R* in *C* | mundi] saeculi *LC (Vulg.)* | cum] in *N* || 19–20 melius est *LV* || 20 simus *Oa* || 22 et si *Lp.c.m2VZWEOam* | huius mundi *Oam* || 24 sumam *E*

werde ihn am jüngsten Tage auferwecken"? (Joh 6,44*) Wenn wir dem Buchstaben folgen, sieh' genauer hin und beachte die Einheit der Ehrerbietung: Einerseits unterwirft der Vater das Königreich dem Sohn, andererseits übergibt es auch der Sohn dem Vater. Sag', was ist mehr, Zu-Sich-Ziehen oder Auferwecken? Charakterisiert nicht nach dem Brauch der Menschen Dienen den, der zu sich zieht, und Macht den, der auferweckt? Aber der Sohn zieht Menschen zum Vater wie auch der Vater zum Sohn, sowohl der Sohn als auch der Vater wecken Menschen auf. Die Arianer erdichten also Lügen von einer gotteslästerlichen Unterscheidung, wo Einheit der Macht besteht.

12.150 ,Es soll also der Sohn sein Königreich dem Vater übergeben'. Das Königreich, das er übergibt, geht Christus nicht verloren, sondern macht Fortschritte. Wir sind das Königreich, weil uns gesagt worden ist: „Das Königreich ist mitten unter euch" (Lk 17,21). Und wir sind zuerst das Königreich Christi, danach das des Vaters, weil geschrieben steht: „Niemand kommt zum Vater, denn durch mich" (Joh 14,6). Während ich auf dem Wege bin, gehöre ich Christus, wenn ich ans Ziel gelangt bin, gehöre ich dem Vater, aber überall gilt: durch Christus und unter Christus.

12.151 Es ist gut, im Königreich Christi zu sein, damit Christus mit uns ist, wie er selbst gesagt hat: „Siehe, ich bin bei euch bis an das Ende der Welt" (Mt 28,20*). ,Aber es ist besser, mit Christus zu sein': denn „erlöst zu werden und mit Christus zu sein, ist viel besser" (Phil 1,23*). Weil wir in dieser Welt „unter der Herrschaft der Sünde" sind, ist Christus mit uns, damit „durch den Gehorsam eines einzigen Menschen viele gerecht" (Röm 5,19) gemacht werden. Wenn ich der Sünde dieser Welt entkommen bin, werde ich beginnen, ,mit Christus zu sein'; schließlich hat er gesagt: „Ich werde wiederum kommen und euch zu mir nehmen" und weiter unten: „Ich will, daß, wo ich bin, auch diese mit mir sind" (Joh 17,24*).

12.152 Ergo nunc sub regno Christi sumus, dum in opere versamur et facto, dum „formam" sequimur „servi", quam ille, cum ‚se exinanisset, accepit'. Cum vero ‚gloriam' eius viderimus, „quam" habuit „prius, quam mundus esset", erimus in dei regno, in quo patriarchae sunt et prophetae, de quibus scriptum est: „Cum videritis Abraham et Isac et Iacob et omnes prophetas in regno dei", ut iam pleniore dei cognitione potiamur.

12.153 Sed in fili regno et pater regnat et in regno patris filius regnat, quia ‚pater in filio et in patre filius', et in quo habitat filius, habitat et pater, et in quo habitat pater, habitat et filius, sicut ipse ait: Ego et pater „veniemus et mansionem apud eum faciemus". Ergo sicut una domus, ita et unum regnum. Eo usque autem unum patris et fili regnum est, ut quod filius tradit, pater accipiat, et quod pater accipit, filius non amittat. Ergo in uno regno unitas potestatis est. Nemo igitur divinitatem inter patrem et filium secernat.

13.154 Quod si patri et filio unum dei nomen et ius est, cum „deus verus" et ‚rex sempiternus' sit etiam dei filius, non utique secundum divinitatem subiectus est dei filius. ‚Subiectum' itaque, imperator auguste, quemadmodum debeamus accipere consideremus.

R (*def.* 12 ego et pater, 13 -sionem apud eum) *LVZ MNCWEO def. S*
2 opere] corpore *VWOa* | facto dum] nondum *Oam* | in formam *R* formam sequimur] forma exsuimur *Turon. Oam* forma** exsuimur *i.r.M* ‖ 3 exinanivisset *Oam* ‖ 5 regno dei *Oam* | sunt *om. Ra. c.m2* ‖ 7 et *pr. om. VWEOam* ‖ 8 pleniorem (cognitionem) *V* plenius *W* | dei *om. Oa* | cognitione dei *R* ‖ 9 patris] *add.* et *VC* ‖ 10 in *tert. om. C* ‖ 10 filius – 11 habitat *tert. om. Oa* ‖ 11 et *pr. om. V* ‖ 12 et *pr. om. Oa* | ipse *om. R* ‖ 12 ad eum veniemus *m* veniemus] unum sumus *W* ‖ 12–13 apud eum mansionem *Oam* ‖ 14 autem *om. R* | patris et fili unum *C* ‖ 15 tradet *R* | pater *om. C* | accipiat *R* ‖ 17 inter patrem *om. Ra.c.m2* | et filium *RLZC* filiumque *cet. am* ‖ 19 *ante § 154 add. titul. recent. Oa* | et ius] eins *RCW* | est *om. N* ‖ 20 rex *om. E, eras. M* ‖ 21 non–filius *om. Oa* ‖ 22 subiectus *N*

12.152 Also sind wir nun unter dem Königreich Christi, solange wir uns in Werk und Tat befinden, solange wir „der Knechtsgestalt" (Phil 2,7) folgen, die er, als ‚er sich entäußert hatte, angenommen hat'. Wenn wir aber seine ‚Herrlichkeit' gesehen haben, „die" er besaß, „bevor die Welt existierte" (Joh 17,5), werden wir im Königreich Gottes sein, in dem die Erzväter und die Propheten sind, über die geschrieben steht: „Wenn ihr Abraham und Isaak und Jakob und alle Propheten im Königreich Gottes sehen werdet" (Lk 13,28), so daß wir nunmehr eine vollkommenere Erkenntnis Gottes erlangen.

12.153 Aber im Königreich des Sohnes herrscht auch der Vater, und im Reich des Vaters herrscht auch der Sohn, weil ‚der Vater im Sohn und der Sohn im Vater ist', und wo der Sohn wohnt, wohnt auch der Vater, und wo der Vater wohnt, wohnt auch der Sohn, wie er selbst gesagt hat: Ich und der Vater, „wir werden kommen und Wohnung bei ihm nehmen" (Joh 14,23). Wie es also ein einziges Haus gibt, so gibt es auch ein einziges Königreich. So weitgehend aber ist das Königreich des Vaters und des Sohnes ein einziges, daß der Vater empfängt, was der Sohn übergibt, und der Sohn nicht verliert, was der Vater empfängt. Also besteht eine Einheit der Macht in einem einzigen Königreich. Niemand also soll die eine Gottheit zwischen Vater und Sohn trennen.

13.154 Wenn aber der Vater und der Sohn den einen Namen und das eine Recht Gottes besitzen, weil auch der Sohn Gottes „wahrer Gott" und ‚ewiger König' ist, dann ist der Sohn Gottes jedenfalls der Gottheit nach dem Vater nicht unterworfen[568]. Daher, erhabener Kaiser, wollen wir bedenken, wie wir dieses ‚unterworfen' auffassen müssen.

---

[568] Eine ungefähr vergleichbare Argumentation findet sich auch bei PS.-DIDYMUS, *trin.* 3,20 (PG 39,893–900).

13.155 Quomodo enim „subiectus" dei filius? Ut ‚creatura vanitati'? — Sed impium est de divinitatis substantia tale aliquid aestimare.

13.156 An quemadmodum creatura omnis dei filio, quia aeque scriptum est: „Omnia subiecisti sub pedibus eius"? — Sed non Christus sibi ipse subiectus est.

13.157 An quemadmodum mulier viro, sicut legimus: Mulieres viris suis subditae sint, et alibi: „Mulier in silentio discat cum omni subiectione"? — Sed sacrilegum est vel patri virum vel dei filio mulierem conparare.

13.158 An quemadmodum Petrus dixit: „Subiecti estote omni humanae ordinationi"? — Nec sic itaque Christus.

13.159 Vel quemadmodum Paulus scripsit: „Patri et deo subiecti invicem in timore Christi"? — Sed neque in suo neque in alterius Christi timore subiectus est filius, | quia unus est Christus. Quorum verborum vim considerate, quia patri subiecti sumus, dum etiam Christum veremur.

13.160 Quomodo ergo ‚subiectum' intellegimus? Totum apostolicum caput recenseamus, ut nihil videatur fraude subtractum aut obreptione praestrictum. „Si in hac",

---

R LVZ MNCWEO def. S

2 vanitatis ZEW unitati V ‖ 4 omnis] add. subiecta C ‖ 5 subiecit VC subiecta W ‖ 6 ipse sibi Oa sibi ipsi V ‖ 8 suis viris C suis om. N | subiectae NEOam | in] sub E ‖ 10 mulierem dei filio C | dei filium R | mulieri V ‖ 12 ordinationi (κτίσει) codd. > O; cf. Vet. Lat. I Petr. 26, 2, p. 112] creaturae Oam (Vulg.; cf. ThesLGraec.1V, 2040 A) | itaque] utique m | christus om. R ‖ 13–14 patri et deo codd., deo et patri m ‖ 14 in pr. om. V | timorem Z ‖ 19 apostoli capitulum C apostolicum capitulum Oa ‖ 20 praescriptum Z, M p.c. (ex praescriptus), NE

---

[569] Es folgen fünf Paragraphen mit an quemadmodum, die das subiectum erläutern.

[570] Ambrosius löst den Vers etwas unglücklich aus dem Kontext: Patri et Deo gehört eigentlich zu gratias agentes im lateinischen beziehungsweise einem εὐχαριστοῦντας im griechischen Text (FREDE, Vetus Latina 24/1, 234f; MORESCHINI, Ambrosius 15, 407 Anm. 2).

13.155 Auf welche Weise nämlich ist der Sohn Gottes „unterworfen"?[569] Wie das ‚Geschöpf der Vergänglichkeit' unterworfen ist? — Aber es ist gottlos, von der Substanz der Gottheit etwas derartiges anzunehmen.

13.156 Oder so wie die ganze Schöpfung dem Sohn Gottes, weil in gleicher Weise geschrieben steht: „Alles hast du unter seine Füße gelegt" (Hebr 2,8; Ps 8,7: Ps 8,8 LXX)? — Aber Christus ist doch nicht sich selbst unterworfen.

13.157 Oder so wie die Frau dem Mann, wie wir lesen: „Die Frauen sollen ihren Männern untertan sein" (Eph 5,22), und an anderer Stelle: „Die Frau soll in der Stille lernen mit aller Unterwürfigkeit" (1 Tim 2,11)? — Aber es ist gottlos, einen Mann mit Gott, dem Vater, oder eine Frau mit dem Sohn Gottes gleichzusetzen.

13.158 Oder ist er so unterworfen, wie Petrus gesagt hat: „Ihr sollt unterworfen sein aller menschlichen Ordnung" (1 Petr 2,13*)? — Aber gerade deshalb (sc. wegen der menschlichen Ordnung) ist es bei Christus nicht so.

13.159 Oder so wie Paulus geschrieben hat: „Seid dem Vater und Gott miteinander unterworfen in der Ehrfurcht Christi" (Eph 5,20f*[570])? — Aber der Sohn ist weder in der Ehrfurcht vor sich selbst noch in der Ehrfurcht vor einem anderen Christus unterworfen, weil es einen einzigen Christus gibt. Bedenkt die Überzeugungskraft dieser Worte: Wir sind dem Vater unterworfen, solange wir auch Christus fürchten.

13.160 Wie verstehen wir also das ‚unterworfen'?[571] Wir wollen den ganzen Abschnitt des Apostels durchgehen, damit es nicht so scheint, als sei etwas davon in betrügerischer Absicht weggenommen oder mit Hinterlist verdunkelt worden. „Wenn wir nur in diesem Leben", sagt

---

[571] FALLER, Ambrosius 8,273, verweist auf HILARIUS VON POITIERS, trin. 11,21f (CCL 62A, 551f), wo ebenfalls in aller Ausführlichkeit 1 Kor 15,21–28 zitiert ist.

inquit, „vita tantum in Christo sperantes sumus, miserabiliores sumus omnibus hominibus. Nunc autem Christus surrexit a mortuis primitiae dormientium." Videtis quoniam de resurrectione Christi tractata est disputatio.

13.161 „Quoniam sicut per hominem", inquit, „mors, et per hominem resurrectio mortuorum. Sicut enim in Adam omnes moriuntur, ita in Christo omnes vivificantur, unusquisque autem in suo ordine: primitiae Christus, deinde hi qui sunt Christi, qui in adventum eius crediderunt, deinde finis, cum tradiderit regnum deo et patri, cum evacuaverit omnem principatum et potestatem et virtutem. Oportet enim illum regnare, donec ponat omnes inimicos sub pedibus eius. Novissime autem inimica destruetur mors. Omnia enim subiecit sub pedibus eius. Cum autem dicat omnia, subiecta sunt ei sine dubio praeter eum, qui subiecit ei, omnia. Cum autem subiecta illi fuerint omnia, tunc et ipse filius subiectus erit illi, qui sibi subiecit omnia, ut sit deus omnia in omnibus." Quod | etiam ad Hebraeos idem apostolus dixit: „Nunc autem nondum videmus omnia illi esse subiecta."

Accepimus apostolicae seriem lectionis.

13.162. Quomodo igitur ‚subiectum' dicimus? Sabelliani et Marcionitae dicunt quod haec futura sit Christi

---

R (def. 10–11 cum pr., deo et, et potestatem, 23 christi) LVZ MNCWEO def. S
1 vita inquid L inquit om. ZOa || 1–2 miserabiliores sumus om. W miserabiles R || 2 nunc R, LmlVCa si Lm2s.l., cet. m (codd. d, e vet. lat.) || 3 resurrexit CEm || 4 tracta LV, Wa.c., Turon. || 5 per unum hominem Oam || 6 et sic et Ma.r. | enim om. C || 7 ita et VOam | vivificabuntur Lp.c.m2VZC, Ep.c.m1, Oam || 8 in om. N || 9 hii L (om. qui), MC | in adventu NE || 10 dein C || 12 omnes om. R || 13 inimicos] add. suos C meos Va.r. | novissimae Ra.c.m1, Turon. a.c. || 14 enim om. E | subiecit bis R || 15–16 ei alt. om. N || 16–17 fuerint illi Z || 18 omnia alt.] add. et LVZMCW, Ea.c. (cf. p. 698 l. 10–11; p. 712 l. 10–13) || 19 idem om. Oa || 20 esse om. La.c.m2 || 21 accipimus MOa | dictionis N || 22 dicemus Mp.c.VCEOa || 23 futura] figura R natura E

Paulus, „auf Christus hoffen, sind wir erbärmlicher als alle Menschen. Jetzt aber ist Christus auferstanden von den Toten als Erstling der Entschlafenen" (1 Kor 15, 19f*). Ihr seht, daß diese Darlegung des Paulus von der Auferstehung Christi handelt.

13.161 Er sagt: „Denn so wie durch einen Menschen der Tod in die Welt gekommen ist, ist auch durch einen Menschen die Auferstehung von den Toten gekommen. Wie nämlich in Adam alle sterben, so werden in Christus alle lebendig gemacht, ein jeder aber in seiner Ordnung. Als Erstling Christus, dann die, die zu Christus gehören, die an seine Ankunft geglaubt haben, dann kommt das Ende, wenn er das Königreich Gott, dem Vater, übergeben, wenn er alle Herrschaft und Gewalt und Kraft vernichtet haben wird. Denn er muß als König regieren, solange bis er alle Feinde unter seine Füße legt. Zuletzt wird aber der Feind, der Tod, zerstört werden. Alles nämlich hat er unter seine Füße gelegt". Wenn er aber ‚alles' sagt, ist ihm ohne Zweifel alles unterworfen, außer dem, der ihm alles unterworfen hat. „Wenn aber jenem alles unterworfen sein wird, dann wird auch der Sohn selbst dem unterworfen sein, der ihm alles unterworfen hat, damit Gott alles in allem sei" (1 Kor 15, 28*). Das hat derselbe Apostel auch zu den Hebräern gesagt: „Jetzt aber sehen wir noch nicht, daß jenem alles unterworfen ist" (Hebr 2, 8*).

Wir haben den ganzen Wortlaut der Apostel-Lesung vernommen.

13.162 Wie also erklären wir das ‚unterworfen'? Sabellianer und Marcioniten[572] sagen, daß darin die künftige

---

[572] CANTALAMESSA, Sant' Ambrogio 505: „Sabellianer und Marcelliander" (Sabelliani et Marcelliani), aber keine Handschrift bietet diesen Text; zum Thema vgl. auch EPIPHANIUS VON SALAMIS, haer. 62, 1,8 (GCS 390). Diese Konjektur ist eher unwahrscheinlich, weil MARCELL bereits mit dem Etikett „Sabellianer" bezeichnet ist und nicht noch eigens genannt werden muß.

ad deum patrem subiectio, ut in patrem filius refundatur. Si ergo ea erit verbi subiectio, ut resolvatur in patrem deus verbum, ergo et quaecumque patri filioque subiecta sunt, in patrem et in filium resolventur, „ut sit deus omnia" et „in omnibus" creaturis. Sed absurdum est dicere. Non igi- 5 tur per refusionem subiectio; alia sunt enim quae subiciuntur, ea utique, quae creata sunt, et alius, cui fit illa subiectio. Conticescant itaque scaevae refusionis interpraetes.

13.163 Adque utinam et illi tacerent, qui, quoniam resolubile dei verbum „dei"que „sapientiam" probare 10 non possunt, infirmitatem divinitati subiectionis adscribunt, dicentes quia scriptum est: „Cum autem subiecta illi fuerint omnia, tunc et ipse subiectus erit."

R (def. 1 si ergo ea, 13 sub(iectus) – p. 712 l. 21 (iu)gum *alt.*) *LVZMN CWEO def. S*
1 ut–2 subiectio *om. E* ‖ 1 in patre filius *VMNW* in patrem et filium *C* │ si] sic *W* │ ea *om. C* ‖ 2 patre *MNWOa* │ dei verbum *W* ‖ 3 in *alt. om. ZOa* ‖ 3–4 in patre et in filio *W* ‖ 4 et *om. Ep.c.* ‖ 5 sed hoc *C* │ non igitur] ne *W* ‖ 6 ea] et *ZW* ‖ 7 illa *om. Oa* ‖ 8 scaevae itaque *R a.c. (m1?)* saevae *EOam* ‖ 9 adque] utique *E* │ qui] quia *C* ‖ 10 resolubilem *E* insolubile *W* │ verbum deique *om. E* ‖ 11 divinitatis *MW, Ea.c.Oa* ‖ 12 quia scriptum est *om. E* │ illi subiecta *W* ‖ 13 fuerint illi *L* │ ipse] *add.* filius m │ sub(iectus)] *deest fol. in R* │ erit illi m

---

[573] MARCELL selbst hat zwar von der „Verbreiterung" der Monas zur Trias (πλατύνεσθαι, vgl. dafür jetzt SEIBT, *Die Theologie des Markell* 464–476), aber anstelle des parallelen „Zusammenziehen" nur allgemein von ἑνοῦν und ἀνακεφαλαιοῦν gesprochen (vgl. MARCELL VON ANCYRA, *fr.* 47/66 [42 VINZENT]). EUSEBIUS hat, diese systematische Lücke der Theologie MARCELLS sozusagen „ausnützend", die „fehlende" Terminologie aus polemischen Motiven nachgereicht: πλατύνεσθαι — συστέλλεσθαι (EUSEBIUS VON CAESAREA, *e. th.* 2,6 [GCS 103]; vgl. die Rede von einer συστολή bei EPIPHANIUS VON SALAMIS, *haer.* 72,11,5f [GCS 266]), beziehungsweise ἐκτείνεσθαι (*haer.* 2,9 [GCS 108]). Analog formuliert der sechste Anathematismus von Sirmium: *Formel der ersten Synode zu Sirmium vom J. 351* (197 HAHN = BSGR); vgl. auch ATHANASIUS VON ALEXANDRIEN, *syn.* 27,3 (2,255 OPITZ): Εἴ τις τὴν οὐσίαν τοῦ

Unterwerfung Christi unter Gott, den Vater, bestehe, daß der Sohn in den Vater zurückströmt. Wenn also die Unterwerfung des Wortes so sein wird, daß Gott, das Wort, sich wieder in den Vater auflöst, dann wird also, was auch immer Vater und Sohn unterworfen ist, sich in den Vater und den Sohn auflösen, „damit Gott alles sei" und „in allen" Geschöpfen. Aber es ist unsinnig, das zu behaupten. Es gibt also keine Unterwerfung durch Zurückströmen; denn das, was unterworfen wird, besonders das, was geschaffen ist, ist etwas anderes als der, den diese Unterwerfung trifft. Deshalb sollen die verstummen, die ein törichtes Zurückströmen[573] aus der Formulierung unterworfen herauslesen.

13.163 Wenn doch auch die Leute schwiegen, die, weil sie nicht beweisen können, daß das Wort Gottes und „die Weisheit Gottes" auflösbar[574] sind, seiner Gottheit die Schwachheit der Unterwerfung zuschreiben, indem sie sagen, daß geschrieben steht: „Wenn ihm aber alles unterworfen sein wird, dann wird er selbst auch unterworfen sein".

θεοῦ πλατύνεσθαι ἢ συστέλλεσθαι φάσκοι, ἀνάθεμα ἔστω, und diese Terminologie übernahm Ambrosius. — MARCELL war sozusagen „neuplatonischer" geworden, wobei man nun darüber spekulieren kann, ob es sich primär um einen polemischen oder eher um einen primär erläuternden Versuch handelt. — Der Befund bei BLAISE, *Dictionnaire* 706, *refundo* übersetze das griechische ἀνακεράννυμι (vgl. HILARIUS VON POITIERS, *trin.* 8,5 [CCL 62,318]: *ut quia homines refundi in Deum non possunt*), erlaubt keine Rückschlüsse für diese Stelle.
[574] Nach BLAISE, *Dictionnaire* 717, wird das Wort eigentlich nicht verwendet, um eine „Auflösung" Gottes zu bezeichnen; um eine Vokabel MARCELLS scheint es sich auch nicht zu handeln. Vgl. aber Ambrosius, *in psalm. 118* 13,20 (CSEL 62,293: *solubiles;* andere Hss. *resolubiles*), sowie aus einem Werk THEODOR VON MOPSUESTIAS zur Erbsünde (*Ex Theodori libris contra Hieronymum*) in *C Eph, Collectio Palatina* 51,3 (1/5, 174 SCHWARTZ), über die Menschen: *corruptibilis et resolubilis eorum naturae*.

13.164 Videmus igitur quia nondum subiectum, sed subiciendum esse scriptura conmemorat. Ergo nunc non est subiectus deo patri filius. In quo igitur filium subiectum fore dicitis? Si in divinitate, nec inoboediens est, | quia non est a patre discors, nec subiectus, quia non est servus, sed unicus proprio patri filius. Denique cum caelum crearet, terram conderet, et potestatem exercebat et caritatem. Nulla igitur servilis in Christi divinitate subiectio. Si autem nulla subiectio, voluntas libera.

13.165 Quod si eam subiectionem putant fili, quod cum eius voluntate omnia faciat, discant hoc ipsum esse individuae potestatis argumentum, quia unitas voluntatis est, quae non coepit ex tempore, sed erat semper. Ubi autem unitas perpetua voluntatis, non utique temporalis subiectionis infirmitas. Si enim per naturam subiceretur, semper subiectus maneret.

Cum vero subiciendus dicatur in tempore, dispensationis ergo susceptae, non perpetuae infirmitatis erit illa subiectio, maxime cum „sempiterna" dei „virtus" non possit statum mutare pro tempore nec deo patri ex tempore ius potestatis accedere. Nam si filius aliquando mutabitur, ut secundum divinitatem subiciatur, ergo et deus pater, si aliquando plus poterit, ut subiectum secundum divinitatem habeat filium, nunc interim minus posse secundum interpraetationem vestram necesse est aestimetur.

LVZ MNCWEO def. RS
1 vidimus *W* ‖ 2 non *om. Ma.c.N* ‖ 5 a *om. Z* | a patre] patri *Oa* ‖ 7 crearet et *VZWOa* ‖ 8 christo *Wa.c.* ‖ 9 libera est *Oam* ‖ 10 eam] etiam *Oa* | quod] quia m ‖ 11 facit *C* faciat pater m ‖ 12 argumentum] arbitrium *C* ‖ 14 perpetuae *LVWOa* | temporalis] perpetuae *LV* ‖ 18 erit *om. CW* erat *La.c.* ‖ 21 accidere *VW, Ep.c.am* | nam si] non *Ep.r.* | si *om. Oa* ‖ 23 subiectum *om. Oa* ‖ 24 nunc] nonne *V*

---

[575] Hierfür vgl. HILARIUS VON POITIERS, *trin.* 11,30.43f (CCL 62A, 558–560.570–572).

13.164 Wir sehen also, daß die Schrift erwähnt, er sei noch nicht unterworfen, sondern noch zu unterwerfen. Also ist der Sohn Gott, dem Vater, jetzt noch nicht unterworfen. In welcher Gestalt also, meint ihr, wird der Sohn unterworfen sein? Wenn es in der Gottheit sein wird, ist er weder ungehorsam, weil er nicht uneinig mit dem Vater ist, noch unterworfen, weil er kein Knecht ist, sondern der einzige Sohn für den eigenen Vater. Schließlich hat er, als er den Himmel schuf und die Erde gründete, sowohl Macht als auch Liebe ausgeübt. Also gibt es keine sklavische Unterwerfung in der Gottheit Christi. Wenn es aber keine Unterwerfung gibt, dann ist sein Wille frei.

13.165 Wenn sie aber das für die Unterwerfung des Sohnes halten, daß er mit Gottes Willen alles schafft, sollen sie lernen, daß gerade das ein Beweis für die ungeteilte Macht ist, daß es eine Einheit des Willens gibt, die nicht mit der Zeit zu sein begonnen hat, sondern schon immer bestand. Wo es aber eine immerwährende Einheit des Willens gibt, liegt freilich nicht die Schwäche zeitweiliger Unterwerfung vor. Denn wenn er durch seine Natur unterworfen würde, würde er immer unterworfen bleiben.

Da aber von ihm gesagt wird, daß er sich zu einer bestimmten Zeit unterwerfen muß[575], wird diese Unterwerfung also Zeichen der Annahme des Heilsplans, nicht einer immerwährenden Schwäche sein, besonders deshalb, weil die „ewige Kraft" Gottes ihren Zustand nicht zu irgendeinem Zeitpunkt verändern kann und auch zu Gott, dem Vater, nicht zeitweise das Recht auf mehr Macht hinzukommen kann. Denn wenn der Sohn irgendwann einmal verändert werden wird, um in seiner Gottheit unterworfen zu werden, dann muß also nach eurer Auslegung angenommen werden, daß Gott, der Vater, wenn er irgendwann einmal mehr Macht haben wird, so daß er einen seiner Gottheit nach unterworfenen Sohn hat, jetzt vorläufig weniger Macht hat.

13.166 Quid autem culpae conmeruit filius, ut postea secundum divinitatem subici posse credatur? Numquid secundum carnem „ad dexteram patris" sedere praeripuit | et invito patre sibi praerogativam paterni solii vindicavit? Sed ipse ait: „Omnia, quae placita sunt ei, facio semper." Ergo si in omnibus patri conplacet filius, cur subicietur, qui ante subiectus non erat?

13.167 Videamus itaque, ne non divinitatis illa, sed nostra fiat in Christi timore subiectio, plena gratiae et plena mysterii. Itaque rursus apostolica verba pendamus. „Cum autem subiecta", inquit, „illi fuerint omnia, tunc et ipse subiectus erit ei, qui sibi subiecit omnia, ut sit deus omnia in omnibus." Ergo quid dicitis? Nunc subiecta non sunt ei omnia? Non subiecti sanctorum chori, non angeli, qui in terris posito „ministrabant", non archangeli, qui etiam ad Mariam adventus dominici praenuntii mittebantur, non omnis ,militia caelestis', non cherubin et seraphin, non throni et dominationes et potestates, quae venerantur et laudant?

13.168 Quomodo ergo subiecta ,erunt'? Sic utique, quemadmodum ipse dominus dixit: „Tollite iugum meum super vos." Non enim indomiti iugum portant, sed humiles adque mansueti. Haec est plane nec ipsis vilis hominibus, sed gloriosa subiectio, „ut in nomine Iesu | omne genu

---

R (inde a. l. 22 iugum) *LVZ MNCWEO def. S*
1 conmeruit] quod meruit *L* (quod *i.r.*), *Z* cum (*ex* con) meruit *N p.c.* ||
3 carnem] divinitatem *Oa* || 4 et] ut *N* || 4–5 vindicaret *MN* || 5 sunt placita *C* | ei *om. V* || 6 si] etsi *V* | complaceat *Oa* || 7 antea *C* || 9 in christo *Oa* | timore] corpore *C* | gratia *Oa* | et *om. E* || 10 pandamus *V, Ep.c. Oa* prendamus *C* || 12–13 et in omnibus *LVZMNWm* (*cf. supra p. 698 l. 10–11; p. 706 l. 16–18; al. R om.* et) || 13 dicis *Oam* || 15 positi *VW* || 17 militiae *LW* | celestium *N* || 20 ipse *om. N* | dixerit *V* || 20–21 iugum *alt.*] *redit R, add.* christi *Vm2* || 22 haec] nec *Oa* | plane] *add.* angelis *Oa* plane] plena *Mp.c.m2N* || 22–23 hominibus vilis *Oam*

---

[576] Für die Vorstellung vgl. auch die ausführliche Erläuterung bei Ambrosius, *symb.* 5 (CSEL 73,7f.10.15.22).

13.166 Was aber hat der Sohn sich zuschulden kommen lassen, daß man glaubt, daß er später seiner Gottheit nach unterworfen werden kann? Hat er etwa voreilig im Fleisch an sich gerissen, „zur Rechten des Vaters" zu sitzen[576] und etwa gegen den Willen des Vaters sich das Vorrecht des väterlichen Thrones angemaßt? Aber er selbst sagt: „Ich mache immer alles, was ihm gefällig ist" (Joh 8,29*). Wenn also der Sohn dem Vater in allem gefällt, warum wird er unterworfen werden, der vorher nicht unterworfen war?

13.167 Deshalb wollen wir darauf achten, daß dies nicht die Unterwerfung der Gottheit, sondern unsere Unterwerfung ist, die in der Ehrfurcht vor Christus geschieht, erfüllt von Gnade und Geheimnis[577]. Daher wollen wir wieder die Worte des Apostels bedenken. Er sagt: „Wenn aber jenem alles unterworfen sein wird, dann wird er auch selbst dem unterworfen sein, der ihm alles unterworfen hat, damit Gott alles in allem sei " (1 Kor 15,28*). Also, was sagt ihr? Ist ihm jetzt noch nicht alles unterworfen? Sind die Scharen der Heiligen noch nicht unterworfen, nicht die Engel, die ihm, als er auf der Erde war, „dienten", nicht die Erzengel, die auch als Vorboten der Ankunft des Herrn zu Maria gesandt wurden, nicht das ganze ‚himmlische Heer', nicht die Kerubim und Serafim, nicht Throne und Mächte und Gewalten, welche verehren und loben?

13.168 Wie also ‚werden' sie unterworfen sein? So freilich, wie der Herr selbst gesagt hat: „Nehmt mein Joch auf euch" (Mt 11,29)[578]. Denn nicht die Unbeugsamen tragen das Joch, sondern die Demütigen und die Sanftmütigen. Dies ist allerdings auch keine wertlose Unterwerfung für die Menschen selbst, sondern eine herrliche Unterwerfung, „damit im Namen Jesu sich jedes Knie beugt

---

[577] CYRILL VON JERUSALEM, catech. 10,10 (1,673f REISCHL): Alles steht unter der Herrschaft (κυριότης) des Sohnes, Engel, Erzengel, Mächte und Herrschaften (die Reihenfolge ist natürlich durch die Liturgie vorgegeben).
[578] Vgl. hierfür HILARIUS VON POITIERS, trin. 11,49 (CCL 62A,577).

curvet caelestium et terrestrium et infernorum et omnis lingua confiteatur quia dominus Iesus in gloria est dei patris." Ideo autem ante „subiecta" non erant „omnia", quia nondum receperant „sapientiam dei", nondum habili iugum verbi mentis quadam cervice portabant. „Quotquot autem", sicut scriptum est, „receperunt eum, dedit eis potestatem filios dei fieri."

13.169 Dicit aliquis: ‚Ergo iam subiectus est Christus, quia plurimi crediderunt?' — Minime, quia non in paucis est Christi subiectio, sed in omnibus. Sicut enim, si in me concupiscat adhuc „caro adversus spiritum, spiritus autem adversus carnem", non videor esse subditus, etsi ex parte sim subditus, ita, quia ‚omnis ecclesia unum corpus est Christi', quamdiu genus dissentit humanum, ‚Christum dividimus'. Nondum ergo subiectus est Christus, cuius non sunt adhuc membra subiecta. Cum autem fuerimus non ‚multa membra sed unus spiritus', „tunc et ipse subiectus erit, ut" per ipsius subiectionem „sit deus omnia in omnibus."

13.170 Sicut autem ‚nondum subiectus est Christus', ita nondum perfectum opus est patris, quia dixit filius dei: „Meus cibus est, ut faciam voluntatem patris | mei, qui me misit, et perficiam opus eius." Quid igitur quaestionis est,

---

R LVZ MNCWEO def. S
1 curvet *RVMNW* (κάμψῃ) curvetur *LZCEm* flectatur *Oa* (cf. adn. font. ad p. 712 l. 22–23) | et pr. om. *CWOa* | et tert. om. *E* ‖ 2 quoniam Ωam | iesus om. *C* | gloriam *V* | est om. *VZW, Ea.c.* ‖ 3 et ideo autem *ZW* ‖ 4 nondum–dei om. *C* | receperunt *E* | nondum habili *RLW* non domabili *NC* nondum habile cet. am ‖ 4–5 iugo *C* ‖ 5 quadam mentis *V* ‖ 6 autem om. *E* | eum om. *W* ‖ 8 dicet *LVZN, Ep.c.* Oam | est om. *C* ‖ 11 adhuc om. *C* | spiritum] add. et *C* | autem om. *LVZMNCE* ‖ 12 non] nec *Oa* ‖ 12–13 subditus pr.] subiectus *MNEOam* ‖ 14 dissensit *Oa* ‖ 16 non om. *W* ‖ 17 hunius *C* ‖ 18 et in omnibus *VCm* (cf. ad p. 712 l. 12–13) ‖ 19–20 est pr. om. *LZ* | est alt. om. *ZCW* | est opus *Oa* | dei filius dixit *Oa* | dixit] docuit *ZNW* ‖ 22 ut perficiam *VZC* | opera *C*

---

[579] Zu *omne genu curvet* vgl. jetzt FREDE, *Vetus Latina* 24/2, 148. Im Gegensatz zu den Anmerkungen bei FALLER, *Ambrosius* 8, 276 App.; *in*

im Himmel und auf Erden und unter der Erde und jede Zunge bekennt, daß Jesus der Herr ist in der Herrlichkeit Gottes des Vaters" (Phil 2,10f*579). Daher aber war vorher nicht „alles unterworfen", weil sie noch nicht die Weisheit Gottes aufgenommen hatten, noch nicht das Joch des Wortes auf eine Art tüchtigem Nacken ihres Geistes trugen. „Wie viele aber auch immer ihn aufgenommen haben", wie geschrieben steht, „denen gab er Macht, Gottes Kinder zu werden" (Joh 1,12).

13.169 Irgendeiner sagt: ‚Also ist Christus schon unterworfen, weil sehr viele an ihn geglaubt haben'? — Ganz und gar nicht, weil die Unterwerfung Christi nicht darin besteht, daß wenige glauben, sondern daß alle glauben. Denn wie ich nicht unterworfen scheine, wenn in mir immer noch „das Fleisch eifrig gegen den Geist" aufbegehrt, „der Geist aber gegen das Fleisch" (Gal 5,17), wenn ich auch teilweise unterworfen bin, so ‚zerteilen wir Christus', weil ‚die ganze Kirche ein Leib Christi ist', solange das menschliche Geschlecht uneins ist (Eph 1,22f; 1 Kor 1,13). Christus ist also noch nicht unterworfen, denn seine Glieder sind noch nicht alle unterworfen. Wenn wir aber nicht ‚viele Glieder' sein werden, ‚sondern ein einziger Geist', „dann wird auch er selbst unterworfen sein, damit" durch seine eigene Unterwerfung „Gott alles in allem sei"[580].

13.170 Wie aber ‚Christus noch nicht unterworfen ist', so ist das Werk des Vaters noch nicht vollendet, weil der Sohn Gottes gesagt hat: „Meine Speise ist, daß ich den Willen meines Vaters, der mich gesandt hat, tue und sein Werk vollende" (Joh 4,34*). Wo liegt da das Problem, daß

---

psalm. 47,17,3 (CSEL 64,357); *hex.* 6,9,74 (CSEL 32/1,260), zeigt FREDE, daß Ambrosius den Bibeltext auch mit *curvent, flectant, sinuent* beziehungsweise *curvet, flectatur* bietet (ebd. 142 zu Phil 2,10).
[580] FALLER, *Ambrosius* 8,277, verweist auf Ps.-ATHANASIUS (= MARCELL VON ANKYRA), *inc.et c. Ar.* 20 (PG 26, 1020f), wo gesagt ist, daß wir in Christus dem Vater unterworfen werden und dann der Thron DAVIDS wiederhergestellt wird.

quia in me erit fili subiectio, in quo inperfectum opus est patris, quia non sum ipse perfectus? Ergo qui inperfectum opus facio patris, ipse filium facio esse subiectum? — Sed non est iniuria ista, sed gratia, quia in eo, quod subicimur, noster utique, non divinitatis profectus est, ut subiciamur legi, subiciamur gratiae. „Quoniam" ante, sicut ipse dixit apostolus, „sapientia" erat „carnis inimica in deum" — „legi enim non est subdita" —, nunc autem iam per Christi est subdita passionem.

14.171 Et tamen, ne quis calumnietur, videte quid divinitus spirans scriptura praecaverit; ostendit enim nobis, in quo subiectus erit deo Christus, cum docet, in quo sibi universa subiecerit. Ideo que dicit: „Nunc autem non videmus omnia ei esse subiecta." Nam „paulo minus quam angelos minoratum videmus Iesum propter passionem mortis." Ostendit itaque minorem factum in carnis susceptione. Quid igitur inpedit, quin etiam subiectionem in carnis susceptione significet, per quam ‚subiciet sibi omnia‘, dum in ipsa patri deo est ipse subiectus?

14.172 Consideremus itaque eius subiectionem: „Pater", inquit, „meus, si vis, transfer calicem hunc a me, verum non mea voluntas, sed tua fiat." Ergo secundum humanae naturae adsumptionem erit illa subiectio, quia, sicut legimus, „specie inventus ut homo humiliavit semet

---

R (def. 1 in me erit, 12 deo) *LVZ MNCWEO def.* S
1 perfectum *Oa* | est opus *Oam* ‖ 4 *est om.* E ‖ 5 est profectus *Oam* ‖ 7 ipse *om.* V | carnis inimica erat *m* ‖ 8 legi enim dei C | est R, *LMa.c.m2NC* erat *cet. am* | subiecta *ZOa* ‖ 9–10 est *alt.*] et V | 9 passione R ‖ 10 quid] quod *VW* ‖ 11 spirans *om.* Z, *exp.* L inspirans *m* (*cf. in psalm. 43, 49,2 p. 296, 4 Pe.*) ‖ 12 in quo–docet *om. Ma.c.* (*m1?*), N | subditus V ‖ 12 deo – 13 subiecerit *om.* E ‖ 12 cum] dum Ω*am* ‖ 13 non *om.* Z nondum (*cf. p. 706 l. 19*) C ‖ 13–14 vidimus *Turon.* ‖ 14 esse *om.* Ω*am* ‖ 15 vidimus *LVMNE, Turon. m* ‖ 16–17 in carnis susceptione] propter incarnationem *Oa* | susceptionem R, *Ma.r.CW* ‖ 17 quid] qui (= *quomodo?*) *RV, Turon.* ‖ 18 susceptionem *LV* ‖ 19 in *om. VC* | est] et N | ipse *om. Oa* ‖ 20 eius *om.* N, *Ma.c.* ‖ 21 meus] mi W | transfers C ‖ 22 verum *om. Ra.c.m2* | verumtamen *Vp.c.m2M* | voluntate M, *Va.c.m2*

die Unterwerfung des Sohnes in mir stattfinden wird, in dem das Werk des Vaters unvollendet ist, weil ich selbst nicht vollkommen bin? Ich selbst also, der ich das Werk des Vaters unvollkommen mache, bewirke, daß der Sohn unterworfen ist? — Aber dies ist kein Unrecht, sondern Gnade, weil darin, daß wir unterworfen werden, natürlich unser und nicht der Fortschritt der Gottheit besteht, so daß wir dem Gesetz und der Gnade unterworfen werden. „Weil" vorher, wie der Apostel selbst gesagt hat, „die Weisheit des Fleisches gegen Gott feindlich gesinnt" war — „dem Gesetz nämlich ist sie nicht unterworfen" (Röm 8, 7*) — ist sie nun aber bereits durch das Leiden Christi unterworfen.

14.171 Und trotzdem, damit keiner das böswillig kritisiert, seht, was die Schrift, erfüllt von göttlicher Eingebung, für Vorsichtsmaßregeln getroffen hat; sie zeigt uns nämlich, worin Christus Gott unterworfen sein wird, indem sie lehrt, worin er sich alles unterworfen haben wird. Und daher sagt sie: „Jetzt aber sehen wir nicht, daß ihm alles unterworfen ist." Denn „wir sehen Jesus ein wenig gegenüber den Engeln erniedrigt, wegen des Todesleidens" (Hebr 2, 8 f*). Und so zeigt die Schrift ihn als einen, der niedriger geworden ist in der Annahme des Fleisches. Was also hindert sie, daß sie durch die Annahme des Fleisches auch die Unterwerfung bezeichnet, durch die ‚er sich alles unterwerfen wird', während er selbst darin Gott dem Vater unterworfen ist?

14.172 Wir wollen daher seine Unterwerfung betrachten. Er sagt: „Mein Vater, wenn du willst, laß diesen Kelch an mir vorübergehen, aber nicht mein, sondern dein Wille geschehe" (Lk 22, 42*). Also wird jene Unterwerfung entsprechend der Annahme der menschlichen Natur geschehen, weil „er", wie wir lesen, „der Gestalt nach wie ein Mensch erfunden wurde, sich selbst erniedrigt hat und

---

WEm || 23 illa] filii *C* || 24 humiliabit *R* | semet (met *s.l.m2*) *R*

ipsum factus oboediens usque ad mortem." Subiectio itaque oboedientiae est, oboedientia mortis, mors adsumptionis humanae. Adsumptionis ergo humanae erit illa subiectio. Nequaquam igitur divinitatis infirmitas, sed dispensatio ista pietatis est.

14.173 Vide, quam non timeam eorum propositiones. Illi obiciunt subiciendum patri deo. Ego lego Mariae subditum matri, quia scriptum est de Ioseph et Maria: „Erat subditus illis." Aut si hoc putant, dicant quia hominibus erat subiecta divinitas!

14.174 Non igitur praeiudicet, quia „subiectus" dicitur, cui non praeiudicat, quia ‚servus' legitur, quia „crucifixus" adseritur, mortuus praedicatur. Qui cum moreretur, vivebat, cum subiceretur, regnabat, cum sepeliretur, resuscitabat. Hinc ‚subiectum se potestati praebebat humanae', alias „dominum" se „maiestatis" declarabat aeternae. Erat sub iudice, et „ad dexteram dei" solium sibi „iudex" perpetuus vindicabat; | scriptum est denique: „Amodo videbitis filium hominis sedentem ad dexteram virtutis." Vapulabat a Iudaeis, imperabat angelis. Natus ex Maria „sub lege" erat, ‚ante Abraham' supra legem; erat in cruce vene-

---

R LVZ MNCWEO def. S
1–2 itaque R, Ea.c. utique cet. am ‖ 2 oboedientiae] oboedientia Lp.r. ZOa ‖ 4 igitur] add. illa C ‖ 6 propositiones] passiones Oa ‖ 7 patri deo om. C ‖ 7–8 subditum] subiectum Z ‖ 8 et erat LVMEOam (Vulg., καί) ‖ 9 dicant om. R ‖ 10 subdita VZ ‖ 11 subditus V ‖ 12 cui] cum L ‖ 13 quia mortuus C | qui] quia C om. NW ‖ 15 hinc scripsi (hinc ... alias), huic R hanc Ma.c. hac LZCW ac cet. am | se om. E ‖ 16 dominum] deum C ‖ se dominum Oam ‖ 17 et om. Ea.c.m2 | solium] solius Oa | sibi] ubi Oa ‖ 18 vindicabat] iudicabat Oa ‖ 19 virtutis] add. dei et venientem in nubibus caeli m ‖ 21 cruce] add. pendebat C ‖ 21 – p. 720 l. 1 venerandus] add. magestate C

---

[581] Der geschulte Jurist Ambrosius entwickelt hier eine Argumentationskette, die mit dem Nachweis der Zusammengehörigkeit zweier Glieder (subiectio — adsumptio humanae [sc. naturae]) abgeschlossen

gehorsam bis zum Tode war" (Phil 2,7f*). Die Unterwerfung gehört also zum Gehorsam, der Gehorsam zum Tod, der Tod aber zur Annahme des Menschen. Diese Unterwerfung wird also zur Annahme der menschlichen Natur gehören[581]. Keineswegs ist sie also eine Schwäche der Gottheit, sondern der Heilsplan der göttlichen Güte.

14.173 Sieh', wie wenig ich ihre Thesen fürchte! Jene Arianer entgegnen, daß er Gott, seinem Vater, unterworfen werden muß. Ich lese, daß er Maria, seiner Mutter, untergeben war, weil über Josef und Maria geschrieben steht: „Er war ihnen untergeben" (Lk 2,51)[582]. Aber wenn sie dies meinen, sollen sie sagen, daß die Gottheit Menschen unterworfen war!

14.174 Es dürfte also für den nicht nachteilig sein, daß er „unterworfen" genannt wird, für den es nicht nachteilig ist, daß in den Texten über ihn ‚Knecht' gelesen wird, daß er „gekreuzigt" genannt wird, als gestorben verkündigt wird. Er lebte, als er starb, er herrschte als König, als er unterworfen wurde, er stand wieder auf, als er begraben wurde. An dieser Stelle ‚erwies er sich als einer, der menschlicher Macht unterworfen war', aber an anderer Stelle erklärte er, daß er der „Herr der" ewigen „Hoheit" sei[583]. Er stand unter dem Richter Pilatus, und beanspruchte als immerwährender „Richter" für sich den Thron „zur Rechten Gottes"; es steht schließlich geschrieben: „Von nun an werdet ihr sitzen sehen den Menschensohn zur Rechten der Kraft" (Mt 26,64*). Er wurde von den Juden verprügelt, befahl aber den Engeln. Von Maria geboren, stand er „unter dem Gesetz", da er ‚vor Abraham' war (vgl. Joh 8,58), über dem Gesetz. Er hing zwar am Kreuz,

---

ist. Offensichtlich ist die Interpretation von *susceptio carnis* (*fid.* 5,14,171, oben 716f) durch *adsumptio humanae naturae* antiapolinaristisch.
[582] Vgl. *fid.* 2,10,88, oben 314–317.
[583] Vgl. Hebr 5,8 und Phil 2,8.

randus naturae; denique sol refugit, terra contremuit, conticuerunt angeli. Cuius igitur passionem elementa videre timuerunt, huius generationem videre potuerunt? Et in quo subiectionem corporis non tulerunt, in eo subiectionem naturae venerabilis sustinebunt?

14.175 Sed cum unius naturae sint pater et filius et spiritus sanctus, utique non erit pater sibi ipse subiectus. Et ideo non erit in eo subiectus filius, in quo ‚cum patre unum est', ne per unitatem divinitatis videatur et pater filio esse subiectus.

Ergo sicut in illa cruce non „divinitatis plenitudo", sed nostra fragilitas erat subdita, ita etiam postea „subiectus erit filius" patri in nostrae utique participatione naturae, ut subiectis carnis inlecebris non divitiae cordi, non ambitio, non voluptas, sed „omnia" nobis „deus sit", si per omnia, quantum capere possumus, ‚ad eius imaginem similitudinemque' vivamus.

14.176 Ad communitatem igitur beneficium transivit a specie, quia in sua carne naturam totius humanae carnis edomuit. Et „ideo" iuxta apostolum „sicut portavimus imaginem | huius terreni, portemus et imaginem huius caelestis." Quod utique nisi per „interiorem hominem" non potest evenire. Deponentes igitur „universa", hoc est illa quae legimus, „iram, animositatem, blasphemiam,

---

R LVZ MNCWEO def. S
1 natura *Lp.r.ZNEm* || 4–5 subiectionem] *add.* propriae *C* || 7 ipse sibi *Z* | et] sed *E* || 12 erat] est *W* erit] *add.* tibi *C* || 13 ut] ubi *W* | divitiae] *add.* sint *m* divitiae] cupiditas dominetur *Oa* (*!*) || 14 voluntas *RNC* || 14–15 si per omnia] et omnino *Oa*(*!*) || 17 communionem *CE* | beneficii *V* | transibit *LZ* || 18 a specie] aspexi *E, om. C* | speciae *RL* || 20 huius *pr. om. R* (*cf. Ambr. Iob III (IIII) 8, 24; in psalm. 118 12, 12; in Luc. VII 194; IX 34:* illius terreni) imaginem *om. C* | huius *alt. om. Oa* || 21 quod] quo *W* || 22 venire *La.c.W*

---

[584] Ambrosius bekennt sich hier zur Homoousie aller drei Personen (einschließlich des Heiligen Geistes), denn das lateinische *unius naturae* steht für das griechische ὁμοούσιος; vgl. MARKSCHIES, *Ambrosius von Mailand und die Trinitätstheologie* 32–38.

und doch mußte die Natur ihn anbeten, schließlich floh die Sonne, erbebte die Erde und verstummten die Engel. Fürchteten sich die Elemente also, das Leiden von dem zu sehen, dessen Zeugung sie sehen konnten? Und werden sie bei dem die Unterwerfung der verehrungswürdigen Natur aushalten, bei dem sie die Unterwerfung des Leibes nicht ertrugen?

14.175 Aber weil Vater, Sohn und Heiliger Geist von einer Natur sind, wird der Vater jedenfalls nicht sich selbst unterworfen sein[584]. Und daher wird der Sohn nicht in der Gestalt unterworfen sein, in der ‚er mit dem Vater eins ist', damit auch nicht der Vater dem Sohn durch die Einheit der Gottheit unterworfen zu sein scheint.

Also „wird", wie an jenem Kreuz nicht die „Fülle der Gottheit" (Kol 2, 9), sondern unsere Schwäche unterworfen war, so auch später „der Sohn" dem Vater jedenfalls in der Teilhabe an unserer Natur „unterworfen sein", damit, nachdem die Verlockungen des Fleisches unterworfen sind, für unser Herz nicht Reichtum, nicht Ruhmsucht, nicht Vergnügen, sondern „Gott" uns „alles sei" (1 Kor 15, 28), wenn wir durch alles, soweit wir es begreifen können, ‚nach seinem Bild und Gleichnis' (vgl. Gen 1, 26) leben sollten.

14.176 Das Gnadengeschenk ist also von der individuellen Gestalt Christi auf die Christusgemeinde übergegangen, weil er in seinem Fleisch die Natur des ganzen menschlichen Fleisches vollkommen bezwungen hat. Und „daher" sollen wir den Worten des Apostels entsprechend, „wie wir das Bild des Irdischen getragen haben, so auch das Bild des Himmlischen tragen" (1 Kor 15, 49*). Das kann jedenfalls nur durch den „inneren Menschen" (Eph 3, 16)[585] geschehen. Wir sollen also „alles" ablegen — das heißt das, was wir lesen: „Zorn, Gereiztheit, Gottesläste-

---

[585] Dazu vgl. MARKSCHIES, *Innerer Mensch* 304f, und SEIBEL, *Fleisch und Geist* 6–14.50–67, sowie 137–145.

turpiloquium", et sicut infra dictum est, „expoliantes" nos „veterem hominem cum actibus eius" induamus „novum, qui renovatur in agnitione secundum imaginem eius, qui creavit eum."

14.177 Et ut scires, quia cum dicit „ut sit deus omnia in omnibus", a deo patre non separet Christum, ipse ad Colossenses dixit: „Ubi non masculus", inquit, „et femina, Iudaeus et Graecus, barbarus et Scytha, servus et liber, sed omnia et in omnibus Christus." Ergo etiam cum ad Corinthios dicit „ut sit deus omnia in omnibus", et unitatem et aequalitatem cum deo patre conplexus est Christi, quia nec a patre filius separatur et similiter sicut pater „omnia in omnibus" etiam Christus „operatur". Si ergo Christus quoque in omnibus omnia operatur, non utique in divinitatis maiestate subiectus est, sed in nobis. Quomodo autem subiectus in nobis nisi eo modo quo ‚minor angelis factus est', in corporis scilicet sacramento? | „In eo enim nondum subiecta ei omnia" videbantur, quae creatori suo a principio sui utique serviebant.

14.178 Quod si quaeris, quemadmodum sit subiectus in nobis, ipse ostendit dicens: „In carcere eram et venistis ad me, infirmus eram et visitastis me. Quod enim uni horum minimorum fecistis, mihi fecistis." ‚Infirmum' audis et non

---

R LVZ MNCWEO def. S
1 turpeloquium *C, Ea.c.* | et *om. Ma.c.N* | dicitur *Oa* ‖ 2 eius *RLM NC* (αὐτοῦ) suis *cet. aм* (*Vulg.*) | et induamus *MN* induamur *Oa* ‖ 3 in agnitione *RLE, cf. in psalm. 118 3, 22* (-em *10, 17?*); *exam. VI 6, 39; Ioseph. 5, 25*; in agnitionem *cet.* (*Vulg.*) ‖ 4 eum] nos *Oa* ‖ 6 et in omnibus *Rp.c.m2LVZNCWEm* (*sed cf. supra ad p. 712 l. 12–13*) | *separat N* separet et *м* ‖ 7 dicit *Vm* ‖ 8 scyta *R* ‖ 9 christus – 10 omnibus *om. N* ‖ 9 cum *om. Oam* ‖ 10 dicit] dicens *Em* | et in omnibus *codd. praeter Ep.c.Oam* (*cf. ad l. 6*) ‖ 11 christum *N* ‖ 13 et in omnibus *MC* omnibus] *add.* ita omnia in omnibus *LVZMNW, Ep.c.m2Oam* ‖ 14 quoque *om. N* ‖ 15 subiectus] *add.* est *Mм* ‖ 16 in eo modo *R* | quo] quia *V* ‖ 18 nondum] non *C* ei *om. CW* ‖ 19 sui *om. R* ‖ 20 quod] quo *R* quaesieris *Oam* ‖ 21 et non *C* ‖ 22 et non *C* | horum] eorum *WOa* ‖ 23 non fecistis nec *C*

rung, Schandrede" (Kol 3, 8) und, so wie auch im nächsten Vers gesagt worden ist, „unseren alten Menschen mit seinen Handlungen auszuziehen" und „den neuen Menschen" anziehen, „der erneuert wird in der Erkenntnis[586] entsprechend dem Bilde dessen, der ihn geschaffen hat" (Kol 3, 9f).

14.177 Und damit du weißt, daß der Apostel, wenn er sagt, „damit Gott alles in allem sei" (1 Kor 15, 28), Christus nicht von Gott, dem Vater, trennt, hat er selbst zu den Kolossern gesagt: „Da ist nicht Mann", formulierte er, „und Frau, Jude und Grieche, Barbar und Skythe, Sklave und Freier, sondern alles und in allem Christus" (Kol 3, 11). Also hat er auch, wenn er zu den Korinthern sagt: „damit Gott alles in allem sei", die Einheit und Gleichheit Christi mit Gott, dem Vater, gleichermaßen dargestellt, nämlich daß der Sohn nicht vom Vater getrennt wird und auch Christus gleich[587] wie der Vater „alles in allem wirkt". Wenn also auch Christus „alles in allem wirkt", ist er jedenfalls nicht in der Hoheit der Gottheit unterworfen, sondern in uns. Wie aber ist er in uns unterworfen, wenn nicht in der Weise, in der er ‚geringer als die Engel geworden ist' (vgl. Hebr 2, 9), natürlich im Geheimnis des Leibes? „Darin nämlich" schien „ihm noch nicht all das unterworfen", was jedenfalls seinem Schöpfer von seinem Anfang an diente.

14.178 Wenn du aber fragst, wie er in uns unterworfen ist, er selbst hat es gezeigt, indem er sagte: „Ich war im Gefängnis, und ihr seid zu mir gekommen, ich war krank, und ihr habt mich besucht. Denn was ihr für einen einzigen dieser Geringsten getan habt, habt ihr für mich getan" (Mt 25, 36.40*). Du hörst ‚krank' und regst dich

---

[586] Für die Wiedergabe des griechischen εἰς ἐπίγνωσιν durch *in agnitione* (statt *agnitionem*) vgl. die bei FALLER, *Ambrosius* 8, 281, und bei FREDE, *Vetus Latina* 24/2, 475, genannten beziehungsweise zitierten Ambrosius-Passagen.

[587] Es ist auffällig, daß Ambrosius hier das inkriminierte *similis* (= ὅμοιος) noch einmal verwendet.

moveris, ‚subiectum' audis et moveris, cum in eo „infirmus", in quo „subiectus", in quo „peccatum" adque „maledictum pro nobis factus" est.

14.179 Sicut igitur non propter se, sed „pro nobis peccatum" adque „maledictum factus" est, ita non pro se sed per nos erit „subiectus" in nobis, non in natura „subiectus" aeterna, neque enim in natura maledictus aeterna. „Maledictus" enim „omnis qui pendet in ligno, maledictus", quia nostra maledicta suscepit, „subiectus" quoque, quia subiectionem nostram ipse suscepit, sed in servitutis formae adsumptione, non in dei maiestate, ut dum ille nostrae fragilitatis se praebet in carne consortem, nos in virtute sua „divinae" faceret „consortes naturae". Non quo aut hoc nobis cum superna Christi generatione naturale consortium aut divinitatis in Christo sit illa subiectio, sed sicut | in illo per carnem illam, quae est „pignus nostrae salutis, sedere nos in caelestibus" apostolus dixit, utique non sedentes, sic et ille per nostrae adsumptionem naturae dicitur „subiectus" in nobis.

14.180 Quis enim tam demens, qui putet, ut supra diximus, quod ad dexteram dei patris sedes sibi venerabilis de-

---

R (def. 7 enim in natura) LVZ MNCWEO def. S
1 et] sed E et non Oa ‖ 2 subiectio W ‖ 4 sicut]sic Oa | pro nobis] pro nos Va.c.m2 propter nobis M propter nos Nm ‖ 4–5 peccatum – 6 nos in mg. Vm1, om. Oa ‖ 5 maledictum] add. pro nobis N ‖ pro] per V per nos] pro nos Turon. propter nos Ep.c.m2 pro nostris W pro nobis LNCm ‖ 7 enim om. Nm, autem Oa ‖ 8 pendit LZM pependit VW ‖ 9 suscepit] subiecit Oa ‖ 9–10 quoque] ergo Oa ‖ 10 subiecit Oa ‖ 10–11 sed in servitutis om. ZW | servilis Ωam ‖ 11 non om. Oa | maiestatem Oa ‖ 12 fragilitati Ep.r. | praeberet NOam ‖ 13 suae C ‖ 13–14 non quod LZ ‖ 14 aut] ut Turon., ad Z | nobis sit C nobiscum N | supernam N superans M | generationem MN ‖ 14–15 naturale] naturae W ‖ 16 in om. C | illa MEOa ‖ 17 nos om. V ‖ 21 sedis RC, Turon., Ea.c. ‖ 21 – p. 726 l. 1 debetur V non debeatur Oa

---

[588] Das *per nos* wäre zu verstehen als ‚durch unser Fleisch'; die direkte Gegenüberstellung mit *pro se* führte daher auch zu der entsprechenden

nicht, du hörst ‚unterworfen' und regst dich auf, obwohl er in der Gestalt „krank" ist, in der er „unterworfen" ist, in der er „Sünde" und „Fluch für uns geworden ist" (2 Kor 5,21; Gal 3,13).

14.179 Wie er also nicht seinetwegen, sondern „für uns Sünde" und „Fluch geworden ist", so wird er nicht für sich, sondern durch uns[588] in uns „unterworfen" sein, nicht in seiner ewigen Natur „unterworfen" und in der Tat auch nicht in der ewigen Natur verflucht. Denn „jeder, der am Holz hängt, ist verflucht" (Gal 3,13), „verflucht", weil er unseren vielfachen Fluch auf sich genommen hat, auch „unterworfen", weil er selbst unsere Unterwerfung auf sich genommen hat, aber in der Annahme der Knechtsgestalt, nicht in der Hoheit Gottes, um uns, während er sich im Fleisch als Teilhaber unserer Schwäche erweist, in seiner Kraft zu „Teilhabern seiner göttlichen Natur" (2 Petr 1,4) zu machen. Deshalb ist aber weder dies für uns eine naturhafte Gemeinschaft mit der himmlischen Zeugung Christi, noch ist jenes eine Unterwerfung der Gottheit in Christus, sondern wie der Apostel gesagt hat, daß wir in ihm durch jenes Fleisch, das „das Pfand unseres Heils" ist, „im Himmel sitzen", freilich nicht tatsächlich als Sitzende, so wird auch er durch die Annahme unserer Natur[589] in uns „unterworfen" genannt (vgl. Eph 1,13f; 2,5f).

14.180 Wer nämlich ist so verrückt, daß er glaubt, wie wir oben[590] gesagt haben, daß der ehrwürdige Platz zur Rechten Gottes, des Vaters, ihm zukomme, obwohl

---

Lesart *pro nobis*, die allerdings *lectio facilior* ist.
[589] In der parallelen Argumentation bei Ps.-DIDYMUS (oben 703 Anm. 568) wird sehr viel schneller gezeigt, daß *subiectus* auf die *assumptio* zu beziehen ist.
[590] Sc. in *fid.* 5,6,71–76, oben 642–647.

beatur, cum, licet etiam secundum carnem Christo ea a patre, generationis tamen supernae et aequalitatis potentia deferatur? Angeli adorant, et tu tibi praesumptione sacrilega ‚solium dei sternis'?

14.181 Scriptum est, inquies, quia „cum mortui essemus peccatis, convivificavit nos in Christo, cuius gratia estis salvi facti, et simul suscitavit simulque fecit sedere in caelestibus in Christo Iesu." Agnosco scriptum, sed non ut homines sedere ad dexteram sibi patiatur deus, sed ut „in Christo sedere", quia ipse est omnium „fundamentum" et ipse „est caput ecclesiae", in quo communis secundum carnem natura praerogativam sedis caelestis emeruit. In Christo enim deo caro, in carne autem humani natura generis omnium hominum particeps honoratur.

14.182 Sicut nos ergo in illo sedemus per corporeae commune naturae, ita et ille, qui per susceptionem nostrae carnis „maledictum pro nobis factus" est, cum maledictum utique in ‚benedictum filium dei' non cadat, ita, in-|quam, et ille per oboedientiam omnium erit „subiectus" in nobis, cum gentilis crediderit, cum Iudaeus agnoverit, quem crucifixit, cum Manicheus adoraverit, quem in carnem venisse non credidit, cum Arrianus omnipotentem confessus fuerit, quem negavit, cum postremo in omnibus fuerit „sapientia dei, iustitia, pax", caritas, resurrectio.

R LVZ MNCWEO def. S
1 scilicet *Oa* || 2 generationi *LZ* | et *om. C* | aequalis *Nm* || 2–3 potentiae *NZm* || 3 adorent *R* || 5 inquiens *MN* inquiunt *Oa* || 5 essetis – 6 vos *Oa* || 7 salvificati *LZ* | et] sed *W* | simulque] simul *E* || 9 homini *R* || 10 sederent *C* || 12 naturam *L* | praerogativa || 13 humanae *W* || 15–16 corpoream communem naturam *Z* || 16 communae *M* communionem *VW* communitatem *Nm* | susceptionem] *add.* naturae *E* || 16 nostram *C* | pro – 18 maledictum *alt. om. COa* || 18 cadat] credit *Oa* || 18–19 et inquam *Oa* || 19 et *om. Z* | subiectus erit *E* || 20 cum *alt.*] et *W* || 21–22 carnem *RV* carne *cet. am* || 22 credit *ZW* || 23 negaverit (*om.* cum) *W*

dieser Platz Christus vom Vater — zugegeben allerdings nach dem Fleisch — durch die Macht der dennoch himmlischen Zeugung und Gleichheit übertragen wird? Die Engel beten an, und ‚du machst' für dich in gotteslästerlicher Anmaßung ‚den Thron Gottes zurecht'?

14.181 Es steht geschrieben, wirst du sagen, daß er uns, „als wir durch unsere Sünden tot waren, in Christus lebendig gemacht hat, durch dessen Gnade ihr gerettet worden seid, und zugleich uns aufgeweckt und zugleich in Christus Jesus einen Platz im Himmel gegeben hat" (Eph 2,5f*). Ich gebe zu, daß es so geschrieben steht, aber nicht in dem Sinne, daß Gott die Menschen zu seiner Rechten, sondern daß er sie „in Christus sitzen läßt", weil er selbst der „Grundstein" (1 Kor 3, 11[591]) aller „ist" und das „Haupt der Kirche" (Kol 1,18). In ihm hat sich die ganze Natur nach dem Fleisch einen Anspruch auf den himmlischen Thron verdient. Denn in Christus, dem Gott, wird das Fleisch, im Fleisch aber die Natur des menschlichen Geschlechts, die an allen Menschen Anteil hat, verherrlicht.

14.182 Wie wir also in ihm durch die Gemeinschaft der leiblichen Natur im Himmel sitzen, so wird auch er, der durch die Annahme unseres Fleisches „für uns ein Fluch geworden" (Gal 3, 13*) ist, obwohl der Fluch freilich nicht auf ‚den gesegneten Sohn Gottes' (vgl. Röm 9, 5) fällt, so, sage ich, wird auch er durch den Gehorsam aller in uns „unterworfen" sein, wenn der Heide den geglaubt haben wird, wenn der Jude den erkannt haben wird, den er gekreuzigt hat, wenn der Manichäer den angebetet haben wird, von dem er nicht geglaubt hat, daß er ins Fleisch gekommen ist[592], wenn der Arianer den als allmächtig bekannt haben wird, den er geleugnet hat, wenn schließlich in allen „Weisheit Gottes, Gerechtigkeit, Friede" (1 Kor 1, 24; Röm 14, 17), Liebe und Auferstehung sein werden.

---

[591] Das lateinische *fundamentum* übersetzt hier griechisch θεμέλιον.
[592] Vgl. *fid.* 2,5,44, oben 278f.

Per sua igitur opera Christus et genera diversa virtutum erit in nobis patri subditus, cum vitiis abdicatis et feriante delicto „unus" in omnibus „deo" coeperit in uno sensu populorum omnium „spiritus adhaerere"; tunc erit „deus omnia" et „in omnibus".

15.183 Conclusionem igitur totius absolutionis breviter colligamus. Unitas potestatis opinionem iniuriosae subiectionis excludit. ‚Evacuatio potestatum' et ‚victoria de morte quaesita' triumphatoris utique non minuit potestatem. Subiectionem operatur oboedientia, oboedientiam Christus adsumpsit. Oboedientia usque ad crucem, crux ad salutem. Ergo ubi opus, ibi et auctor est operis. Cum igitur omnia Christo subiecta fuerint per oboedientiam Christi, ut ‚in nomine eius genu flectant', — ‚nunc' enim, quia non omnes | credunt, ‚non videntur omnes esse subiecti' —, cum omnes ergo crediderint et dei fecerint voluntatem, erit „omnia et in omnibus Christus". Cum „Christus" fuerit „omnia et in omnibus", erit „omnia" et „in omnibus deus", quia ‚pater manet semper in filio'. Quomodo ergo infirmitatis arguitur, qui redimit ‚infirmos'?

15.184 Ac ne forte et illud ad infirmitatem fili referas, quod scriptum est quia „subiecit ei" deus „omnia", disce

---

R LVZ MNCWEO def. S
1 christus *om.* W ‖ 2 patris subiectus W ‖ 3 unius C ‖ 5 et *del.* E, *om.* Turon. | omnia et in omnia et in omnibus L ‖ 8 potestatis Oa ‖ 10 oboedientia] oboedientiam LWE ‖ 11 crucem] mortem Oa ‖ 12 ergo *sqq.*] *add. in mg.* De eo quod scriptum est. cum tradiderit xp̄s regnum deo patri erit d̄s omnia in omnibus Rm3 (*cf. supra p. 706 l. 5–7 et cf. Proleg. IV 8b*) ‖ 14 eius] *add.* omnes NEm, omne Ma.r.V | genua L | flectatur V flectantur Lp.c.m2 flectant] *add.* tunc erit ipse omnia in omnibus Oam ‖ 15 omnes] omnia Z | esse *om.* Oa ‖ 17 et *alt. om.* C ‖ 18 et *del.* E ‖ 18 erit – 19 omnibus *om.* C, Turon., *in mg.* Em1 ‖ 20 redimit RL redemit *cet. am* ‖ 22 ac] at Oa | et *om.* R ut V ‖ 23 omnia ei deus L

Christus wird also durch seine Werke und verschiedene Arten seiner Tugenden in uns dem Vater untergeordnet sein, wenn, nachdem die Laster abgeschafft sind und die Verbrechen ungetan bleiben, „ein einziger Geist" in allen in einer einzigen Gesinnung aller Völker „Gott anzuhängen" begonnen hat; dann wird „Gott alles" und „in allem sein" (1 Kor 15,28).

15.183 Wir wollen also kurz die Schlußfolgerung aus dieser ganzen Darstellung ziehen: Die Einheit der Macht schließt eine solche Auffassung über die ungerechtfertigte Unterwerfung Christi[593] aus. Die ‚Vernichtung der Mächte' und der ‚Sieg, der über den Tod errungen wurde' (vgl. 1 Kor 15,24.26), hat die Macht des Triumphators natürlich nicht vermindert. Der Gehorsam bewirkt Unterwerfung, aber Christus hat den Gehorsam freiwillig angenommen. Der Gehorsam führt bis zum Kreuz, das Kreuz aber zum Heil. Wo also das Werk ist, dort ist auch der Urheber des Werkes. Wenn also Christus alles unterworfen sein wird durch den Gehorsam Christi, so daß ‚in seinem Namen sie das Knie beugen'[594] — denn ‚jetzt scheinen nicht alle unterworfen zu sein', weil nicht alle glauben —, wenn also alle zum Glauben gekommen sein werden und den Willen Gottes getan haben werden, wird „Christus alles" und „in allem sein". Wenn „Christus alles" und „in allem" geworden sein wird, wird „Gott alles" und „in allem sein", weil ‚der Vater immer im Sohn bleibt' (vgl. 1 Kor 15,28). Wie beschuldigt man also den der Schwäche, der ‚die Schwachen' erlöst?

15.184 Und damit du nicht vielleicht auch das auf eine Schwäche des Sohnes beziehst, daß geschrieben steht, daß Gott „ihm alles unterworfen hat" (1 Kor 15,27), lerne,

---

[593] Vgl. das *subditus* aus 1 Kor 15,28, oben 720f.
[594] Ambrosius zitiert Phil 2,10 *ut in nomine Jesu omne(s) genu* gelegentlich ohne o*mne(s);* vgl. FREDE, *Vetus Latina* 24/2, 142f; in einigen Handschriften ist der vollständige Bibeltext konjiziert.

quod omnia sibi etiam ipse subiecerit. Scriptum est enim: „Nostra autem conversatio in caelis est, unde et salvatorem expectamus dominum Iesum, qui transfiguravit corpus humilitatis nostrae, conforme ut fiat corpori gloriae suae secundum operationem, quo possit etiam subicere sibi omnia." Didicisti ergo quod omnia possit sibi ipse subicere, „secundum operationem" utique divinitatis.

15.185 Disce nunc quoniam secundum carnem omnia subiecta accipiat, sicut scriptum est: „Qui operatus est in Christo suscitans eum a mortuis et constituens eum ad dexteram suam in caelestibus supra omnem principatum et potestatem et virtutem et dominationem et omne nomen, quod nominatur, non solum in hoc saeculo, sed etiam in futuro, et omnia subiecit sub pedibus eius." Secundum carnem igitur ei omnia subiecta tradentur, secundum quam et a mortuis suscitatus est.

15.186 Et secundum animam humanam ac rationabilem subiectionem domini iure interpraetantur, quia scriptum est: „Nonne deo subiecta erit anima mea?" ‚Animam' dixit, non divinitatem, animam, non maiestatem. Et ut scire-

---

R LVZ MNCWEO def. S
1 quod] quomodo *N*, (*add.* ergo) *M* | etiam omnia ipse sibi *C* ‖ 2–3 salutarem *La.c.CWE* ‖ 3 transfiguravit *codd.* > *E* (configuravit) transfigurabit m (*cf. Wordsworth-White ad loc.: Ambr. in psalm. 36, 64,4 p. 123, 1 Pe.*) ‖ 4 fiat] faciat *C* | corporis *ZC* ‖ 5 quo *Rm* (τοῦ δύνασθαι; *cf. Aug. ep. 147, 50 p. 325, 13 Goldbacher:* ut; *al.*) qua Ωa ‖ 5–6 subicere *C* | sibi subicere *Oa* ‖ 7 ipse *om. Oa* ‖ 9 qui] quia *E* ‖ 13 nominabitur *M* | etiam] et *W* ‖ 14 et *om. C* ‖ 15 ei *om. W* ‖ 16 quam] quod *Oa* ‖ 17 Et – p. 732 l. 8 recusarunt *om. Ma.c.* (*add. in mg.*), *NW* ‖ 18 domini iure *RC, add.* plerique *LVZMWE* divine plerique (iure *om.*) *Oa*, m (*hinc incip. § 186* m) | interpretatur *C* | quia] quod m ‖ 20 et *om. C*

---

[595] Die paulinische Vorstellung, daß der irdische Leib des Menschen erst in Zukunft verwandelt werden würde (μετασχηματίζει), ist in einem Teil der lateinischen Überlieferung (vielleicht in Anlehnung an Röm 6, 5f) in *transfiguravit* korrigiert, Ambrosius folgt hier einfach dem zeitgenössischen lateinischen Bibeltext (vgl. für die Codices und die übrigen Am-

daß auch er selbst sich alles unterworfen hat. Es steht nämlich geschrieben: „Aber unsere Heimat ist im Himmel, woher wir auch den Herrn Jesus, den Heiland, erwarten, der unseren niedrigen Leib verwandelt hat"[595], so daß er seinem herrlichen Leib gleichgestaltig wird in der Kraft, in der er sich auch alles unterwerfen kann" (Phil 3,20f*). Du hast also gelernt, daß er selbst sich alles unterwerfen kann „in der Kraft" freilich der Gottheit.

15.185 Lerne nun, daß er im Fleisch alles als unterworfen annimmt, wie geschrieben steht: „Der in Christus gewirkt hat, als er ihn von den Toten auferweckte und ihn zu seiner Rechten im Himmel setzte über alle Herrschaft und Macht und Kraft und Gewalt und jeden Namen, der genannt wird, nicht nur in dieser Zeit, sondern auch in Zukunft, und ihm alles unter seine Füße gelegt hat" (Eph 1,20–22*). Im Fleisch also, in dem er auch von den Toten auferweckt worden ist, wird ihm alles als unterworfen übergeben werden.

15.186 Und entsprechend der menschlichen und vernünftigen Seele Christi[596] nehmen sie mit Recht eine Unterwerfung des Herrn an, weil geschrieben steht: „Wird meine Seele denn nicht Gott unterworfen sein" (Ps 62,2: Ps 61,2 LXX)? ‚Die Seele', hat er gesagt, nicht die Gottheit, die Seele, nicht die Hoheit. Und damit wir wissen, daß

---

brosius-Belege FREDE, *Vetus Latina* 24/2,225: zum Beispiel *in psalm.* 36,64,4 [CSEL 64,123]). Die Mauriner lasen gegen die Handschriften *transfigurabit;* die Vulgata bietet *reformabit.* Damit wird allerdings eine Pointe der paulinischen Passage entschärft (auch in Röm 6,8 setzt der Apostel bekanntlich Futur: εἰ δὲ ἀπεθάνομεν σὺν Χριστῷ; πιστεύομεν ὅτι καὶ συζήσομεν αὐτῷ; die Verwandlung tritt erst nach dem Tode ein). Ambrosius hätte an dieser Stelle vermutlich auf die verwandelnde Wirkung der Sakramente (Taufe und Eucharistie) hingewiesen.
[596] Diese Wendung ist natürlich antiapolinaristisch (aber als solche weder bei FALLER noch MORESCHINI erkannt worden); Christus hat eine vernünftige menschliche Seele und an dieser Stelle nicht den göttlichen Logos: MÜHLENBERG, *Apollinaris von Laodicea* 362–371.

mus quia dominus per prophetam de susceptione naturae est locutus humanae, addidit: „Usquequo adicietis super hominem?" secundum illud quod ait in evangelio: „Quid me quaeritis occidere hominem?" Et addidit: „Verumtamen praetium meum voluerunt repellere, cucurrerunt in sitim, ore suo benedicebant et corde suo maledicebant." Iudaei enim reportante Iuda praetium recipere noluerunt currentes „in sitim" amentiae, quia spiritalis potus gratiam recusarunt.

15.187 Haec est piae subiectionis interpraetatio. Etenim cum dominicae passionis hoc munus sit, utique in quo passus est, in hoc erit subiectus in nobis. Quaerimus, qua causa. Ut „neque angeli neque virtutes neque altitudo neque profundum neque praesentia neque futura neque creatura alia separare nos possit a caritate dei, quae est in Christo Iesu." Videmus itaque ex his quae diximus, nullam exceptam esse creaturam, sed istis, quas supra diximus, omnem, si qua est, adnumeratam esse.

15.188 Simul etiam illud est considerandum quia, cum | in superioribus dixerit „quis nos separabit a caritate Christi?", subter posuit: „Neque mors neque vita nec alia creatura poterit nos separare a caritate dei, quae est in Christo

---

R (*def.* 16 videmus – 16 quae) *LVZ MNCWEO def. S*
1 quia] quod *m* | de susceptionem *RCa.r.* ‖ 2 usquequo] quicquid *V* | adicitis *C* ‖ 4 occidere] interficere *Oam* | addit *V* ‖ 5 meum *om. Oa* ‖ 6 in sitim *RLVZC, Ea.c.; Turon. Oa* (*cf. Psalt. Rom. Weber p. 137*) in siti *cet. m* (*Vulg.*) | benedicebant] maledicebant *Ra.c.m2* (bedicebant *p.c.*) | in corde suo *L* ‖ 8 in sitim *RVZ, Turon.* in siti *cet. am* ‖ 10 haec] nec *Oa* | pia *m* ‖ 11 cum *om. L* dum *Oa* | sit] est *W* | in] *add.* hoc *E* ‖ 15 poterit nos separare *R* (*sed l. 13* ut!) | dei *om. MNW* ‖ 17 acceptam *E* | istas *Oa* | dixit *LMNCWEOam* ‖ 19 quia] quod *m* ‖ 20 separavit *RCW, LEa.c.* ‖ 21 nec] neque *LVMC* ‖ 22 separare nos poterit Ω*am*

---

[597] Vgl. *fid.* 1,15,96, oben 216–219.
[598] Die Reihenfolge der Worte im Zitat ist frei, wie ein Vergleich zur Vetus-Latina-Fassung (4,626f SABATIER) zeigt: *Certus sum enim, quia*

der Herr durch den Propheten über die Annahme der menschlichen Natur gesprochen hat, hat er hinzugefügt: „Wie lange werdet ihr noch über den Menschen herfallen?" (Ps 62,4: Ps 61,4 LXX) entsprechend dem, was er im Evangelium sagte: „Warum sucht ihr mich, einen Menschen, zu töten?" (Joh 7,19; 8,40*597). Und er hat hinzugefügt: „Gleichwohl wollten sie die Belohnung für mich zurückweisen und verrannten sich in ihren Durst, sie segneten mit ihrem Mund und verfluchten mit ihrem Herzen" (Ps 62,5: Ps 61,5 LXX). Die Juden haben nämlich den Lohn, als Judas ihn zurückbrachte, nicht zurücknehmen wollen und haben sich „in den Durst" ihres Wahns verrannt, weil sie die Gnade des geistlichen Trankes zurückgewiesen haben (vgl. Mt 27,3f).

15.187 Das ist die richtige Deutung der gottgefälligen Unterwerfung Christi. Denn da dies die Aufgabe des Leidens des Herrn ist, wird er freilich in uns darin unterworfen sein, worin er gelitten hat. Wir fragen, aus welchem Grund? Damit „weder Engel noch Kräfte, weder Hohes noch Tiefes, weder Gegenwärtiges noch Zukünftiges noch ein anderes Geschöpf uns von der Liebe Gottes, die in Christus Jesus ist, trennen kann" (Röm 8,38f*598). Deshalb sehen wir aus dem, was wir gerade gesagt haben, daß kein Geschöpf ausgenommen ist, sondern daß zu denen, die wir oben genannt haben, jedes Geschöpf, wenn es irgendeines ist, hinzugezählt ist.

15.188 Gleichzeitig muß aber auch bedacht werden, daß der Apostel, als er in früheren Passagen des Römer-Briefs gefragt hat: „Wer wird uns trennen von der Liebe Christi"?, danach angefügt hat: „weder Tod noch Leben noch ein anderes Geschöpf wird uns trennen können von der Liebe Gottes, die in Christus Jesus ist" (Röm 8,38f).

---

neque mors, neque vita, neque angelus, neque potestas, neque initia, neque instantia, neque futura, neque virtus, neque altitudo, neque profundum, neque creatura alia poterit nos separare a caritate Dei, quae est in Christo Jesu, Domino nostro.

Iesu." Videmus ergo eandem caritatem dei esse, quae Christi est; denique non otiose posuit ‚caritatem dei, quae est in Christo Iesu', ne separatam dei et Christi intellegeres caritatem. Nihil autem est, quod caritas dividat, nihil, quod „divinitas sempiterna" non possit, nihil, quod lateat ‚veritatem', fallat ‚iustitiam', praetereat ‚sapientiam'.

16.189 Unde execrabiles eos, qui ista commemorant, et a spiritu sancto esse damnatos scire debemus. Quos enim alios nisi specialiter Arrianos profeta condemnat, qui dicunt quod dei filius nesciat „tempora et annos"? Non enim est aliquid, quod ignoret deus. Si autem deus Christus, et altissimus Christus; ipse est enim „super omnia deus".

16.190 Videte, quemadmodum sanctus David huiuscemodi homines, qui dei filio scientiam derogent, perhorrescat. Sic enim habes: „In laboribus hominum non sunt et cum hominibus non flagellabuntur. Ideo tenuit eos superbia eorum, operti sunt iniquitate et inpietate | sua, prodivit quasi ex adipe iniquitas eorum, transierunt in dispositionem cordis." Eos utique condemnat, qui ex ‚dispositione cordis' aestimanda, quae divina sunt, arbitrantur. Nam deus nec dispositioni est subiectus nec ordini,

---

R LVZ MNCWEO def. S
1 iesu] *add.* domino nostro *C* || 1–2 christi *om. Ma.c.N* || 4 nihil] *add.* est *L* || 7 unde et *V* | commemorarint *E* || 8 ab *VC* | sancto spiritu *E* || 10 tempora] *add.* nesciat *alt. R* || 11 si] est *MNm* || 11–12 christus] et christus *Oa* || 12 est *om. W* || 15 homines *om. Oa* | scientia *E* sententiam *R* || 17 tenuit *RW* obtenuit *C*, *Ea.c.* obtinuit *cet.* || 18 operti *R* cooperti (quoo – *C*), *cet.* || 19 prodibit *Turon.* (ἐξελεύσεται) prodiit (*ex* prodit) *Lp.c.*, *Oa* (prodivit *Ambr. Iob l. c. 4,11 p. 255,1*) | pertransierunt *Nm* || 20 dispositione *RC* (εἰς διάθεσιν!) disputatione *VW* | eos *om. Oa* | utique eos *m* || 21 divinitus *C* divinae *V* || 22 nec ordini] *add.* aliquando *C*

---

[599] Vgl. ATHANASIUS VON ALEXANDRIEN, *Ar.* 3,42 (PG 26,412), sowie Ps.-DIDYMUS, *trin.* 3,22 (PG 39,916–921); Ps.-BASILIUS, *Eun.* 4,3 (PG 29,696): „Weil es nun den Menschen nicht zuträglich ist, den Zeit-

Wir sehen also, daß Gott dieselbe Liebe wie Christus hat; schließlich hat der Apostel nicht überflüssigerweise gesagt: ‚die Liebe' „Gottes, die in Christus Jesus ist", damit du nicht denkst, die Liebe Gottes und Christi seien getrennt. Es gibt aber nichts, was die Liebe trennen könnte, nichts, was „die ewige Gottheit" (Röm 1,20) nicht könnte, nichts, was vor ‚der Wahrheit' verborgen sein könnte, vor ‚der Gerechtigkeit' unbemerkt bleiben könnte, ‚der Weisheit' entgehen könnte (vgl. Joh 14,17; 1 Kor 1,30).

16.189 Daher müssen wir wissen, daß die, die das behaupten, verfluchenswert und vom Heiligen Geist verurteilt sind[599]. Wen denn sonst als insbesondere die Arianer, die sagen, daß der Sohn Gottes „Zeiten und Jahre" (Apg 1,7*) nicht kenne, verurteilt der Prophet? Es gibt nämlich nichts, was Gott nicht kennt. Wenn aber Christus Gott ist, ist Christus auch der Höchste; denn er ist „Gott über allem".

16.190 Seht, wie der heilige David sich über solche Menschen, die dem Sohn das Wissen absprechen, entsetzt. So nämlich findest du es: „Sie leben nicht in den Mühsalen anderer Menschen und plagen sich daher auch nicht wie andere Menschen. Darum hat sie ihr Hochmut gefangen gehalten, sie sind umhüllt worden von ihrer Ungerechtigkeit und Gottlosigkeit. Ihre Ungerechtigkeit ist gewissermaßen aus ihrem luxuriösen Leben hervorgegangen und sie haben sich ganz der Bestimmung ihres Herzens zugewandt" (Ps 73,5–7: Ps 72,5–7 LXX)[600]. Er verurteilt natürlich die, die meinen, daß ‚aus der Bestimmung ihres Herzens' einzuschätzen ist, was göttlich ist. Denn Gott ist weder einer Bestimmung noch einer Ordnung unterwor-

---

punkt des Gerichts zu hören, verschwieg er ihn"; BASILIUS VON CAESAREA, *ep.* 236,2 (49–51 COURTONNE); EVAGRIUS PONTICUS (= BASILIUS VON CAESAREA), *ep.* 8,7 (98 FORLIN PATRUCCO); HILARIUS VON POITIERS, *trin.* 9,71–75 (CCL 62A, 451–475).

[600] Vgl. Ambrosius, *Iob* 3,3,9 – 3,5,12 (CSEL 32/2, 254f); zum Text selbst FALLER, *Ambrosius* 8,25* Anm. 27.

quando etiam ipsa, quae sunt in usu hominum et in successione generis humani, non semper aliqua sollemnis dispositione rationis, sed plerumque secretis latentibusque decursa mysteriis evenire cernamus.

16.191 „Cogitaverunt", inquit, „et locuti sunt nequitiam, iniquitatem in excelsum locuti sunt, posuerunt in caelo os suum." Videmus itaque, quod impii sacrilegii reos damnet, qui ex similitudine humanae naturae dispositionem sibi arrogent caelestis arcani.

16.192 „Et dixerunt: Quomodo scivit deus et si est scientia omnis in altissimo?" Nonne haec cottidie perstrepunt Arriani, ,scientiam omnem' in Christo esse non posse, ,quia ipse, inquiunt, diei et horae est se professus ignarum'? Nonne dicunt: „Quomodo scivit", qui eum non potuisse scire commemorant, ,nisi quae audierit aut viderit', et ea quae spectant ad divinae unitatem naturae, ad infirmitatem sacrilega interpraetatione derivant?

R LVZ MNCWEO def. S

1 usum *LC* | in *alt. om.* Ωam ‖ 1–2 successionem *C* ‖ 2 generis humani] fruuntur humana *N* | semper] *add.* sine *Lm2* | solemni *LVZW* ‖ 2–3 disputatione *W* dispensatione *N* ‖ 5–6 nequitiam *RNZOam* (*Vulg. Clem.*) in nequitia *C* (ἐν πονηρίᾳ) et *Vulg. nov. ed.* in nequitiam *LVMWE*, *Turon.* excelso *Ra.c.m1* (ūex o), *CWOa* (εἰς τὸ ὕψος) ‖ 7 caelo *RL* caelum *cet. Ambr. Iob l. c. 5,12 p. 255,9 Sch.* | quod *om. Ra.c.m2* | sacrilegi *W* ‖ 8 damnent *RW* ‖ 10 scibit *La.c.C* scit *Oa* ‖ 11 omnis] hominis *Turon. om. RC* (*Vulg.*) (*cf. l. 12* sci. omnem; *Ambr. Iob l. c. 5,14 p. 256,17 Sch.*) ‖ 13 se professus est esse *Oam* esse se professus (*om.* est) *E* est professus (*om.* se) *RW* ‖ 15 commemorat *VW* | aut] et *Ma.c.m2 WOam* ‖ 16–17 infirmitatem] *add.* quoque *Oa*

fen, da wir sehen, daß auch das, was im Umgang der Menschen und in der Geschichte des menschlichen Geschlechts geschieht, nicht immer nach irgendeiner Bestimmung des gewöhnlichen Vernunftgebrauchs, sondern meist bestimmt durch verborgene und versteckte Geheimnisse abläuft und geschieht.

16.191 „Sie haben", sagt David, „Nichtiges gedacht und ausgesprochen, sie haben Ungerechtigkeit in die Höhe ausgesprochen und haben ihren Mund gegen den Himmel gerichtet" (Ps 73,8f: Ps 72,8f*)[601]. Und so sehen wir, daß er die verurteilt, die der ruchlosen Gotteslästerung angeklagt sind, nämlich die, die aus der Ähnlichkeit der menschlichen Natur zur göttlichen sich eine Bestimmung für das himmlische Geheimnis anmaßen.

16.192 „Und sie haben gesagt: Wie hat Gott das gewußt, auch wenn es vollständiges Wissen beim Höchsten gibt?" (Ps 73,11: Ps 72,11 LXX).[602] Machen die Arianer nicht daraus täglich ein großes Geschrei, daß es ‚vollständiges Wissen' in Christus nicht geben kann, ‚weil er selbst bekannt hat, sagen sie, daß er Tag und Stunde nicht weiß' (vgl. Mk 13,32)? Sagen sie etwa nicht: „Wie hat er das gewußt", die behaupten, daß er nichts wissen konnte ‚außer dem, was er gehört oder gesehen hatte' (vgl. Joh 5,19.30), und beziehen das, was zur Einheit der göttlichen Natur gehört, in gotteslästerlicher Deutung auf seine Schwachheit?[603]

---

[601] Die Übersetzung folgt der Mehrheit der Hss. und Ambrosius, *Iob* 5,12 (CSEL 32/2, 255).
[602] Vgl. Ambrosius, *Iob* 5,12 (CSEL 32/2, 256).
[603] Vgl. *fid.* 4,4,38 – 4,7,76, oben 486–515.

De eo quod scriptum est: „De die autem illa et hora nemo scit, neque angeli caelorum neque filius, nisi pater solus"

16.193 ‚Scriptum est, inquiunt: „De die autem illa et hora nemo scit, neque angeli caelorum nec filius, nisi pater solus."' Primum veteres non habent codices graeci quia „nec filius" scit. Sed non mirum, si et hoc falsarunt, qui scripturas interpolavere divinas. Qua ratione autem videatur adiectum, proditur cum ad interpraetationem tanti sacrilegi dirivatur.

16.194 Pone tamen ab evangelistis scriptum. Medium utique nomen est fili; nam et ‚filius hominis' dicitur, ut secundum inprudentiam adsumptionis nostrae diem futuri iudicii nescisse videatur. Quomodo enim nesciret diem dei filius, cum | in ipso sint „thensauri sapientiae et scientiae dei absconditi"?

16.195 Quaero autem, utrum ex substantia an ex accidenti habuerit scientiam. Omnis enim scientia aut ex natura aut ex disciplina est. Ex natura suppetit, ut equo

---

R (*def.* 4–5 pater solus, 5 codices graeci, 18 disciplina est) *LVZ MNCWEO def.* S
1–2 *De eo – Pater solus hic* R (*cum signo tituli et litt. minor.*), p. 740 l. 13–14 ignarum (*sed om.* De–est) (*W u.t.*) *l. 3* inquiunt (*sed* de die – pater solus *semel tantum*) (*Lm1 u. t.*), 3 de die – 5 pater solus *rubro, add.* XIIII *Z* (*om.* De eo quod scriptum est); *add. in mg.* cap. XIIII *Lm2*; *om. titul. cet.* ‖ 3 illa *om. La.c.m2* ‖ 4 caelorum *om.* C | nec] neque *LCW* ‖ 4–5 solus pater *VOam* ‖ 5 non habent veteres *Ra.c.m1* ‖ 8 adiectum] dictum *R* abiectum *La.c.* ‖ 9 sacrilegii Ω | dirivatur *R, La.c.NC, Turon.* derivatur *cet.* ‖ 11 utique] itaque *Oa* | nam *eras.* E | et *om.* N ‖ 13 nescire *NC* | enim] ergo *LC* | nescire *R* ‖ 14 dei *om. COa* ‖ 15 abscondite *C* abscondit *W* ‖ 16–17 accidente (-te *dubium*) *R* ‖ 18 ut *del.* E

---

[604] Ps.-DIDYMUS, *trin.* 3,22 (PG 39,917), verweist darauf, daß sich im markinischen Text οὐδέ ὁ υἱός findet (Mk 13,32), bei MATTHÄUS nicht – es fehlt tatsächlich in vielen Zeugen, aber alexandrinischer und caesarenser Text bieten es, METZGER, *A Textual Commentary on the New Testament* 62, hält es für original. Vgl. auch HIERONYMUS, *Matt.* 4,24 (PL 26,181). Lateinische Codices fügen *neque filius* hinzu.

Darüber, daß geschrieben steht: „Niemand weiß aber etwas über jenen Tag und jene Stunde, weder die Engel im Himmel noch der Sohn, nur der Vater allein" (Mt 14,36)

16.193 Es steht geschrieben, sagen sie: „Niemand weiß aber etwas über jenen Tag und Stunde, weder die Engel im Himmel noch der Sohn, nur der Vater" (Mt 14,36*). Zuerst einmal bieten die alten griechischen Handschriften nicht die Formulierung, daß „auch der Sohn nicht" weiß[604]. Aber es ist nicht verwunderlich, wenn die, die in die göttlichen Schriften Worte eingefügt haben, auch das verfälscht haben. Weswegen es aber hinzugefügt scheint, wird offenbar, wenn es zur Auslegung eines so großen Frevels verwendet wird.

16.194 Aber nimm trotzdem einmal an, es sei von den Evangelisten geschrieben. Sohn ist nämlich ein Mittelbegriff[605], denn er wird auch ‚Sohn des Menschen' genannt, so daß es scheint, daß er der Unwissenheit entsprechend, die aus der Annahme unserer Natur folgt, den Tag des zukünftigen Gerichts nicht gewußt hat. Wie hätte der Sohn Gottes nämlich den Tag nicht wissen können, obwohl in ihm „die Schätze der Weisheit und der Erkenntnis Gottes verborgen sind" (Kol 2,3*)?[606]

16.195 Ich frage aber, ob er das Wissen aus seiner Substanz oder aus einer erworbenen Eigenschaft hatte. Denn jedes Wissen besitzt man entweder von Natur aus oder durch Unterricht. Von Natur aus ist es zum Beispiel dem Pferd

---

[605] ATHANASIUS VON ALEXANDRIEN, *Ar.* 3,43 (PG 26,413–416): vom Menschen gesagt; HILARIUS VON POITIERS, *trin.* 9,62.75 (CCL 62A,441f.456f); PS.-BASILIUS, *Eun.* 4,3 (PG 29,696).
[606] Auch PS.-DIDYMUS, *trin.* 3,22 (PG 39,920), und HILARIUS VON POITIERS, *trin.* 9,62.75 (CCL 62A,441f.456), verwenden die Bibelstelle in diesem Argumentationszusammenhang.

currere, pisci natare; hoc enim faciunt, antequam discant. Ex disciplina rursus suppetit natare homini; nam nisi didicerit, scire non poterit. Cum ergo multis animantibus suppetat ex natura facere et scire, quae non didicerint, quid censes de dei filio, utrum ex institutione an ex natura habeat scientiam? Si ex institutione, ergo non est natus ‚sapientia‘ et ex processu coepit esse perfectus nec erat semper. Quod si naturalem scientiam habet, utique perfectus in principio erat, perfectus ‚ex patre processit‘ et ideo praescientia non eguit futurorum.

16.196 Non ergo nescivit diem; neque enim ‚sapientiae dei‘ est ex parte scire et ex parte nescire. Nam quomodo potest nescire partem, qui fecit omnia, cum minus sit scire quam facere? Multa enim scimus, quae facere non possumus, nec eodem modo omnes scimus, sed „ex parte cognoscimus". Novit enim ventorum vim stellarumque cursus aliter | rusticus, aliter civitatis incola, aliter gubernator. Etsi non omnes norunt omnia, tamen nosse dicuntur. Solus autem plene novit ille, qui fecit omnia. Novit gubernator, quota vigilia procedat Arcturus, quales ortus

---

R LVZ MNCWEO def. S
1 pisce *R* | haec *Oam* ‖ 2 disciplina] scientia *MNW* | suppetit (sup *s.l. m2*) *R* | natare] naturae *RVW, Ea.c.* ‖ 3 mutis *m* ‖ 6 si enim *V* ‖ 7 et *om. V* | nec (c *s.l. m1*) *R* ‖ 8 si *om. Ma.c.m2N* ‖ 9 profectus (*bis*) *Oa* ‖ 10 prescientiam *RVE* (egeo *cum abl., raro cum gen., numquam cum acc. in Ambr.*) ‖ 11 sapientia *E* ‖ 12 et *om. LZ* | nescire] non scire *C* ‖ 15 nescimus *MN* ‖ 17–18 guvernator *R* gubernatur *W* ‖ 18 omnes non *Oa* ‖ 19 plenae *R* plane *Oa* | omnia *om. Ma.c.m2NW* ‖ 20 quot a *Ma.c.Z, Ep.c.* quod a *N*, *Ea.c.* cota *W* | arturus *La.c.ZW* | qualis *R* | ortos *W*

---

[607] Ein Argument von ATHANASIUS VON ALEXANDRIEN, *Ar.* 3,42 (PG 26,412); PS.-BASILIUS, *Eun.* 4,3 (PG 29,696); PS.-DIDYMUS, *trin.* 3,22 (PG 39,917); HILARIUS VON POITIERS, *trin.* 9,59 (CCL 62A,438f), sowie HIERONYMUS, *Matt.* 4,24 (PL 26,181).

gegeben zu galoppieren, dem Fisch zu schwimmen. Denn das tun sie, bevor sie lernen. Der Mensch kann dagegen aufgrund von Unterricht schwimmen, denn wenn er es nicht gelernt hat, wird er es nicht beherrschen können. Wenn es also vielen Lebewesen von Natur aus gegeben ist, etwas zu tun und zu wissen, was sie nicht gelernt haben, warum überlegst du beim Sohn Gottes, ob er sein Wissen aufgrund von Belehrung oder von Natur aus hat? Wenn aufgrund von Belehrung, ist er also nicht als ‚Weisheit' geboren und hat durch Fortschritt begonnen, vollkommen zu sein, und war es nicht immer. Wenn er aber sein Wissen von Natur aus hat, war er sicherlich schon am Anfang vollkommen, ‚ist' vollkommen ‚aus dem Vater hervorgegangen' (vgl. 1 Kor 1,24) und hatte daher keinen Mangel an Vorherwissen der Zukunft.

16.196 Er hat also bestimmt den Tag gekannt, denn es ist nicht so, daß die ‚Weisheit Gottes' teilweise weiß und teilweise nicht weiß. Denn wie kann derjenige einen Teil nicht wissen, der alles gemacht hat, obwohl es weniger bedeutet, etwas zu wissen als etwas zu tun? Wir wissen nämlich vieles, was wir nicht tun können, und wir wissen nicht alle auf dieselbe Weise, sondern „wir erkennen nur teilweise" (1 Kor 13,9)[607]. Denn der Bauer kennt die Kraft der Winde und den Lauf der Sterne auf andere Weise als der Bewohner einer Stadt und als der Steuermann eines Schiffes. Auch wenn nicht alle alles wissen, wird dennoch von ihnen gesagt, daß sie etwas wissen. Allein aber der hat das volle Wissen, der alles erschaffen hat. Der Steuermann weiß, zur wievielten Nachtwache der hellste Stern des Bootes[608] hervortritt, er soll beobachten, welche Aufgänge der

---

[608] Man war der Ansicht, daß der Arcturus im Sternbild des Bootes, nahe am „Schwanz" des großen Bären, von großem Einfluß auf das Wetter sei, da bei seinem Aufgang und Untergang die heftigsten Stürme herrschten; vgl. VERGIL, *Aen.* 3,516 (169 Mynors).

exploret Orionis, non tamen conligationes Vergiliarum
ceterarumque stellarum aut numerum novit aut nomina
sicut ille, „qui numerat multitudinem stellarum et omnibus his nomina vocans", quem utique non fallit operis sui
virtus.

16.197 Quomodo enim vultis haec fecisse dei filium?
Numquid quasi anulum, qui non sentit, quod exprimit?
Sed „omnia in sapientia" pater fecit, id est omnia per filium
fecit, qui est ‚virtus dei adque sapientia'. Sapientiae autem
id convenit, ut suorum operum et virtutes norit et causas.
Et ideo non potuit creator omnium ignorare, quod fecit,
nescire, quod ipse donavit. Novit ergo diem, quem fecit.

16.198 Sed dicis quia ‚praesentem novit, nescit futurum'! — Licet inepta sit propositio, tamen ut de scripturis satisfaciam tibi, disce quia non solum praeterita fecit,
sed etiam quae futura sunt, sicut scriptum est: „Qui fecit,
quae adventura sunt." Et alibi ait scriptura: „Per quem et
facta sunt saecula, splendor" est „gloriae et character sub-
stantiae eius. Saecula" enim | praeterita et futura sunt.
Quomodo ergo ‚facta sunt, quae futura sunt', nisi quia
operatoria virtus et scientia conpraehendit numerum omnium saeculorum? Sicut enim „vocat, quae non sunt, tamquam quae sint", sic et ‚fecit, quae futura sunt', „tamquam

---

R (def. 14 tamen ut de) *LVZ MNCWEO def. S*
1 praeexploret *Oa* | urionis *R* oriones *C* | colligationis *V* | vigiliarum
RW, Ma.c.m2Oa virgiliarum *CN, Ea. c.* ‖ 4 his] *iis C* | nomina his
Oa | vocat *Lp.c.m2Cm* | fallit] latet *L* ‖ 7 exprimitur *L* ‖ 8 sed] quia
Oa ‖ 8 id – 9 fecit *om. W* ‖ 9 adque] *et Oam* ‖ 12 ipse] ille *Oa* ‖
13 dices *VZ* ‖ 15 disce *om. N* | praeteritum *C* ‖ 16 sicut *om. MN* ‖
16 sicut – 17 sunt *pr. om. C* ‖ 17 ventura *RL* ‖ 18 splendor est] splen-
dorem *RMC, Ea.c.* ‖ charactera *M* caracter* *Turon. p. r.* ‖ 19 et praeterita et (*om. V*) praesentia et futura Ω*am* ‖ 20 quomodo–futura sunt *om.
CE* | futura] ventura *W* ‖ 21 operatoria] creatoria *W* | et] est *Oa* ‖
23 sint] sunt *LVZC, Ep.c.Oam (Vulg.)* ‖ 23 sic – p. 744 l.1 sint *pr. om. R*

Orion hat[609], und dennoch kennt er nicht die Verbindungen der Plejaden[610] und der übrigen Sterne oder deren Zahl und Namen wie der, „der die Menge der Sterne zählt und jeden mit seinem Namen ruft" (Ps 147,4: Ps 146,4 LXX), den freilich die Güte seines eigenen Werkes nicht unsicher macht.

16.197 Denn wie wollt ihr, daß der Sohn Gottes dies getan hat? Etwa wie ein Siegelring, der nicht versteht, was er eindrückt? Aber der Vater hat „alles in Weisheit" getan, das heißt, er hat alles durch den Sohn getan (vgl. Ps 104,24: Ps 103,24 LXX), der ‚Kraft und Weisheit Gottes' ist (1 Kor 1,24). Das aber zeichnet die Weisheit aus, daß sie die Werte und Ursachen ihrer Werke kennt. Und daher mußte der Schöpfer aller Dinge genau wissen, was er erschaffen hat, genau wissen, was er selbst geschenkt hat. Er kannte also den Tag, den er geschaffen hat.

16.198 Aber du sagst, daß er ‚den gegenwärtigen Tag kennt und die Zukunft nicht weiß'! — Obwohl dieser Satz läppisch ist, lerne dennoch, damit ich dich aus der Schrift überzeuge, daß er nicht nur das Vergangene erschaffen hat, sondern auch das, was zukünftig ist, wie geschrieben steht: „Der geschaffen hat, was kommen wird" (Jes 45,11 LXX). Und an anderer Stelle sagt die Schrift: „Durch den auch die Zeitalter gemacht sind, der" ist „Abglanz der Herrlichkeit und Abbild seiner Substanz" (Hebr 1,2f*). „Die Zeitalter" nämlich sind vergangen und zukünftig. Wie ‚ist' also ‚geschaffen, was zukünftig ist', außer deshalb, weil die handelnde Kraft und das Wissen die Zahl aller Zeitalter umfaßt? Wie er nämlich das „ruft, das nicht existiert, als ob es existiert" (Röm 4,17*), so hat er auch ‚geschaffen, was zukünftig ist', „als ob es

---

[609] Aufgänge des Orion deuteten auf den Beginn der Herbststürme.
[610] Die *Vergiliae* (von altlateinisch *verga* = *virgo*) bezeichnen das am Ende des Frühlings aufgehende Siebengestirn, die Plejaden.

quae sint", quia non contingit, ut non sint, sed necessario sunt futura, quae esse praecepit. Ergo ‚qui fecit, quae futura sunt', eo genere, quo sunt futura, cognovit.

16.199 Si hoc de saeculis, multo magis de iudicii credendum est die, eo quod cognitionem eius habeat dei filius tamquam a se iam factae, quia scriptum est: „Dispositione tua permanebit dies." Non solum ‚permanet' dixit, sed etiam „permanebit", ut eius „dispositione", ‚quae ventura sunt', gubernentur. Quae disposuit ergo, non novit? „Qui plantat aurem, non audit? Qui fincxit oculum, non considerat?"

16.200 Videamus tamen, ne quid forte magnum sit, quod creatorem suum potuerit praeterire. Et tamen eligant, utrum quasi magnum aliquid et praestantius putent esse quam cetera an quasi minimum adque abiectum. Si minimum adque abiectum, non est iniuria, ut nostro usu loquar, vilia et exigua nescire. Nam cum potentiae sit scire, quae maxima sunt, despexisse magis videtur degeneris operis vilitatem. Fastidio igitur absolutus est, non potestate fraudatus.

16.201 Quod si magnum et summum arbitrantur scire iudicii diem, dicant, quid deo patre maius aut melius sit. Patrem igitur deum novit, ut ipse ait, quia „nemo novit

---

R (def. 3–4 cognovit si) LVZ MNCWEO def. S
1 contigit M contigerit N | necessaria MN ‖ 2–3 futura pr.] ventura W ‖ 3 quo]quae LCW ‖ 4 saeculi C ‖ 6 facta R factam W ‖ 7 sua permanet C | nec solum m ‖ 8–9 quae pr.] add. et L quae alt. om. W ‖ 9 nobit R ‖ 10 plantavit Ra.r.LOam | audiet LZCE, Turon. Oam audit et M audit aut V | consideret N ‖ 13 poterit Z | et om. W ‖ 13–14 tamen eligant] negligant Oa ‖ 14 putent] potens Ma.c.m2 potest N ‖ 15 an] aut W | abiectum] subiectum (bis) Oa ‖ 15–16 si–abiectum alt. om. R, LMa.c.m2, NV CW ‖ 17 potentia VE ‖ 18 magis om. Oa | videatur E ‖ 19 fastigio C | est om. CO ‖ 20 fraudatus est Oa ‖ 21 magnum est C | arbitrentur C ‖ 23 igitur deum] confitetur dominum W | ut] et R | quia om. m

---

[611] Die verschiedenen einschlägigen Indizes weisen in den trinitätstheologischen Werken, die Ambrosius kennt und verwendet, keine ver-

existiert", weil es nicht geschehen kann, daß Zukünftiges, von dem er vorherbestimmt hat, daß es existiert, nicht existiert, sondern es notwendigerweise existiert. Also kennt ‚der, der geschaffen hat', was zukünftig ist, es auf die Weise, in der Zukünftiges existiert.

16.199 Wenn das von den Zeitaltern geglaubt werden muß, dann noch wieviel mehr vom Tag des Gerichts, darum, daß der Sohn Gottes Kenntnis von ihm hat, als ob er schon von ihm geschaffen sei, weil geschrieben steht: „Nach deinem Willen wird der Tag bleiben" (Ps 119,91: 118,91* LXX)[611]. Er hat nicht nur gesagt: ‚er bleibt', sondern sogar „er wird bleiben", so daß durch seinen „Willen" gelenkt wird, ‚was kommen wird'. Was er also gewollt hat, kennt er nicht? „Der das Ohr eingepflanzt hat, hört nicht? Der das Auge gebildet hat, betrachtet nicht?" (Ps 94,4: Ps 93,9 LXX).

16.200 Wir wollen trotzdem darauf achten, daß es nicht vielleicht etwas Bedeutendes gibt, was seinem Schöpfer entgehen konnte. Und dennoch sollen sie überlegen, ob sie meinen, daß es gewissermaßen etwas Bedeutendes und Hervorragenderes als das Übrige ist oder gewissermaßen etwas sehr Geringes und Abwegiges. Wenn es etwas sehr Geringes und Abwegiges ist, ist es kein Unrecht, um nach unserem Sprachgebrauch zu reden, Nichtiges und Unbedeutendes nicht zu wissen. Denn wenn es ein Zeichen von Macht ist zu wissen, was sehr bedeutend ist, scheint er eher die Geringfügigkeit eines verkommenen Werkes verachtet zu haben. Der Schöpfer ist vom Vorwurf des Hochmuts freigesprochen, aber nicht in seiner Macht beeinträchtigt.

16.201 Wenn sie es aber für etwas Bedeutendes und das Höchste halten, den Tag des Gerichtes zu wissen, sollen sie sagen, was bedeutender oder besser als Gott der Vater ist. Er kennt also Gott, den Vater, wie er selbst sagt: „Niemand

gleichbare Verwendung der betreffenden Bibelstelle aus.

patrem nisi filius, et cui voluerit filius revelare. Patrem", inquam, „novit" et diem nescit? Sic ergo creditis quia patrem revelat et diem non potest revelare?

16.202 Deinde, quia gradus quosdam facitis, ut patrem filio, filium spiritui praeferatis, dicite mihi, utrum sanctus spiritus noverit iudicii diem; nihil enim de eo scriptum est hoc loco. Negatis profecto. Quid si doceo quod noverit? Lectum est enim: „Nobis enim revelavit deus per spiritum suum; spiritus enim omnia scrutatur, etiam alta dei." Utique qui „alta dei scrutatur", cum deus noverit iudicii diem, etiam spiritus novit. Novit enim omnia, quae deus novit, sicut apostolus declarat dicens: Quis enim scit hominum, quae hominis sunt, nisi spiritus, qui in ipso est? Sic et quae dei sunt, nemo cognovit nisi spiritus dei. Videte igitur, ne aut negando sanctum spiritum scire negetis et patrem scire, quia, „quae dei sunt | cognovit et dei spiritus", quae autem non cognovit spiritus dei, utique dei non sunt, aut confitendo quia spiritus novit dei, quod negatis filium dei scire, contra vestram adsertionem spiritum filio praeferatis. Verum non solum sacrilega ista, sed etiam inepta dubitatio.

16.203 Nunc consideremus, quibus modis scientia colligatur, et ostendamus ipsum filium demonstrasse quia et

---

R LVZ MNW, CEO (lacuna 4– 20 praeferatis) *def. S*

2 inquid *RW* | sic] sicut *R* || 4 deinde – 20 praeferatis *om. CEO, Turon. a* || 5 filio *om. MN* | spiritu *V* spiritum *W* | sanctus *om. W* || 5–6 spiritus sanctus *VMNm* || 6 enim] autem Ω*am* || 8 revelabit *R* | deus *om. W* || 10 qui] quia *LZMNm* || 11 enim] etiam *V* || 13 sunt hominis *m* | spiritus] *add.* hominis *m* || 15 spiritum sanctum *NVm* || 18 quia] quae *MN* | dei novit *m* || 19 dei] dum *W, om. MNm* || 20 praeferetis *V* praefertis *MNL, Wp.c.Z* praeferitis *La.c.* || 21 dubitatio est *C*

---

[612] Vgl. für die Form des Bibelzitats auch Ambrosius, *in Luc.* 7, 67 (CCL 14, 237), sowie ATHANASIUS VON ALEXANDRIEN, *Ar.* 3, 44 (PG 26, 416); PS.-DIDYMUS, *trin.* 3, 22 (PG 39, 920), sowie PS.-BASILIUS, *Eun.* 4, 3 (PG 29, 696).

kennt den Vater, außer der Sohn und derjenige, dem der Sohn ihn offenbaren wollte" (Mt 11,27[612]). „Den Vater kennt er", sage ich, und den Tag weiß er nicht? So glaubt ihr also, daß er den Vater offenbart und den Tag nicht offenbaren kann?

16.202 Da ihr gewisse Abstufungen in der Gottheit vornehmt, so daß ihr den Vater dem Sohn, den Sohn dem Geist vorzieht, dann sagt mir, ob der Heilige Geist den Tag des Gerichtes weiß. Denn nichts steht über ihn in dieser Bibelstelle geschrieben. Ihr leugnet es tatsächlich. Was aber, wenn ich euch zeige, daß er ihn kennt? Denn es ist vorgelesen worden: „Uns nämlich hat Gott durch seinen Geist offenbart, denn der Geist durchforscht alles, auch die Tiefen Gottes" (1 Kor 2,10*). Da Gott den Tag des Gerichtes kennt, kennt ihn freilich auch der Geist, der „die Tiefen Gottes durchforscht"[613]. Denn er kennt alles, was Gott kennt, wie der Apostel deutlich macht, wenn er sagt: „Denn wer von den Menschen weiß, was zum Menschen gehört, wenn nicht der Geist, der in ihm ist? So weiß auch niemand außer dem Geist Gottes, was zu Gott gehört" (1 Kor 2,11*). Seht also einerseits zu, daß ihr nicht leugnet, daß auch der Vater es weiß, indem ihr leugnet, daß der Heilige Geist es weiß, da auch „der Geist Gottes weiß, was zu Gott gehört", was aber der Geist Gottes nicht weiß, freilich auch nicht zu Gott gehört; und seht andererseits aber zu, daß ihr nicht gegen eure eigene Behauptung den Geist dem Sohn vorzieht, indem ihr bekennt, daß der Geist Gottes weiß, was ihr dem Sohn Gottes zu wissen abspricht. Aber das ist nicht nur ein gotteslästerlicher, sondern auch ein törichter Zweifel.

16.203 Jetzt wollen wir erwägen, auf welche Weise Wissen erworben wird, und wir wollen beweisen, daß der Sohn selbst gezeigt hat, daß er auch den Tag des

---

[613] Vgl. ATHANASIUS VON ALEXANDRIEN, *Ar.* 3,44 (PG 26,416), sowie HILARIUS VON POITIERS, *trin.* 9,69 (CCL 62A,449).

diem sciret. Quod enim scimus, aut tempore aut loco aut signis aut personis declaramus aut ordine. Quomodo igitur nescivit iudicii diem, qui et horam iudicii et locum et signa expressit et causas?

16.204 Denique sic habes: „In illa hora qui fuerit in tecto, non descendat tollere vasa, et qui in agro, similiter non redeat retro." Eo usque igitur futurorum norat periculorum eventus, ut etiam praesidia periclitantibus demonstraret.

16.205 An poterat diem dominus ignorare, qui ipse de se dixit quia „filius hominis dominus est sabbati"?

16.206 Locum quoque etiam alibi designavit, cum sibi ‚structuras templi ostendentibus discipulis' diceret: „Videtis haec omnia? Amen dico vobis, non relinquetur hic lapis super lapidem, qui non destruatur."

16.207 De signo quoque interrogatus ab apostolis respondit: | „Videte ne seducamini. Multi enim venient in nomine meo dicentes quod ‚ego sum Christus'", et infra: Terrae motus, inquit, magni erunt per singula loca et famis et pestilentia terroresque de caelo et signa magna erunt." Itaque et personas expressit et signa.

16.208 Quo autem modo vel circumdaturos exercitus Hierusalem dicat vel implenda tempora gentium et quo or-

---

R LVZ MNW, CEO def. O 5–7 illa sqq., *S*
1 diem sciret] dicit sciret *Oa* ‖ 2–3 enim igitur *V* ‖ 4 signum *N* | et causas *om. EOa* ‖ 5 illa – p. 756 l. 20 sed *def. O* ‖ 5 fuerint *Ra.c.m2* ‖ 6 descendet *C* | vasa] *add.* de domo sua m ‖ 7 futurarum *N* | periculum *Ma.c.N* ‖ 9 dominus diem *am* ‖ 10 de se *om. a* | dixerit *C* | est] *add.* etiam *C*, et *V* ‖ 12 instructuras *C* ‖ 13 amen amen *C* | hic *om.* Ω*am* ‖ 15 signis *W* ‖ 15–16 respondit] ostendat *Mi.r.E* dixit *a* ‖ 17 quod *om. C* quia *am* ‖ 18 loca singula *Nam* | fames Ω*am* (famis *nom. s., cf. exam. VI 9, 71 p. 258, 13 Sch., Abr. II 4, 14 p. 574, 17.18 Sch., Ioseph 7, 37 p. 98, 17; 99, 1.20 Sch., patr. 9, 38 p. 146, 20 Sch., spir. II 8, saepius; cf. ThesLL. VI 1, 228, 42–59*) ‖ 19 pestilentiae *C* ‖ 21 circumdaturus *RM C* ‖ 22 dicit *C* | implenda] inpendat *E* implenda ostendat *V*

---

[614] Vgl. für die ganze Passage *fid.* 5, 16, 203–208, unten 746–751, sowie

Gerichtes wußte. Was wir nämlich wissen, erklären wir in den Kategorien Zeit, Ort, Zeichen, Person oder Reihenfolge. Wie also hat der den Tag des Gerichtes nicht gewußt, der sowohl die Stunde als auch den Ort, die Zeichen und die Verhandlungsgegenstände des Gerichtes deutlich ausgesprochen hat?[614]

16.204 Schließlich findest du es so in der Bibel: „Wer in jener Stunde auf dem Dach sein wird, soll nicht heruntersteigen, um seinen Hausrat zu holen, und wer auf dem Feld ist, soll ebenso nicht nach Hause zurückkehren" (Lk 17, 31*). So gut kennt er also den Ausgang der zukünftigen Gefahren, daß er sogar den dadurch Bedrohten zeigt, wo sie Hilfe finden können.

16.205 Oder sollte der Herr den Tag möglicherweise nicht kennen können, der selbst von sich gesagt hat, daß „der Menschensohn Herr des Sabbats ist"(Mt 12, 8)?

16.206 Auch den Ort hat er sogar an anderer Stelle bezeichnet, als er zu den ‚Jüngern, die ihm das Mauerwerk des Tempels zeigten', sagte: „Seht ihr dies alles? Amen, ich sage euch, es wird kein Stein auf dem anderen bleiben, der nicht zerstört werden soll" (Mt 24, 2).

16.207 Als er von den Aposteln auch nach einem Zeichen gefragt wurde, hat er geantwortet: „Seht zu, daß ihr nicht verführt werdet. Viele werden nämlich in meinem Namen kommen und sagen: ‚Ich bin Christus'" (Lk 21, 8*), und weiter unten im Bibeltext heißt es: „Es wird große Erdbeben geben an einzelnen Orten, Hunger, Seuche, Schreckensbilder vom Himmel und bedeutende Zeichen" (Lk 21, 11*). Deshalb hat er sowohl von Personen als auch von Zeichen deutlich gesprochen.

16.208 Auf welche Weise er aber sagt, daß Heere Jerusalem umlagern werden und die Zeiten für die Heiden erfüllt werden müssen, und in welcher Reihenfolge dies

---

ATHANASIUS VON ALEXANDRIEN, *Ar.* 3, 42 (PG 26, 412f); PS.-DIDYMUS, *trin.* 3, 22 (PG 39, 917–920), sowie PS.-BASILIUS, *Eun.* 4, 3 (PG 29, 696).

dine, evangelicae utique lectionis adtestatione reseratur. Scivit ergo omnia.

17.209 Sed quaerimus, qua ratione designare momenta noluerit. ‚Si quaeramus, inveniemus' non ignorantiae esse, sed sapientiae. Nobis enim scire non proderat, ut, dum certa futuri iudicii momenta nescimus, semper tamquam in excubiis constituti et in quadam virtutis specula conlocati peccandi consuetudinem declinemus, ne nos inter vitia „dies domini" depraehendat. Non enim prodest scire, sed metuere, quod futurum est; scriptum est enim: „Noli alta sapere, sed time."

17.210 Nam si diem designasset expresse, uni aetati ho- | 296 minum, quae proxima erat iudicio, videretur disciplinam praescripsisse vivendi; superioris temporis aut iustus esset remissior aut peccator securior. Namque adulter nisi cottidianam poenam metuat, non potest ab adulterandi cupiditate desinere nec latro obsessorum saltuum secreta deserere, nisi sciat sibi momentis omnibus inminere supplicium. Plerumque enim quibus incentivum est inpunitas, timor taedio est.

17.211 Ideo ergo dixi quia scire non proderat, immo proderat ignorare, ut ignorantes timeremus, ut observantes emendaremur, sicut ipse dixit: „Estote parati, quia nescitis, qua hora filius hominis venturus est." Namque miles, nisi bellum in manibus esse cognoscat, praetendere non novit in castris.

R LVZ MNCWE def. SO
1 referatur *a* testatur *Ma.c.m2* ‖ 3 momenta designare *W* ‖ 4 quaerimus *C* | non ignorantiae inveniemus *am* ‖ 5 dum] *add.* deo *s.l. L* ‖ 6 iudicii futuri *C* | tamquam] tamen *ZW* ‖ 7 in *om. a* ‖ 8 declinemus *E* ‖ 9 prode est *C* | scire prodest *M* ‖ 11 altum *C* ‖ 12 expresse *om. E* ‖ 13 iudicium *R* | disciplina *R* ‖ 16 ab *om.*, adulterandi cupiditatem *a* ‖ 17 secreta *s.l. Rm2* ‖ 19 enim *om. W* | inpunitus *L* ‖ 20 dixi – 21 ignorare *om. E* ‖ 20 quia *om. C* | immo proderat *om. a* ‖ 21 ut *pr.*] celantes ut *Ep.c.m2* | ut *alt.*] et *Ei.r.* ‖ 24 nisi] si *Ea* | cognoscat esse *L* | portendere *a*

---

[615] Vgl. ATHANASIUS VON ALEXANDRIEN, *Ar.* 3,49 (PG 26,428).

geschieht, das wird freilich durch das Zeugnis der Evangeliumslesung (vgl. Lk 21,20.24) offenbart. Er hat also alles gewußt.

17.209 Aber wir fragen, aus welchem Grund er die genauen Zeitpunkte nicht nennen wollte. Der Ausspruch ‚wenn wir suchen, werden wir finden' (vgl. Lk 11,9) ist nicht ein Zeichen von Unkenntnis, sondern von Weisheit. Denn uns nützte es nicht zu wissen, daß wir, während wir den genauen Zeitpunkt des zukünftigen Gerichtes nicht wissen, immer, als ob wir auf dem Wachposten sind und auf einer Art Lauer nach der rechten Tugend liegen, die Gewohnheit des Sündigens meiden, damit „der Tag des Herrn" uns nicht in unseren Lastern überrascht. Denn es nützt uns nicht zu wissen, sondern zu fürchten, was zukünftig ist. Es steht nämlich geschrieben: „Richte deinen Sinn nicht darauf, das Hohe zu kennen, sondern fürchte dich" (Röm 11,20*).

17.210 Denn wenn er ausdrücklich den Tag bezeichnet hätte, schiene es so, als ob er nur der Generation von Menschen, die dem Gericht am nächsten war, eine Regel für das rechte Leben vorgeschrieben hätte. Der Gerechte der vorhergehenden Zeit würde nachlässiger, der Sünder sicherer sein. Denn der Ehebrecher kann nur, wenn er die tägliche Strafe fürchtet, von der Lust, die Ehe zu brechen, ablassen, und der Räuber kann nur das Versteck in der von ihm besetzten Waldschlucht aufgeben, wenn er weiß, daß ihm zu allen Zeiten Strafe droht. Meist führt nämlich für die, denen Straflosigkeit ein Anreiz zum Sündigen ist, Furcht zum Widerwillen dagegen.

17.211 Daher also habe ich gesagt, daß es nichts nützte zu wissen, vielmehr, daß es von Nutzen wäre, nicht zu wissen, damit wir, die wir nicht wissen, uns fürchten und wir, die wir gehorchen, verbessert würden, wie er selbst gesagt hat: „Seid bereit, weil ihr nicht wißt, zu welcher Stunde der Menschensohn kommen wird" (Mt 24,44). Denn der Soldat versteht nur, wenn er erfährt, daß gegenwärtig Krieg ist, im Lager Wache zu halten[615].

17.212 Unde alibi quoque ipse dominus interrogatus, ab apostolis inquam, qui utique non sicut Arrius intellegebant, sed filium dei futura scire credebant — nam nisi hoc credidissent, numquam interrogassent —, interrogatus ergo, quando restitueret regnum Istrahel, non se nescire dixit, sed ait: „Non est vestrum scire tempora et annos, quae pater posuit in sua potestate." Adtende, quid dixerit: „Non est vestrum scire!" Lege iterum: „Non est vestrum" dixit, non ‚meum'; iam enim non secundum perfectionem, sed secundum profectum humani corporis ac nostrae animae loquebatur. | „Vestrum" ergo dixit, non ‚meum'.

17.213 Quod et apostolus secutus: „De temporibus autem et momentis, fratres, non habetis", inquit, „opus, ut vobis scribamus." Itaque ne apostolus quidem, ipse ‚Christi servus', dixit se nescire momenta, sed non opus esse doceri populum, qui semper spiritalibus munimentis esse debet armatus, ut „virtus Christi" in unoquoque praetendat. Cum autem dicit dominus de temporibus, „quae pater posuit in sua potestate, utique non potest exsors esse scientiae paternae", cuius nequaquam exsors est potestatis, cum potestas ex sapientia et virtute gignatur, quod utrumque Christus est.

17.214 Sed quaeritis, qua causa non ita discipulis negaverit, quasi sciret et nollet dicere, sed ‚neque angelos ne-

---

R LVZ MNCWE def. SO
1 quoque om. C ‖ 2 inquam om. C ‖ 6 et annos] vel momenta R (cf. adnot. font.) ‖ 7 attendite a ‖ 8 vestrum bis LVZMNWE am ‖ 12 et om. Z ‖ 14 ne] nec W, om. L ‖ 15 esset edoceri a ‖ 16 spiritalibus] sub talibus W | monimentis W ‖ 17 ut] et C | portendat a praecedat W ‖ 19–20 paternae scientiae V ‖ 20 necquaquam R | cum] cuius a ‖ 21 sapientia et] sapientiae RCW | signatur C ‖ 22 quaero W | qua] quae Ra.r. ‖ 23 et om. W

---

[616] Vgl. Ambrosius, in Luc. 8,34 (CCL 14,309f); fid. 5,16,189, oben 734f.
[617] ATHANASIUS VON ALEXANDRIEN, Ar. 3,48 (PG 26,425), bietet ebenfalls die Auslegung ‚in menschlicher Weise'.
[618] Vgl. ATHANASIUS VON ALEXANDRIEN, Ar. 3,50 (PG 26,428).

17.212 Daher ist der Herr selbst auch an anderer Stelle gefragt worden, von Aposteln sage ich, die freilich nicht wie Arius dachten, sondern glaubten, daß der Sohn Gottes das Zukünftige weiß — denn wenn sie das nicht geglaubt hätten, hätten sie niemals gefragt —, als er also gefragt wurde, wann er das Königreich Israel wiederherstellen würde, hat er nicht gesagt, daß er es nicht wisse, sondern er sagte: „Es steht euch nicht zu, Zeiten und Jahre zu wissen, die der Vater in seiner Macht festgesetzt hat" (Apg 1, 7*[616]). Achte darauf, was er gesagt hat: „Es steht euch nicht zu, es zu wissen". Lies es noch einmal: „Es steht euch nicht zu", hat er gesagt, nicht ‚mir'; denn er hat noch nicht im Blick auf die Vollkommenheit, sondern auf den Fortschritt des menschlichen Leibes und unserer Seele gesprochen[617]. „Euch steht es nicht zu", hat er also gesagt, nicht ‚mir'.

17.213 Dem ist auch der Apostel gefolgt: „Aber über Zeiten und genaue Zeitpunkte, Brüder, muß man", sagt er, „euch nicht schreiben" (1 Thess 5, 1)[618]. Deshalb hat nicht einmal der Apostel, selbst ein ‚Diener Christi' (vgl. Röm 1, 1), gesagt, daß er die genauen Zeitpunkte nicht weiß, sondern, daß es nicht nötig ist, das Volk zu belehren, das immer mit geistlichen Bollwerken gerüstet sein muß, damit „die Kraft Christi" in einem jeden Wache hält. Wenn aber der Herr über Zeiten redet, „die der Vater in seiner Macht festgesetzt hat" (Apg 1,7), ist es freilich nicht möglich, daß er keinen Anteil am väterlichen Wissen hat[619], an dessen Macht er auf jeden Fall Anteil hat, da die Macht ihren Anfang aus Weisheit und Kraft nimmt, was Christus aber beides ist.

17.214[620] Aber ihr fragt, warum er den Jüngern diese Auskunft nicht so verweigert hat, als ob er es wüßte und nicht sagen wollte, sondern gesagt hat, ‚weder Engel noch

---

[619] ATHANASIUS VON ALEXANDRIEN, Ar. 3, 46 (PG 26, 421).
[620] Vgl. für den ganzen Paragraphen 5, 17,214: ATHANASIUS VON ALEXANDRIEN, Ar. 3, 50 (PG 26, 428f).

que filium' scire memoraverit. — Interrogabo vos et ego, qua causa in Genesi deus dicat: „Descendam itaque, ut videam secundum clamorem illorum venientem ad me, si consummabuntur, sin autem, ut sciam"; qua causa etiam scriptura de domino dicat: „Et descendit dominus videre civitatem et turrem, quam | aedificarent filii hominum", qua causa etiam in psalterio propheta dicat: „Dominus respexit super filios hominum, si est intellegens aut requirens deum", quasi et illic, si non descenderet deus, et hic, si non prospiceret dominus, aut opera hominum ignoraret aut merita.

17.215 Sed etiam in evangelio habes secundum Lucan quia pater dicit: „Quid faciam? Mittam filium meum dilectissimum, forsitan hunc verebuntur." Secundum Matthaeum autem et secundum Marcum habes quoniam „misit filium suum unicum dicens: Verebuntur filium meum." In uno libro dicit „fortasse verebuntur" et quasi nesciens dubitat, nam hic sermo dubitantis est; in duobus autem aliis libris: „verebuntur", inquit, „filium meum", hoc est confirmat reverentiam deferendam.

17.216 Sed neque dubitare dei est neque falli. Dubitat enim, qui ignorat, quod futurum est, fallitur autem, qui aliud praedixit et aliud est secutum. Quid autem evi-

---

R LVZ MNCWE def. SO
1 memoravit *Z* commemoravit *W* || 2 descendamus *N* | ut] et *Ra. c.m1* || 3 eorum *a* || 4 etiam *om. C* || 5 scriptum *Vp.r.m2* || 6 turrim *Mp.c.m2N, Ep.c.a* | aedificarunt *V* | fili *RC* || 7 in psalterium (*om.* propheta) *R* | dicat propheta in psalterio *m* || 8 super *om. E* | hominum] *add.* ut videat *W* || 9 discenderet *RC* discederet *a* | deus *om. C* || 10 si *om. Ma.c.m2V* | proficeret *L* | dominus] deus *LZ* | ignoraret *om. Ra.c.m2* || 11 merita] *add.* non solum autem *Z* || 12 Lucam Ω > *L* (Lucanum *a.r.*, nu *eras.*) || 13–14 dilectum *C* || 14 reverebuntur *Z*, (re *p.c.*) *L* || 15 habes *om. a* || 16 unicum filium suum *am* || 17 forsitan *Va.r. m2am* | et *om. C* || 18 hic namque *E* || 19 est] enim *a*

---

[621] Diese Bibelstelle findet sich auch bei Ps.-Didymus, *trin.* 3,22 (PG 39,921), sowie Hilarius von Poitiers, *trin.* 9,63 (CCL 62A, 442f).

der Sohn' wissen ,es'. — Aber auch ich werde euch fragen, warum Gott im Buch Genesis sagt: „Deshalb will ich herabsteigen, damit ich sehe, ob es so geschehen wird, wie das Geschrei von ihnen besagt, das zu mir dringt, wenn es aber wirklich so geschieht, damit ich es weiß" (Gen 18,21*)[621]; und warum auch die Schrift über den Herrn sagt: „Und der Herr ist herabgestiegen, um die Stadt und den Turm zu sehen, den die Menschenkinder bauten" (Gen 11,5*); und warum auch der Prophet im Psalm sagt: „Der Herr schaute auf die Menschenkinder, ob es einen gibt, der verständig ist oder Gott sucht" (Ps 53,3: Ps 52,3*), als ob Gott weder die Werke noch die Verdienste der Menschen kennen würde, wenn Gott nicht in der Genesis-Stelle herabsteigen würde und in der Psalm-Stelle der Herr nicht Ausschau hielte?

17.215 Aber auch im Evangelium nach Lukas findest du an einer Stelle, daß der Vater sagt: „Was soll ich tun? Ich werde meinen innig geliebten Sohn schicken, vielleicht[622] werden sie ihn achten" (Lk 20,13*). Aber im Evangelium nach Matthäus und nach Markus findest du, daß „er seinen einzigen Sohn geschickt hat und sagte: Sie werden meinen Sohn achten" (Mt 21,37*; vgl. Mk 12,6). In dem einem Evangelienbuch sagt er: „Sie werden ihn vielleicht achten", und zweifelt, als ob er es nicht wüßte, denn dies ist die Sprache eines Zweifelnden. In den beiden anderen Büchern aber sagt er: „Sie werden meinen Sohn achten", das heißt er versichert, daß ihm Verehrung entgegenzubringen ist.

17.216 Aber Zweifel und Irrtum passen nicht zu Gott. Denn derjenige zweifelt, der nicht weiß, was zukünftig ist, es irrt sich andererseits derjenige, der anderes vorhergesagt hat, als dann tatsächlich geschehen ist. Was aber ist

---

[622] HIERONYMUS, *Ier.* 5,36 (CCL 74,253), meint, daß das ‚vielleicht' nicht zu Gott passe, sondern nach menschlichem Sprachgebrauch gesagt sei: *Verbum ambiguum ‚forsitan' maiestati domini non potest convenire, sed nostro loquitur affectu, ut liberum homini servetur arbitrium ne ex praescientia eius quasi necessitate vel facere quid vel non facere cogatur ...;* vgl. MORESCHINI, *Ambrosius* 15,441 Anm. 9.

dentius, quam quod scriptura habet aliud patrem dixisse
de filio et aliud accidisse eadem scriptura testatur? Ille
dixit „verebuntur filium meum", filius autem vapulavit,
inlusus est, crucifixus est, mortuus est multoque illis servis, qui prius fuerant destinati, graviora secundum carnem 5
passus est. Fefellit igitur pater an ignoravit vel subvenire
non potuit? — Sed „verus" nescit fallere; scriptum est
enim: „Fidelis | deus, qui non mentitur." Quomodo autem | 299
ignoravit, qui ,novit omnia'? Aut quid non potuit, qui omnia potest? 10

17.217 Tamen, si aut ignoravit aut non potuit — facilius
enim adquiescitis, ut dicatis patrem ignorasse, quam con-
fiteamini filium scisse —, videtis quia ex hoc ipso unius
substantiae est filius cum patre, si quemadmodum pater,
ita et filius — ,secundum vestram insipientiam loquar' — 15
aut non omnia novit aut non omnia potest. Non sum enim
avarus aut praeceps circa fili laudes, ut plus audeam dicere
filium posse quam patrem, qui nullam inter patrem et filium discretionem facio potestatis.

17.218 Sed fortasse dicatis non ita dixisse patrem, sed de 20
patre filium fefellisse. Iam ergo non solum infirmitatis filium, sed etiam sacrilegii et mendacii coarguitis? Verumtamen si non creditis de patre filio, nec de se credatis. Si enim
fallere nos voluit, quia dixit dubitasse patrem, quasi nesciret, quod esset futurum, fallere ergo etiam de se nos 25

R LVZ MNCWE inde a l. 20 patre *O def. S*
1 habeat *N* || patre (*in fine lin.*) *R* || 5 destinati – 6 est *om. C* || 6 pater
bis R a.c. m2 | an] aut *a* | vel]aut sibi *a* || 9 ignorabat *W* || 13 filium *om.*
a | ipso] *add.* quod *a* || 14 est] *add.* christus *C* | filius] *add.* hominis (*!*)
L | si] sic *a* || 15 filius] *add.* et *W, ut cet. am* || 18 qui–patrem *om. E* |
qui nullam] et *a* || 19 faciam *a* || 20 dicetis *a* || 22 arguitis *m* || 23 de
eo *m* | credetis *Oa* || 24 quia] qui *CWOa* | quasi] quia *Na* || 25 ergo
om. LC

offensichtlicher, als daß dieselbe Schrift etwas anderes über das bezeugt, was der Vater über den Sohn gesagt hat, als über das, was tatsächlich geschehen ist? Er hat gesagt: „Sie werden meinen Sohn achten", der Sohn aber ist geschlagen, verspottet, gekreuzigt worden und ist gestorben. Und er hat nach dem Fleisch um vieles schwerer gelitten als die Sklaven, die früher für diese Strafe bestimmt waren. Hat der Vater also getäuscht oder hat er es nicht gewußt und konnte nicht helfen? Aber der „Wahre" weiß nicht zu täuschen, denn es steht geschrieben: „Gott ist treu, der nicht lügt" (1 Kor 1, 9; Tit 1, 2). Wie aber wußte es der nicht, ‚der alles weiß'? Oder was konnte der nicht, der alles kann?

17.217 Dennoch, wenn er es entweder nicht wußte oder nicht konnte — leichter gebt ihr euch damit zufrieden, daß ihr sagt, der Vater habe es nicht gewußt, als daß ihr bekennt, der Sohn habe es gewußt —, ihr seht dennoch aus diesem Grund, daß der Sohn von einer einzigen Substanz mit dem Vater ist, wenn wie der Vater so auch der Sohn — ‚ich will nach dem Maßstab eurer Torheit sprechen' (vgl. 2 Kor 11, 17) — entweder nicht alles kennt oder nicht alles kann. Denn ich bin nicht begierig oder voreilig darin, den Sohn zu loben, so daß ich wage zu sagen, der Sohn könne mehr als der Vater, der ich doch keine Unterscheidung der Macht zwischen dem Vater und dem Sohn vornehme.

17.218 Aber vielleicht möchtet ihr sagen, der Vater habe es nicht so gesagt, sondern der Sohn habe in seinen Aussagen über den Vater getäuscht. Ihr beschuldigt also den Sohn nicht mehr nur der Schwäche, sondern auch der Gotteslästerung und der Lüge? Wenn ihr aber dem Sohn nicht seine Aussagen über den Vater glaubt, könnt ihr ihm wohl auch nicht die über seine eigene Person glauben. Wenn er uns nämlich täuschen wollte, weil er sagte, daß der Vater gezweifelt hat, als ob er nicht wüßte, was in Zukunft passieren würde, wollte er uns also auch über seine eigene Person

voluit, quia futura nescire se dixit, multoque tolerabilius
ad pudorem, si ignorantiam ante praetendit, quod de se
fecit, quam si contrario promissis lusus videatur effectu,
quod de patre praedicavit.

17.219 Sed neque fallitur pater neque fallit filius. Verum
ea est in scripturis consuetudo divinis, sicut et superiora et multa alia exempla testantur, ut deus dissimulet se
nescire, | quod novit. Et in hoc ergo unitas divinitatis et
unitas dispositionis in patre probatur et filio, si, quemadmodum deus pater cognita dissimulat, ita filius — etiam in
hoc „imago dei" — quae sibi sunt nota, dissimulet.

18.220 Edoctum est igitur non ignorasse dei filium,
quae futura sunt. Quod si fatentur, et ego iam respondeam,
qua ratione neque angelos neque filium, sed patrem scire
memoraverit: sollemnem eius circa discipulos caritatem
etiam in hoc loco et gratiam recognosco, quod ex frequentia ipsa debet omnibus esse iam cognitum. Mavult enim
dominus nimio in discipulos amore propensus petentibus
his, quae cognitu inutilia iudicaret, videri ignorare quod
noverat quam negare, plusque amat nostram utilitatem
instruere, quam suam potentiam demonstrare.

R LVZ MNCWE, def. S
1 multoque] multo magis *V* || 2 portendit *Oa* || 2 de – 4 quod *om. E* ||
2–3 de se fecit] defecit *LO* (*recte tamen a!*) || 3 facit *m* | affectu *Oa* ||
5 fallit] fallitur *La.c.CW* || 6 in *exp. L, om. Z* || 7 simulet *W* (dissimulet
se nescire: *abundantia negationis; cf. Euseb. Vercell. De trin., Praef. p.
XXIII, 26 CCL IX Bulhart*) || 8 scire *ZC* || 9 disputationis *MN* | in
om. W || 10 dissimulet] *add.* se scire *M* || 12 est *om. W* || 13 ego] *add.*
ut *LZMNOam* | iam] etiam *W* || 15 memoravit *Oam* | eius *om. W* | circa] in *m, om. N* || 16 in *om. W* | ex] et *W* || 17 omnibus debet iam esse
C | vult *CE* || 18 pendentibus *EOa* || 19 cognitum *La.c.V* cognita
Lp.c.Z || 20 plusquam *Ma.c.m2* plusque] et quae *W* | amad *R* | utilitatem] humilitatem *V*

täuschen, weil er sagte, daß er das Zukünftige nicht wisse; um vieles erträglicher für das Ehrgefühl ist es aber, wenn er vorher Nichtwissen vorgegeben hat über das, was er seine eigene Person betreffend getan hat, als wenn es, nachdem das Gegenteil von dem eingetreten ist, was er über den Vater verkündigt hat, so schiene, als habe er sich in seinen Versprechungen getäuscht.

17.219 Aber weder täuscht sich der Vater noch täuscht der Sohn. Tatsächlich gibt es in den göttlichen Schriften die Gewohnheit, wie sowohl die oben zitierten Passagen als auch viele andere Beispiele bezeugen[623], daß Gott vorgibt, nicht zu wissen, was er weiß. Und darin also wird die Einheit der Gottheit und die Einheit der Heilsökonomie im Vater und im Sohn bewiesen, wenn, wie Gott Vater Wissen verheimlicht, so der Sohn — auch darin „Abbild Gottes" (Kol 1,15; 2 Kor 4,4) —, was ihm bekannt ist, verheimlicht.

18.220 Es ist also gezeigt worden, daß der Sohn ganz genau gewußt hat, was sich zukünftig ereignen wird. Wenn sie es aber zugeben, will auch ich ihnen noch antworten, in welchem Sinn er das gemeint hat, daß weder Engel noch der Sohn, sondern allein der Vater es weiß: Ich erkenne auch an dieser Stelle seine gewohnte Liebe zu den Jüngern und Gnade, was aus der Häufigkeit des Vorkommens in der Bibel schon allen bekannt sein müßte. Denn der Herr, der sehr in Liebe seinen Jüngern zugetan ist, will, wenn diese forderten, was er nicht für nützlich zu wissen hielt, lieber so scheinen, als ob er das, was er wußte, nicht wisse, als es abschlagen, und er liebt es mehr, für unseren Nutzen zu sorgen als seine Macht zu zeigen.

---

[623] Nach FALLER, *Ambrosius* 8,229, könnte sich *multa alia exempla* auf ATHANASIUS VON ALEXANDRIEN, *Ar.* 3,50 (PG 26,428f); PS.-DIDYMUS, *trin.* 3,22 (PG 39,921), und HILARIUS VON POITIERS, *trin.* 9,66 (CCL 62 A,445–447), beziehen. Aber natürlich sind im Rahmen der „biblischen Theologie" des Ambrosius weitere Exempla aus der Schrift gemeint.

18.221 Sunt tamen plerique non ita timidiores ut ego — mallo enim ‚alta timere quam sapere‘ — sunt tamen plerique eo freti, quia scriptum est: „Et Iesus proficiebat aetate et sapientia et gratia apud deum et homines", qui dicant confidenter quod secundum divinitatem quidem ea, quae futura sunt, ignorare non potuit, sed secundum nostrae condicionis | adsumptionem ignorare se quasi filium hominis ante crucem dixit. Etenim cum ‚filium‘ dicit, non quasi de alio dicit; nam ipse est et dominus noster, dei filius et filius virginis. Sed medio verbo nostrum informat adfectum, ut quasi hominis filius secundum susceptionem nostrae inprudentiae vel profectus non plene adhuc scisse omnia crederetur; non est enim nostrum scire quae futura sunt. Eadem igitur videtur ignorare condicione, qua proficit; nam quomodo secundum divinitatem proficit, in quo „habitat plenitudo divinitatis"? Aut quid est, quod nesciat dei filius, qui dicebat: „Quid cogitatis mala in cordibus vestris?" Quomodo nesciebat, de quo dicit scriptura: „Iesus tamen noverat cogitationes eorum?"

18.222 Haec tamen alii dicant. Ego autem, ut ad superiora redeam, qui proposuerim scriptum quia pater dixit: „Fortasse verebuntur filium meum" — quod utique adeo

---

R LVZ MNCWEO def. S
1 timidi *CW* || 2 mallo *Ra.r.C* | enim ego *ZW* | alta] alia *Z* multa *L* ||
3 quia] quod *VEm* || 4 dicunt *Ma.c.Oa* || 6 potuerit *Ma.c.m2* || 7 adsumptione *R* | ignorare se *om.* C || 9 noster] non *MW, Turon.* | et dei filius *L* || 12 vel] tibi *Oa* | plenae *WE* planae *V* | scisse se *N* scire *W* ||
13 enim est *m*; *om.* enim *Oa* || vestrum *Oa* || 14 videtur *om. Z* ||
15 profecit *W* || 16 omnis plenitudo *C* || 18 nesciat *Oam* || 19 tamen *R* autem Ω*am* | noverat *RWE* norat *LVZMNOam* gnorat *C* || 21 qui *om. CE* | proposueram *Ei.r.* | scribtum est *R* || 22 reverebuntur *Mp.c.m2 Oam* | adeo *RV* (= ideo, *cf.* Thes*LL.* I 616,29) ideo *cet.*

---

[624] Nach FALLER, *Ambrosius* 8, 300, bezieht sich das *plerique* vielleicht auf ATHANASIUS VON ALEXANDRIEN, *Ar.* 3, 43 (PG 26, 413).
[625] Für diese Umkehrung von Röm 11,20 vgl. *fid.* 5,17,209, oben 750 f.
[626] Vgl. ATHANASIUS VON ALEXANDRIEN, *Ar.* 3, 50 f (PG 26, 429).

18.221 Dennoch sind die meisten[624] nicht so wie ich allzu furchtsam — ich will nämlich lieber ‚das Hohe fürchten als es verstehen'[625] —, trotzdem pochen die meisten darauf, daß geschrieben steht: „Und Jesus machte Fortschritte an Alter, Weisheit und Gnade bei Gott und den Menschen" (Lk 2,52*)[626]. Sie sagen nämlich dreist, daß er nach seiner Gottheit freilich das, was zukünftig ist, in jedem Fall wissen mußte, aber nach der Annahme unseres Seins sagte, daß er es als Menschensohn vor seiner Kreuzigung nicht wußte. Denn wenn er ‚Sohn' sagt[627], spricht er nicht gewissermaßen über einen anderen, denn er selbst ist sowohl unser Herr, Sohn Gottes, als auch Sohn der Jungfrau, sondern er schildert unseren Zustand mit einem Mittelbegriff (sc. Sohn der Jungfrau), damit man glaubt, er wisse als Menschensohn nach der Annahme unseres Unverstandes und unseres Fortschreitens bis zu diesem Zeitpunkt nicht alles vollständig. Es steht uns nämlich nicht zu, zu wissen, was zukünftig ist. Er scheint also unter derselben Bedingung nicht zu wissen, in der er auch Fortschritte macht. Denn wie kann derjenige nach der Gottheit Fortschritte machen, in dem „die Fülle der Gottheit wohnt" (Kol 2,9*). Oder was gibt es, das der Sohn Gottes nicht wissen konnte, der sagte: „Was denkt ihr Schlechtes in euren Herzen?" (Mt 9,4). Wie wußte der etwas nicht, über den die Schrift sagt: Jesus „kannte dennoch ihre Gedanken" (Lk 6,8*)?

18.222 Trotzdem mögen andere das sagen, ich aber meine vielmehr, um zu einem früheren Punkt zurückzukehren, als ich die Schriftstelle zitiert habe, daß nämlich der Vater gesagt hat: „Vielleicht werden sie meinen Sohn achten" (Lk 20,13; Mt 21,37[628]) — von der ich frei-

---

[627] Vgl. ATHANASIUS VON ALEXANDRIEN, Ar. 3,50f (PG 26,429).
[628] Die lateinische Übersetzung des Bibelzitats lehnt sich eng an den griechischen Text an; vgl. Lk 20,13: ἴσως τοῦτον ἐντραπήσονται; Mt 21,37: ἐντραπήσονται τὸν υἱόν μου. Ein weiterer Beleg für den lateinischen Text *fortasse verebuntur filium meum* fehlt bisher.

arbitror positum, ut, quia de hominibus loquebatur, pater
humano locutus videatur adfectu —, multo magis arbitror
quia filius, qui „cum hominibus conversatus est", et hominem egit et carnem suscepit et nostrum adsumpsit ad-
fectum, ut nostra ignoratione nescire se diceret, non quia
aliquid ipse nesciret. Nam etsi homo in veritate corporis
‚videbatur', erat tamen „vita", | erat „lux", et „virtus exie- | 302
bat de eo", quae vulnera sauciorum maiestatis suae aucto-
ritate „sanabat".

18.223 Advertitis igitur quaestionem vobis esse sub-
latam, cum et fili dictum ad susceptionem integrae condi-
cionis referatur humanae et de patre ideo scriptum sit, ut
vel sic calumniari filio desinatis.

18.224 Nihil ergo fuit, quod ignoraverit dei filius; nihil
enim fuit, quod ignoraverit pater. Quod si nihil et filius
ignoravit — ut iam concludamus —, dicant, in quo eum
minorem velint videri. Si minorem generavit deus filium,
minus contulit, si minus contulit, aut minus voluit aut minus potuit; sed nec infirmus nec invidus pater, quia nec
voluntas ante filium nec potestas. In quo enim minor, qui
„omnia" habet, „quae pater habet"? Nam et omnia a patre
iure generationis accepit et totum patrem gloria suae maiestatis expressit.

R LVZ MNCWEO def. S
1 propositum *Oa* || 2 loquitur *C* || 4 et *RLVC, om. cet.* || 5 ignoran-
tia *Oa* || 6 sui corporis *Oa* || 7 erat *om. R* | exibat *NCEOam* (*cf. Words-
worth-White ad Luc. 6,19*) || 8 sui *Oa* || 10 igitur] ergo *EOam* | nobis
Oa || 14 ergo] enim *V* | dei *om. C* || 14 nihil – 15 fuit *om. V* ||
15 enim] ergo *C* | et *om. Oa* || 16 ignoraverit *Ma.r.N* || 17 videre
Va.c.m1C || 18 si minus contulit *om. L, MVa.c.m2, ZE* | aut] *add.* deus
Oa | voluit aut minus *om. E* || 20 enim *om. O*

---

[629] Bar 3,38: *visus est.*
[630] Interessanterweise wird hier nicht diskutiert, daß die *condicio huma-*

lich meine, daß sie gewiß deshalb geschrieben ist, damit der Vater, weil er über Menschen redet, in der Haltung eines Menschen zu reden scheint —, ich aber meine vielmehr, daß der Sohn, der „sich bei den Menschen aufhielt" (Bar 3,38), sowohl einen Menschen darstellte als auch Fleisch angenommen hat und unsere Haltung übernommen hat, so daß er entsprechend unserer Unwissenheit sagte, daß er es nicht wisse, aber nicht weil er selbst etwas nicht wußte. Denn auch wenn er als Mensch in einem wahrhaftigen Leib ‚erschien'[629], war er trotzdem „Leben" und „Licht", und „eine Kraft ging von ihm aus" (Lk 6,19), die die Wunden der Verletzten mit der Vollmacht seiner Hoheit „heilte".

18.223 Ihr bemerkt also, daß das Problem für euch gelöst ist, da auch der Ausspruch des Sohnes auf die Annahme der vollständigen[630] menschlichen Verfaßtheit bezogen wird und über den Vater deshalb geschrieben wurde, damit ihr auch so davon ablaßt, den Sohn deswegen böswillig zu kritisieren.

18.224 Es gab also nichts, was der Sohn Gottes nicht gewußt hat, denn es gab nichts, was der Vater nicht gewußt hat. Wenn aber auch der Sohn alles gewußt hat — um schon diesen Schluß zu ziehen —, sollen sie sagen, in welcher Hinsicht sie wollen, daß er geringer scheint. Wenn Gott den Sohn geringer gezeugt hat, hat er ihm damit weniger gewährt, wenn er weniger gewährt hat, wollte oder konnte er weniger. Aber der Vater ist weder schwach noch mißgünstig, weil es weder einen Willen noch eine Macht gibt, die den Sohn übertrifft. Worin nämlich ist der geringer, der „alles" besitzt, „was der Vater besitzt"? Denn er hat auch alles vom Vater durch das mit der Zeugung verbundene Recht empfangen. Er bildete den ganzen Vater in der Herrlichkeit seiner Hoheit ab.

---

na Christi zwar *integra* genannt werden muß, Jesus uns aber in allem gleich war „außer der Sünde" (vgl. Hebr 4,15).

18.225 ‚Scriptum est, inquiunt, „quoniam pater maior me est".' — Sed scriptum est: „Non rapinam arbitratus est esse se aequalem deo"; scriptum est quia „propterea" volebant „illum occidere Iudaei", quia filium se dicebat dei, „aequalem se faciens deo"; scriptum est: „Ego et pater unum sumus. Unum" legunt, ‚multa' non legunt. Numquid ergo et minor et aequalis per naturam eandem potest esse? Sed aliud ad divinitatem refertur, aliud ad carnem.

18.226 Minorem dicunt? — Quaero, qui mensus sit, quis tam exaltati cordis, qui velut ante tri|bunal suum patrem deum filiumque constituat, ut de praelatione diiudicet. „Non est exaltatum cor meum, neque in vanum elati sunt oculi mei", David dicit. Rex David exaltare cor metuit in rebus humanis, nos exaltamus adversus divina secreta? Quis igitur iudicat de dei filio? „Throni, dominationes", angeli,„ potestates"? — Sed famulantur et serviunt archangeli, sed ministrant cherubin et seraphin, sed laudant. Quis igitur iudicat de dei filio, cum legeris quia ipse pater noverit filium, non iudicet? „Nemo" enim „novit filium nisi pater: novit", inquit, non ‚iudicat'. Aliud est nosse, aliud iudicare. Habet pater in se scientiam, filius supra se non habet potestatem. Et rursus: ‚Nemo „novit patrem nisi filius"': et ipse novit patrem, sicut eum pater novit.

R LVZ MNCWEO def. S
2 sed *om. Z* | rapina *N* || 3 se esse *Oa* se *om. C* | aequalis *C* || 3 quia – 5 est *om. E* || 4 occidere illum *LMN, Turon.* (αὐτὸν ... ἀποκτεῖναι) || 9 qui *pr.*] quis *M* | sit] est *V* || 10 quis] qui *Oa* | exaltatus corde *W* | velut] vel *L* | suum] sub *W, om. Oa* || 11 dei *W* | filiumque] et filium *Oam* || 11–12 deiudicet *C* dei iudicet *E* || 12 in vanum elati (ἐμετεωρίσθησαν) *cf.* in altum elevati *cod. Veron.* α (*Psalt. Rom. Weber*) || 13 dicens *R* | rex eras. *E* || 15 throni – 18 filio *om. E* || 18 legerimus *V* | ipse *om. C* || 19 iudicat *Oa* || 23 patrem *om. Oa*

---

[631] Vgl. den rhetorischen Einwurf *metire, videamus* in *fid.* 2, 14, 126, oben 338f.

18.225 ‚Es steht geschrieben, sagen sie: „Der Vater ist größer als ich" (Joh 14, 28). Aber es steht auch geschrieben: „Er hielt es nicht für einen Raub, Gott gleich zu sein" (Phil 2, 6). Es steht geschrieben, daß „die Juden ihn deswegen töten" wollten, weil er sagte, daß er der Sohn Gottes sei „und sich so Gott gleich machte" (Joh 5, 18*; vgl. Joh 19, 7). Es steht geschrieben: „Ich und der Vater sind eins" (Joh 10, 30*). „Eins" lesen sie, nicht ‚viele'. Kann er also etwa sowohl geringer als auch gleich durch dieselbe Natur sein? Aber das eine wird auf die Gottheit bezogen, das andere auf das Fleisch.

18.226 Sie nennen ihn geringer? Ich frage, wer hat ein so hochmütiges Herz, daß er das ermessen könnte[631], daß er gleichsam Gott, den Vater, und den Sohn vor seinen Richterstuhl zieht, um über einen Vorrang zu urteilen? „Mein Herz ist nicht hochmütig, und meine Augen sind nicht auf Eitles gerichtet" (Ps 131, 1: Ps 130, 1* LXX), sagt David. König David fürchtete, daß sein Herz in menschlichen Angelegenheiten hochmütig ist, wir aber sind hochmütig gegen göttliche Geheimnisse? Wer also richtet über den Sohn Gottes? „Die Throne, Herrschaften", Engel und „Mächte"? — Aber die Erzengel sind dienstbar und dienen, aber auch die Kerubim und Serafim[632] dienen, und sie alle loben. Wer also richtet über den Sohn Gottes, wenn du doch gelesen hast, daß der Vater selbst den Sohn kennt, aber nicht richtet? Denn „niemand kennt den Sohn außer dem Vater" (Mt 11, 27), „er kennt ihn", heißt es, nicht ‚er richtet ihn'. Kennen ist etwas anderes als Richten. Der Vater hat das Wissen in sich, der Sohn hat keine Macht, die über ihm steht. Und wiederum steht geschrieben: ‚Niemand „kennt den Vater außer dem Sohn"', auch er selbst kennt den Vater, wie der Vater ihn kennt.

---

[632] Vgl. aus dem Hymnus *Te Deum* die Verse 3–5 ... *caeli et universae potestates, ... Cherubin et Seraphin.*

18.227 Sed dicis quia ‚minorem' se dixit. — Dixit et „lapidem". Plus dicis et impie calumniaris, minus dico et pie adstruo. Minorem dicis et supra angelos confiteris, ego ‚minorem angelis' dico et non derogo, quia non divinitatem arguo, sed misericordiam praedico.

19.228 Ad te nunc, omnipotens pater, cum lacrimis verba converto. Ego te quidem ‚inaccessibilem', ‚inconpraehensibilem', ‚inaestimabilem' promte dixerim, sed filium tuum minorem non ausim dicere. Nam cum illum ‚splendorem gloriae et imaginem substantiae' tuae legerim, | vereor, ne minorem imaginem tuae dicendo substantiae minorem substantiam tuam dicere videar, cuius imago sit filius, cum „plenitudo" tuae „divinitatis omnis" in filio sit. ‚Inmensum' te filiumque tuum et spiritum sanctum, incircumscriptum, inaestimabilem, inenarrabilem legi frequenter, credo libenter. Et ideo aestimare non possum, ut examinare possim.

19.229 Esto tamen, spiritu ausuque temerario metiri te velim: unde, quaeso, te metiar? Funiculum agrimensorium vidit propheta, quo metiebatur angelus Hierusalem. Metiebatur tamen angelus, non Arrius, metiebatur Hierusalem, non deum. Fortasse nec Hierusalem metiri

---

R LVZ MNCWEO def. S
1 dicis] dicit *R* || 2 pie] plus *Oa* || 5 praedico] *add. titul. recent. Oa* || 8 promte *RL* (*cf. in Luc. et al. Ambr. libris passim*) || 9 ausem *C* ausus sim *La.c.* ausus sum *Turon.* || 14 filium (*om.* que) *W, Turon.* || 16 frequenter] libenter *Mp.c.m2EOa* | libenter] fideliter *W* || 19–20 agrimensurium *R* agrimetsorium *C* agrimessorium *Oa* || 20 metiebatur] *add.* angelus *Oa* || 22 et fortasse *VMNWEOam* | nec] non *Oa* | metire *C, Turon.*

---

[633] Oben hat Ambrosius das griechische *charakter* belassen (*fid.* 5, 16, 198, oben 742–745), während hier *imago* steht.

[634] Interessanterweise folgen hier noch kurz vor Schluß der Abhandlung einige bekannte philosophische Gottesprädikate; vgl. dafür MORESCHI-

18.227 Aber du sagst, daß er sich ‚geringer' genannt hat. — Er hat sich nämlich auch einen „Stein" (Mt 21,42) genannt. Du sagst mehr und bringst gotteslästerliche Vorwürfe vor, ich sage weniger und biete fromme Beweisführungen. Du nennst ihn geringer und bekennst, daß er über den Engeln steht. Ich aber sage, daß er ‚geringer als die Engel' ist, und würdige ihn dabei nicht herab, weil ich nicht die Gottheit beschuldige, sondern Barmherzigkeit ankündige.

19.228 Nun richte ich an dich, allmächtiger Vater, meine Worte unter Tränen. Ich möchte freimütig sagen, daß du freilich ‚unzugänglich', ‚unfaßbar' und ‚unermeßlich' (vgl. 1 Tim 6,16; Jer 32,19; Ijob 36,26) bist, aber gleichzeitig nicht zu sagen wagen, daß dein Sohn geringer ist. Denn da ich gelesen habe, daß er ‚Abglanz' deiner ‚Herrlichkeit und Abbild'[633] deiner ‚Substanz' (vgl. Hebr 1,3) ist, hüte ich mich davor, scheinbar gleichzeitig, indem ich sage, daß das Abbild deiner Substanz geringer ist, deine Substanz geringer zu nennen, deren Abbild ja der Sohn ist, da doch „die Fülle" deiner „ganzen Gottheit" im Sohn ist. Ich habe häufig gelesen und glaube es gern, daß du und dein Sohn und der Heilige Geist ‚unermeßlich', unbeschreibbar, unschätzbar und unaussprechlich sind[634]. Und daher kann ich nicht annehmen, daß ich dich beurteilen kann.

19.229 Dennoch angenommen, daß ich dich, veranlaßt durch einen blindwütigen Geist und Wagemut, beurteilen wollte: Woran, bitte, soll ich dich messen? Der Prophet hat eine Meßschnur gesehen, mit der der Engel Jerusalem ausgemessen hat, dennoch hat ein Engel ausgemessen, nicht Arius, und er hat Jerusalem ausgemessen, nicht Gott (vgl. Sach 2,5: Sach 2,1*). Wahrscheinlich konnte auch der En-

---

NI, *Il Platonismo* 1375–1377 (Belege für ἀκατονόμαστος, ἄρρητος, ἀνέκβατος, ἄπειρος, ἀπερίληπτος bei GREGOR VON NAZIANZ und in platonischen Quellen). FALLER, *Ambrosius* 8,304, verweist für *immensus* auf das *Symbolum Quicumque* oder das sogenannte *Athanasische Symbolum* 9 (176 HAHN = BSGR): *Immensus pater, immensus filius, immensus et spiritus sanctus*.

poterat angelus, vir enim erat; denique sic habes: „Et adlevavi oculos meos et vidi, et ecce vir et in manu eius funiculus agrimensorius. Vir" erat, quia typus suscipiendi corporis declarabatur. „Vir" erat, ille, de quo est dictum: „Post me veniet vir, cuius non sum dignus solvere corrigiam calciamenti eius." Ergo Christus in typo Hierusalem metitur, Arrius deum!

19.230 Et „satanas transfigurat se in angelum lucis": quid mirum, si Arrius suum imitatur auctorem, ut usurpet inlicita? Licet, quod pater suus diabolus per semet ipsum non fecit, intolerabiliore iste sacrilegio divinorum sibi scientiam secretorum et supernae generationis arcana praes|umat. Diabolus enim verum ‚filium dei' fatebatur, Arrius negat!

19.231 Si ergo metiri te, omnipotens pater, non queo, possumne sine sacrilegio de tuae generationis disputare secreto? Possumne dicere quod aliquid inter te et filium tuum plus minusve sit, cum ipse, qui ex te natus sit, dixerit: „Omnia, quae pater habet, mea sunt"? — „Quis me constituit iudicem aut divisorem?" — De rebus humanis hoc filius dei dicit, et nos inter patrem et filium divisionem nobis et iudicium vindicamus? Bona pietas arbitros refugit

---

R LVZ MNCWEO def. S

1–2 allevabi *C* levavi *RW* (*Vulg.*) ‖ 2 meos *om. Oam* ‖ 3 agrimensurius *RM* agrimessoris *Oa* | quia] qui *C* ‖ 4 declarabat *Oa* | est] erat *W* ‖ 5 veniet *R* venit Ω*am* ‖ 6 christus] ihesus *Oa* ‖ 7 non arrius (!) *Oa* et *om. E* ‖ 8 nam et *C* ‖ 10 suus] eius *V* | zabulus *Turon.*, *Oa* (*etiam l. 13*) ‖ 11 intolerabilior *VMNE*, (*add.* ei) *C* ‖ 11–12 sapientiam *Ra. r.m2* ‖ 13 dei filium Ω*am* ‖ 14 ergo] ego *C* enim *L* | metire *C* possum (*om.* -ne) *N* ‖ 15 de *om. R* ‖ 17 ex te *om. EOa* | sit *alt. R, Ma.c.m2 N* est *cet. am* ‖ 19 aut (t *s.l. m2*) *R* ‖ 20 dei *om. ZMNWEOa* | divisorem *Oa* ‖ 21 boni *V* | arbitri *V* arbitrium *Ei.r.* arbitror *Oa* | fugit *C*

---

[635] Eine andere Übersetzung der Bibelstelle in *fid.* 3,10,69, oben 408f.
[636] Zu dem athanasianischen Theologumenon, daß der Teufel Vater der Arianer ist, vgl. oben 378 mit Anm. 240 und den Hinweis zu *fid.* 5,11,135, oben 692f Anm. 559.

gel Jerusalem nicht ausmessen, denn er war ein Mann. Schließlich findest du es so in der Bibel: „Und ich habe meine Augen emporgehoben und habe es gesehen, und siehe, da war ein Mann, und in seiner Hand war eine Meßschnur" (Sach 2,5: Sach 2,1*). Es war ein „Mann", weil das Bild des Leibes, der angenommen werden sollte, verkündet wurde. Es war ein „Mann", und zwar der, über den gesagt worden ist: „Nach mir wird ein Mann kommen, dessen Sandalenriemen ich nicht würdig bin zu lösen" (Joh 1,27*[635]). Also mißt Christus in einem Abbild Jerusalem aus, Arius aber Gott.

19.230 Und „der Satan verwandelt sich in einen Engel des Lichtes" (2 Kor 11,14), was ist es verwunderlich, wenn Arius seinen Schöpfer nachahmt[636], so daß er Unerlaubtes für sich in Anspruch nimmt? Mag es auch sein, daß dieser, was sein Vater, der Teufel, selbst nicht unternommen hat, sich mit einer unerträglichen Gotteslästerung das Wissen der göttlichen Geheimnisse anmaßt und Wissen von den geheimen Zusammenhängen der himmlischen Zeugung voreilig zu beurteilen wagt. Denn der Teufel bekannte den wahren ‚Sohn Gottes', Arius aber leugnet ihn[637].

19.231 Wenn ich dich, allmächtiger Vater, nicht messen kann[638], kann ich dann ohne Gotteslästerung das Geheimnis deiner Zeugung erörtern? Kann ich dann sagen, daß zwischen dir und deinem Sohn sich ein kleinerer oder größerer Unterschied befindet, obwohl er selbst, der aus dir geboren ist, gesagt hat: „Alles, was dem Vater gehört, ist mein" (Joh 16,15*)? — „Wer hat mich zum Richter oder Nachlaßverwalter bestimmt?" (Lk 12,14) Der Sohn Gottes sagt dies über menschliche Angelegenheiten, und wir maßen uns eine Aufteilung zwischen Vater und Sohn und ein Urteil an? Ein rechtes Pflichtbewußtsein meidet Schiedsrich-

---

[637] Vgl. *fid.* 4,8,87f, oben 522–525.
[638] Vgl. *fid.* 5,19,229, oben 767f.

etiam in divisione patrimonii, et nos ergo erimus arbitri, ut inter te et filium tuum increatae maiestatem substantiae dividamus?

19.232 „Generatio", inquit, „haec generatio nequam est; signum quaerit, et signum non dabitur ei, nisi signum Ionae prophetae." Signum utique datur non divinitatis, sed incarnationis; denique de incarnatione dicturus ait: „Pete tibi signum." Et cum ille dixisset: „Non petam neque temptabo dominum", responsum est: „Ecce virgo in utero accipiet." Ergo signum divinitatis videre non possumus. Mensuram quaerimus? — Vae misero mihi: impie discutere audemus, quem digne rogare non possumus!

19.233 Videro tamen, quid faciant Arriani; ego te, pater, si maiorem omnibus dixero, iniuriose te tuis operibus con-
|paravi,

si maiorem filio, ut Arrius adserit, impie iudicavi. De te prius erit illa sententia; nam neque ulla fieri potest nisi ex conparatione praelatio neque praeferri quisquam, nisi de quo prius fuerit iudicatum.

19.234 Iurare nobis per caelum non licet, iudicare de deo licet? Sed filio tuo soli iudicium de omnibus detulisti.

R LVZ MNCWEO def. S
1 divisore *Oa* | et *pr. om.* Ωam (et ergo *adversative, cf. ThesLL. V 774,73*) ǁ 2 maiestatis substantiam *M* ǁ 4 haec *om. LVWE* ista *C* | haec generatio (*alt.*) *om. MN* | nequa *R* ǁ 5 est *om. LW, Ep.r.* ǁ 8–9 neque] et non *N* ǁ 10 accipiet *om. Ea.c.m2Oa* concipiet *corr. Em2* ǁ 11 mihi misero *Z* ǁ 13 viderint m | facient *MN* | ego] ergo *N* ǁ 14 te] et *V* te ex *E* ǁ 17 prior *Nm* | sententia] *scil.* ‚te maiorem esse et omnibus et filio' nam] quoniam *W* ǁ 18 praelatio *om. C* eḷatio *W* ǁ 19 de] *add.* se *V* | fuerat *E* ǁ 20–21 de deo] de dei filio *Oa*

---

[639] Vgl. für die Regeln zur Aufteilung eines Erbes LIEBS, *Römisches Recht* 144f: Das Erbe hätte — wie der Jurist Ambrosius selbstverständlich wußte — bei einem einzigen Nachkommen nur reduziert werden dürfen, wenn dieser beispielsweise eine übel beleumundete Frau geheiratet hätte.

ter, gerade bei der Aufteilung des väterlichen Erbes[639], und wir wollen also Schiedsrichter sein, um die Hoheit der ungeschaffenen Substanz[640] zwischen dir und deinem Sohn aufzuteilen?

19.232 „Das Geschlecht", sagte Christus, „dieses Geschlecht taugt nichts. Es fordert ein Zeichen, und ihm wird kein Zeichen gegeben werden außer dem Zeichen des Jona, des Propheten" (Lk 11,29). Aber freilich wird kein Zeichen für die Gottheit gegeben, sondern für die Fleischwerdung. Schließlich sagt er, als er über die Fleischwerdung sprechen wollte: „Erbitte dir ein Zeichen" (Jes 7,11). Und nachdem jener gesagt hatte: „Ich werde den Herrn weder bitten noch versuchen" (Jes 7,12), wurde ihm geantwortet: „Siehe, eine Jungfrau wird im Mutterleib empfangen" (Jes 7,14). Also können wir kein Zeichen für die Gottheit sehen. Suchen wir ein Maß? — Weh' mir Armen: wir wagen es, den gottlos zu erörtern, den wir nicht würdig bitten können (vgl. Röm 8,26)!

19.233 Dennoch werde ich darauf sehen, was die Arianer machen. Ich habe dich zu Unrecht mit deinen Werken verglichen, Vater, wenn ich sagte, daß du größer bist als alles andere.

Wenn ich aber gesagt habe, daß du größer als der Sohn bist, wie Arius behauptet, habe ich gottlos geurteilt. Diese Meinung über dich muß aber zuerst einmal vertreten werden, denn eine Bevorzugung kann es nur als Ergebnis eines Vergleiches geben, und keiner kann vorgezogen werden, wenn nicht vorher über ihn geurteilt worden ist.

19.234 Es ist uns nicht erlaubt, beim Himmel zu schwören (vgl. Mt 5,34); ist es erlaubt, über Gott zu richten? Nein, sondern allein deinem Sohn hast du das Richteramt über alles übertragen (vgl. Joh 5,22).

---

[640] Für den Ausdruck *increata substantia* vgl. auch die Nachweise im ThesLL 7/1, 1, 1036: Das Wort ist erst seit dem vierten Jahrhundert bei christlichen Autoren als Übersetzung für ἀγένητος und ἄκτιστος belegt.

19.235 Iohannes carnem domini baptizare metuebat, Iohannes prohibebat dicens: „Ego a te debeo baptizari et tu venis ad me?" Et ego Christum iudicio meo subdam? Moyses excusat sacerdotium, Petrus imperatum in mysterio declinat obsequium. — Arrius „scrutatur etiam alta dei"? — Sed non Arrius spiritus sanctus! Sed Arrio et hominibus dictum est: „Altiora te ne quaesieris!"

19.236 Moyses vultum dei videre prohibetur. — Arrius meruit videre secretum?

„Moyses et Aaron in sacerdotibus eius", Moyses, qui cum domino adparet in gloria, Moyses ergo ille posteriora tantummodo dei in typo vidit. — Arrius totum deum „facie ad faciem" conpraehendit? — Sed ‚nemo, inquit, videre potest faciem meam et vivit.'

19.237 Paulus etiam de inferioribus dicit: „Ex parte cognoscimus et ex parte etiam prophetamus." — Arrius dicit: ‚Ex toto deum, non „ex parte" cognovi!' — Inferior ergo Paulus quam Arrius, et „vas electionis ex parte" scit, vas ‚perditionis' totum scit? „Scio", inquit, „hominem, sive in corpore sive extra corpus nescio, deus scit, quoniam raptus est in paradisum et audivit verba ineffabilia." Paulus, raptus „usque ad tertium caelum", se ipsum nesci-

---

R LVZ MNCWEO def. S
4 se excusat *E* | sacerdotio *Ep.r.* sacerdotium *om. Oa* ‖ 4–5 in ministerium *V* immisteria *N* in ministerio *m* ‖ 5 inscrutatur *C* ‖ 6 spiritus] *add.* est *E* ‖ 6–7 omnibus hominibus *Z* ‖ 7 altiora a te *C* ‖ 8 vultum domini *VWOam* | videre *om. E* ‖ 10 moyses *alt. om. V* ‖ 11 cum deo *MN* | in gloriam *C* | illa *Oa* | posteria *R* ‖ 12 arrius – 13 conpraehendit *om. E* ‖ 12 totam dei *N* ‖ 12–13 faciē *RL, Ma.r.* faciem *W* ‖ 13 conpraehendit *om. W* ‖ 14 vivet *V, Ep.c.* ‖ 16 et *om. N* | prophetamus etiam *V* etiam *om. Oa* ‖ 17 dominum *Z* | ex *om. N* ‖ 19 vas *alt.*] et vas *W* ‖ 20 quoniam] qui *Oa* ‖ 21 verba *om. Oa*

---

[641] Vgl. Ambrosius, *myst.* 6,31 (FC 3,228): *non advertit mysterium et ideo ministerium recusavit* („Er bemerkte das Mysterium nicht und wies

19.235 Johannes fürchtete sich, das Fleisch des Herrn zu taufen, Johannes versuchte, ihn abzuhalten, indem er sagte: „Ich sollte von dir getauft werden, und du kommst zu mir?" (Mt 3,14). Und ich soll Christus meinem Urteil unterwerfen? Mose schlägt das Priesteramt aus (vgl. Ex 3,11; 4,10.13), Petrus weist den ihm gebotenen Gehorsam, der mit einem Geheimnis[641] verbunden ist, zurück (vgl. Joh 13,6–8). — Arius „durchforscht sogar die Tiefen Gottes" (1 Kor 2,10*)? — Aber Arius ist doch nicht der heilige Geist, der durchforscht! — Sondern Arius und den Menschen ist gesagt: „Durchforsche nicht, was zu hoch für dich ist!" (Sir 3,21).

19.236 Mose wird daran gehindert, das Gesicht Gottes zu sehen. — Arius dagegen hat verdient, das Verborgene zu sehen?

„Mose und Aaron sind unter seinen Priestern" (Ps 99,6: Ps 98,6 LXX); Mose, der mit dem Herrn in Herrlichkeit erscheint, Mose also hat nur den Rücken Gottes im Abbild gesehen (vgl. Ex 33,23). — Arius dagegen hat den ganzen Gott „von Angesicht zu Angesicht" erfaßt? — Aber er sagt: Niemand kann „mein Gesicht sehen und bleibt am Leben" (Ex 33,20*).

19.237 Paulus sagt auch über die im Vergleich zu Gott niedriger gestellten Menschen: „Teilweise erkennen wir und teilweise prophezeien wir auch" (1 Kor 13,9*). — Arius sagt: ‚Ich habe Gott ganz, nicht teilweise erkannt!' — Ist Paulus also niedriger gestellt als Arius, und weiß das „Gefäß der Erwählung" (Apg 9,15) „teilweise", und das Gefäß ‚des Verderbens' dagegen weiß alles? „Ich weiß", hat er gesagt, „von einem Menschen, daß er ins Paradies entrückt worden ist und unaussprechliche Worte gehört hat, — ich weiß nicht, ob im Leib oder außerhalb des Leibes, das weiß nur Gott" (2 Kor 12,2–4*). Paulus, der „bis zum dritten Himmel entrückt worden ist" (2 Kor 12,2), kannte sich

---

daher den Dienst zurück"), sowie *sacr.* 3,1,4–7 (FC 3,120–124).

vit. — Arrius, in stercore volutatus, deum scivit? Paulus dicit de se ipso: „Deus scit." — Arrius de deo dicit: ‚Ego novi?'

19.238 Sed non Arrius raptus in caelum, quamvis eum secutus sit, qui iactatione damnabili divina praesumeret dicens: „Ponam thronum meum, ascendam super nubes et ero similis altissimo." Sicut enim ille dixit „ero similis altissimo", sic Arrius altissimum dei filium sui similem vult videri, quem non divinitatis aeternae maiestate veneratur, sed carnis infirmitate metitur.

R LVZ MNCWEO def. S
2 se *om. Ea.c.m2* | dicit de deo *VWE*, (deo) ipso) *C* ‖ 6 ascendam *om. MNEOam* ‖ 7 enim] ergo *C* | ille *om. V* | dixerit *W* | sic et Ω > *M* (sicut), *am* ‖ 9 non in *ZWEm* ‖ 10 metitur. Amen *V*
exciso toto fere folio deest subscriptio in R Expl̄c.Lib. V. Inc̄pt. Lib. VI. AM̄ *Lm1a.r.* De fide liber V. explicit. Incipit De Spiritu sancto liber I. *Lm2* Explicit Liber V Incipit Liber VI *V* Explicit liber quintus sancti Ambrosii archiepiscopi mediolanensis de fide *Z* Liber V explic. *M* Explicit Liber Quintus incipiunt Capitula Libri sexti *N* Explicit Liber Quintus De Fide Sancti Ambrosii *C* Explicit Liber Quintus *E* Explicit liber quintus De Fide sancti Ambrosii ad Gratianum augustum *Oa* deest subscriptio in *W* (*licet dimidium fol. scriptura vacet*).

selbst nicht. — Arius hingegen, der sich in den eigenen Exkrementen wälzte⁶⁴², kannte Gott? Paulus sagt über sich selbst: „Gott kennt mich" (2 Kor 12,3). — Arius sagt über Gott: ‚Ich kenne ihn'?

19.238 Aber Arius wurde nicht in den Himmel entrückt, obwohl er dem folgte, der sich in verdammenswerter Prahlerei Göttliches anmaßte und sagte: „Ich werde meinen Thron aufstellen, über die Wolken aufsteigen und dem Höchsten gleich sein" (Jes 14,13f*). Denn wie dieser gesagt hat: „Ich werde dem Höchsten gleich sein", so will Arius, daß der höchste Sohn Gottes, den er nicht in der Hoheit der ewigen Gottheit verehrt, sondern an der Schwäche des Fleisches mißt, ihm selbst gleich scheint⁶⁴³.

---

[642] Ambrosius kennt die Umstände, die man sich zum Lebensende des ARIUS erzählte, vgl. dafür *fid.* 1,19,124, oben 238f, und die entsprechende Anmerkung zur Stelle (Anm. 119).
[643] Hier hätte man sowohl sprachlich als auch inhaltlich wenigstens einen mit den anderen Büchern vergleichbaren Abschluß dieses fünften Buches erwartet und nicht einen derart kunst- und einfallslosen Abbruch der Abhandlung, der allein Polemik gegen ARIUS enthält.

ABKÜRZUNGEN

Werkabkürzungen

Alexander von Aphrodisias
in Metaph.   in Aristotelis Metaphysica commentaria

Ambrosiaster
in Gal.   in epistulam ad Galatas
in Rom.   in epistulam ad Romanos

Ambrosius von Mailand
Abr.   de Abraham
apol. Dav.   de apologia prophetae David ad Theodosianum
                   Augustum
bon. mort.   de bono mortis
Cain et Ab.   de Cain et Abel
epist.   epistulae
epist. conc.   epistulae duae concilii Aquileiensis ab Ambrosio
  Aquil.   conscriptae
epist. extra coll. epistulae extra collectionem servatae
exc. Sat.   de excessu fratris (*sc.* Satyri)
exhort. virg.   exhortatio virginitatis
fid.   de fide (ad Gratianum Augustum)
fug. saec.   de fuga saeculi
Hel.   de Helia et ieiunio
hex.   (h)exa(e)meron
Iac.   de Iacob et vita beata
in Luc.   expositio evangelii secundum Lucam
in psalm.   explanatio XII psalmorum
in psalm. 118   expositio in psalmum 118
incarn.   de incarnationis dominicae sacramento
inst. virg.   de institutione virginis ad Eusebium
Iob   libri de interpellatione Iob et David
Ioseph   de Ioseph (*sc.* patriarcha)
Isaac   de Isaac *vel* anima
myst.   de mysteriis
Nab.   de Nabuthae
Noe   de Noe
obit. Theod.   de obitu Theodosii (*sc.* imperatoris)

ABKÜRZUNGEN

obit. Valent. de obitu Valentiniani (*sc.* iunioris imperatoris)
off. de officiis ministrorum
paenit. de paenitentia
parad. de paradiso
sacr. de sacramentis
spir. de spiritu sancto
symb. explanatio symboli
Tob. de Tobia
virg. de virginibus
virginit. de virginitate

PS.-?AMBROSIUS
apol. Dav. apologia David altera

APOLLINARIS VON LAODICEA
fr. fragmenta

PS.-APULEIUS
Herm. περὶ ἑρμηνείας

ARISTOTELES
Metaph. Metaphysica

ARIUS
Thal. fr. de Thalia fragmenta ex Athanasio

ARNOBIUS
nat. adversus nationes

ATHANASIUS VON ALEXANDRIEN
apol. Const. apologia ad Constantium
Ar. orationes tres adversus Arianos
decr. de decretis Nicaenae synodi
Dion. de sententia Dionysii
ep. Aeg. Lib. epistula ad episcopos Aegypti et Libyae
ep. Afr. epistula ad Afros episcopos
ep. mort. Ar. epistula ad Serapionem de morte Arii
ep. Serap. epistulae ad Serapionem
inc. de incarnatione
symb. symbolum ‚Quicumque' *seu* Athanasianum dictum
syn. epistula de synodis Arimini et Seleuciae
tom. tomus ad Antiochenos
virg. epistula ad virgines

Ps.-Athanasius
inc. et c. Ar.   de incarnatione et contra Arianos

Augustinus
bapt.   de baptismo contra Donatistas tractatus
conf.   confessionum
enchir.   enchiridion *vel* ad Laurentium de fide, spe et caritate
epist.   epistulae
grat. Christ.   de gratia Christi
in psalm.   in psalmos enarrationes
Maxim.   contra Maximinum Arianorum episcopum
serm.coll. Morin sermones post Maurinos reperti

Ps.-Aurelius Victor
epit.   epitome de caesaribus

Basilius von Caesarea
ep.   epistulae
Eun.   adversus Eunomium libri tres
hex.   homiliae in hexaëmeron
hom. in Ps.   homiliae in Psalmos

Ps.-Basilius
Eun.   adversus Eunomium libri duo

Boethius
in Porph. comm. in Porphyrii isagogen commentarii

Caesarius von Arles
serm.   sermones

Cassiodor
inst.   institutiones

Cicero
Att.   epistolae ad Atticum
Caecin.   pro A. Caecina oratio
de orat.   de oratore
nat. deor.   de natura deorum

Clemens von Alexandrien
str.   stromateis

CODEX THEODOSIANUS
Cod. Theod.   Codex Theodosianus

COLLECTIO ARRIANA VERONENSIS
c. Pag.   contra paganos

COLLECTIO AVELLANA
Avell.   collectio Avellana

CONCILIA ET SYNODI
C Chalc.   Concilium Chalcedonense anno 451
C CP (360)   Concilium Constantinopolitanum anno 360
C CP (681)   Concilium Constantinopolitanum annis 680/681
C Eph.   Concilium Ephesinum anno 431
C Later.   Concilium Lateranense anno 649
C Nic.   Concilium Nicaenum anno 325

CYPRIAN VON KARTHAGO
testim.   ad Quirinum *vel* testimonia

CYRILL VON JERUSALEM
catech.   catecheses illuminandorum

DECRETUM GELASIANUM
Decret. Gelas.   decretum Gelasianum

DIDYMUS DER BLINDE
Jo.   fragmenta in Johannem
Ps.   commentarii in Psalmos

PS.-DIDYMUS
trin.   de trinitate

EPIPHANIUS VON SALAMIS
anc.   ancoratus
haer.   panarion *seu* adversus LXXX haereses

EUNOMIUS VON CYZICUS
apol.   apologeticus
exp. fid.   expositio fidei

EUSEBIUS VON CAESAREA
e. th.   de ecclesiastica theologia

Is.	commentarius in Isaiam
qu. Marin.	quaestiones evangelicae ad Marinum
qu. Steph.	quaestiones evangelicae ad Stephanum

EUSEBIUS VON EMESA
serm. sermones

EUSTATHIUS VON ANTIOCHIEN
fr. fragmenta

GREGOR VON ELVIRA (PS.-ORIGENES)
tract. tractatus Origenes de libris sanctarum scripturarum

GREGOR VON NAZIANZ
or. orationes

GREGOR VON NYSSA
Eun. contra Eunomium
tres dii quod non sint tres dii

HIERONYMUS
chron.	chronicon omnimodae historiae
epist.	epistulae
Ier.	homiliae in Ieremiam
in Ezech.	commentarii in Ezechielem prophetam
Lucif.	altercatio Luciferiani et orthodoxi
Matt.	commentarii in Mattheum
Mich.	commentarii in Michaeam
nom. hebr.	nomina hebraica
Pelag.	dialogus adversus Pelagianos

HILARIUS VON POITIERS
coll. antiar.	collectanea antiariana Parisina
in Matth.	in Evangelium Matthaei
in psalm.	tractatum in psalmos
syn.	de synodis
trin.	de trinitate

HOMER
Od. Odyssea

INSCRIPTIONES LATINAE CHRISTIANAE VETERES
Inscr. christ. Diehl inscriptiones christianae editur Diehl

ISIDOR VON SEVILLA
orig. origines

JAMBLICH
Myst. de Mysteriis

JOHANNES CASSIAN
conl. conlationes

JOHANNES VON CAESAREA
fr. fragmenta

JUSTIN DER MÄRTYRER
dial. dialogus cum Tryphone Iudaeo

JUSTINIAN
monoph. contra monophysitas

LAKTANZ
epit. divinarum institutionum epitome

LEONTIUS VON BYZANZ
Nest. et Eut. contra Nestorianos et Eutychianos

LEONTIUS VON JERUSALEM
monoph. contra monophysitas

MARCELL VON ANCYRA
fr. fragmenta

MAXIMINUS
c. Ambr. contra Ambrosium dissertatio

ORIGENES
comm. in Mt. commentariorum in Matthaeum libri
comm. in Rom. commentarii in Romanos
comm. ser. in Mt. commentariorum series in Matthaeum
hom. in Ex. homiliae in Exodum
hom. in Jer. homiliae in Jeremiam
hom. in Jos. homiliae in Josuam
hom. in Lc. homiliae in Lucam
Jo. commentarii in Johannem
princ. de principiis

PACUVIUS
trag. tragoediarum fragmenta

PALLADIUS VON RATHIARIA
c. Ambr. contra Ambrosium fragmenta

PAULINUS VON MAILAND
vita Ambr. vita Ambrosii

PHOEBADIUS VON AGEN
c. Arrian. contra Arrianos liber

PHOTIUS
Bibl. Bibliotheca

PLATO
R. Respublica

PORPHYRIUS
in Cat. in Aristotelis Categorias commentarium

QUINTILIAN
inst. institutio oratoria

RUFIN VON AQUILEIA
hist. historia ecclesiastica
symb. expositio symboli

SALVIANUS VON MARSEILLE
eccl. ad ecclesiam

SENECA
nat. naturales quaestiones

SERVIUS GRAMMATICUS
Aen. commentarius in Vergili opera

SOCRATES
h. e. historia ecclesiastica

SOZOMENUS
h. e. historia ecclesiastica

SULPICIUS SEVERUS
chron.   chronica

TATIAN DER SYRER
orat.   oratio ad Graecos

TERTULLIAN
adv. Prax.   adversus Praxean
apol.   apologeticum
test. an.   de testimonio animae

THEODORET VON CYRRHUS
eran.   eranistes
h. e.   historia ecclesiastica

VERGIL
Aen.   Aeneis

VIGILIUS VON THAPSUS
c. Arian.   contra Arrianos

ALLGEMEINE ABKÜRZUNGEN

Aufl.   Auflage
Bd(e).   Band (Bände)
bearb.   bearbeitet
cf.   confer
Cod./Codd.   Codex/Codices
ders.   derselbe
ebd.   ebenda
eingel.   eingeleitet
Frg.   Fragment
FS   Festschrift
griech.   griechisch
hrsg.   herausgegeben
Hs./Hss.   Handschrift(en)
LXX   Septuaginta
n.   nota
N. F.   Neue Folge
N. S.   Neue Serie
o. S.   ohne Seiten

praef.	praefatio
prol.	prologus
r.	recto
rec.	recensuit
Rez.	Rezension
saec.	saeculum
Suppl.	Supplementum
s.v.	sub voce
übers.	übersetzt
u. ö.	und öfter
Vg.	Vulgata

Bibliographische Abkürzungen

ABAW.PPH	Abhandlungen der (k.) Bayerischen Akademie der Wissenschaften, München. Philosophisch-philologische und historische Klasse
ABG	Archiv für Begriffsgeschichte, Bonn
ACO	Acta conciliorum oecumenicorum, Berlin
AGLB	Aus der Geschichte der lateinischen Bibel, Freiburg
AHC	Annuarium historiae conciliorum, Amsterdam
AKG	Arbeiten zur Kirchengeschichte, Berlin
AL	Augustinus-Lexikon (hrsg. von C. MEYER), Basel 1986 ff
ALGHJ	Arbeiten zur Geschichte und Literatur des hellenistischen Judentums, Leiden
ANRW	Aufstieg und Niedergang der römischen Welt, Berlin
ANTT	Arbeiten zur neutestamentlichen Textforschung, Berlin
ANWAW	Abhandlungen der Nordrhein-Westfälischen Akademie der Wissenschaften, Paderborn
AÖAW.PH	Anzeiger der Österreichischen Akademie der Wissenschaften, Wien. Philosophisch-Historische Klasse
ArAmb	Archivo ambrosiano, Mailand
ARWAW	Abhandlungen der Rheinisch-Westfälischen Akademie der Wissenschaften, Köln
ASNSP	Annali della (R.) Scuola Normale Superiore di Pisa, Florenz
AuC	Antike und Christentum, Münster

Aug.	Augustinianum, Rom
BAW.AC	Bibliothek der alten Welt, Zürich. Reihe: Antike und Christentum
BBKT	Bonner Beiträge zur Kirchen- und Theologiegeschichte, Witterschlick
BEFAR	Bibliothèque des Écoles françaises d'Athènes et de Rome, Paris
BEThL	Bibliotheca Ephemeridum theologicarum Lovaniensium, Löwen
BGDS	Beiträge zur Geschichte der deutschen Sprache und Literatur, Tübingen
BGL	Bibliothek der griechischen Literatur, Stuttgart
BHTh	Beiträge zur historischen Theologie, Tübingen
BiTeu	Bibliotheca Teubneriana, Leipzig
BKP	Beiträge zur klassischen Philologie, Meisenheim
BKV	Bibliothek der Kirchenväter, Kempten u.a. 1,1869 – 80,1888; ²1,1911 – 62/63,1931
BSGR	Bibliothek der Symbole und Glaubensregeln der alten Kirche, Breslau
ByZ	Byzantinische Zeitschrift, Leipzig
Byz.	Byzantion. Revue internationale des études byzantines, Brüssel
BZNW	Beihefte zur Zeitschrift für die neutestamentliche Wissenschaft und die Kunde der älteren Kirche, Berlin
CAG	Commentaria in Aristotelem Graeca, Berlin
CCG	Corpus Christianorum, Turnhout. Series Graeca

CCL	Corpus Christianorum, Turnhout. Series Latina
CPG	Clavis patrum Graecorum, Turnhout
CPL	Clavis patrum Latinorum, Steenbrügge
CPS.G	Corona patrum Salesiana, Turin. Series Graeca
CRIANT	Compendia rerum Iudaicarum ad novum testamentum, Assen
CSCO	Corpus scriptorum Christianorum orientalium, Rom
CSCO.C	—. Scriptores Coptici
CSEL	Corpus scriptorum ecclesiasticorum Latinorum, Wien
CSLP	Corpus scriptorum Latinorum Paravianum, Rom
CUFr	Collection des universités de France, Paris
DA	Deutsches Archiv für Erforschung des Mittelalters, Marburg
DH	Enchiridion symbolorum, definitionum et declarationum de rebus fides et morum (hrsg. von H. DENZINGER / P. HÜNERMANN), Freiburg 39. Aufl. 2001
DHGE	Dictionnaire d'histoire et de géographie ecclésiastique, Paris
DR	Downside review, Bath
DWb	Deutsches Wörterbuch (begründet von J. GRIMM / W. GRIMM), Leipzig
EAug	Études augustiniennes, Paris
EnAC	Entretiens sur l'antiquité classique, Genf
EOMJA	Ecclesiae occidentalis monumenta juris antiquissima canonum et conciliorum Graecorum interpretationes, Oxford

EtB	Études bibliques, Paris
FaCh	Fathers of the Church, Washington
FASK	Forschungen zur antiken Sklaverei, Wiesbaden
FC	Fontes Christiani, Freiburg u.a.: 1. und 2. Reihe: 1991–2003, Turnhout: 3. Reihe 2002ff
FlorPatr	Florilegium patristicum, Bonn
FMSt	Frühmittelalterliche Studien, Berlin
FThSt	Freiburger theologische Studien, Freiburg
GCS	Die griechisch christlichen Schriftsteller der ersten Jahrhunderte, Berlin
GCS N.F.	—N.F.
GNO	Gregorii Nysseni Opera, Leiden/Boston/Köln
GÖK	Geschichte der ökumenischen Konzilien, Mainz
Gym.	Gymnasium. Zeitschrift für Kultur der Antike und humanistische Bildung, Heidelberg
HAT	Handbuch zum Alten Testament, Tübingen
HAW	Handbuch der Altertumswissenschaft, München
HDThG	Handbuch der Dogmen- und Theologiegeschichte, Göttingen
Hist.	Historia. Zeitschrift für alte Geschichte, Wiesbaden
HThK	Herders theologischer Kommentar zum Neuen Testament, Freiburg
HThR	Harvard theological review, Cambridge, Mass.
Hyp.	Hypomnemata. Untersuchungen zur Antike und zu ihrem Nachleben, Göttingen
IKBS	Internationaler Kongreß für Byzantinische Studien, wechselnder Ort. Einzeltitel: Actes du Congres International d' Études Byzantines

ILCV	Inscriptiones Latinae Christianae veteres, Berlin
IMU	Italia medioevale e umanistica, Padua
IP	Instrumenta patristica, s'-Gravenhage
JAAC	Journal of aesthetics and art criticism, New York
JAC	Jahrbuch für Antike und Christentum, Münster
JAC.E	—. Ergänzungsband
JAWG	Jahrbuch der Akademie der Wissenschaften in Göttingen, Göttingen
JECS	Journal of early christian Studies, Baltimore
JThS	Journal of Theological Studies, Oxford
KAT	Kommentar zum Alten Testament, Leipzig
KNT	Kommentar zum Neuen Testament, Leipzig
KonGe.U	Konziliengeschichte, Paderborn. Reihe B: Untersuchungen
LACL	Lexikon der antiken christlichen Literatur (hrsg. von S. DÖPP / W. GEERLINGS), Freiburg u.a. 3. Aufl. 2002
LCI	Lexikon der christlichen Ikonographie (hrsg. von E. KIRSCHBAUM), Freiburg u.a. 1990 (= 1968–1970)
MBTh	Münsterische Beiträge zur Theologie, Münster
MFCL	Mémoires et travaux publiés par des professeurs des Facultés Catholiques de Lille, Lille
MGH.AA	Monumenta Germaniae historica, Hannover. Auctores antiquissimi
MH	Museum Helveticum. Schweizerische Zeitschrift für klassische Altertumswissenschaft, Basel
MJTh	Marburger Jahrbuch Theologie, Marburg

MKZU	Menschen der Kirche in Zeugnis und Urkunde, Einsiedeln
ML.H	Museum Lessianum, Brüssel. Section historique
MMAS	Münstersche Mittelalterschriften, München
Mn.	Mnemosyne, Leiden
MThA	Münsteraner Theologische Abhandlungen, Altenberge
MThSt	Marburger theologische Studien, Marburg
NHS	Nag Hammadi studies, Leiden
NPNF	A select library of (the) Nicene and post-Nicene fathers of the Christian church, Oxford
OECS	Oxford early Christian studies, Oxford
OECT	Oxford early Christian texts, Oxford
Parad.	Paradosis. Études de littérature et de théologie ancienne, Freiburg, Schweiz
PatMS	Patristic monograph series, Cambridge, Mass.
PatSor	Patristica Sorbonensia, Paris
PatSt	Patristic studies, Washington
PG	Patrologiae cursus completus (hrsg. von J.-P. MIGNE), Paris. Series Graeca
PhB	Philosophische Bibliothek, Leipzig
PL	Patrologiae cursus completus (hrsg. von J.-P. MIGNE), Paris. Series Latina
PP	Philosophia patrum. Interpretations of patristic texts, Leiden
PRE	Paulys Real-Encyclopädie der classischen Alterthumswissenschaft (hrsg. von W. KROLL / K. MITTELHAUS), 1. Reihe 1, 1894 – 24, 1963; 2. Reihe 1 (= 25), 1914 – 10 (= 34), 1947 Stuttgart

PRSA	Problem richerche di storia antica, Rom
PTS	Patristische Texte und Studien, Berlin
PUCSC	Pubblicazioni dell' Università Cattolica del Sacro Cuore, Mailand
RAC	Reallexikon für Antike und Christentum (hrsg. von T. KLAUSER u.a.), Stuttgart 1950ff
RB	Revue biblique, Paris
RBen	Revue bénédictine de critique, d' histoire et de littérature religieuses, Mardesous
REA	Revue des études anciennes, Bordeaux
REAug	Revue des études augustiniennes, Paris
RechAug	Recherches augustiniennes, Paris
REL	Revue des études latines, Paris
RevSR	Revue des sciences religieuses, Straßburg
RHE	Revue d' histoire ecclésiastique, Löwen
RhM	Rheinischer Merkur, Köln
RHPhR	Revue d' histoire et de philosophie religieuses, Straßburg
RMP	Rheinisches Museum für Philologie, Bonn
RPh	Revue de philologie, de littérature et d' histoire anciennes, Paris
RQ.S	Römische Quartalschrift für christliche Altertumskunde und für Kirchengeschichte, Freiburg. Supplementheft
SAEMO	Sancti Ambrosii Episcopi Mediolanensis Opera, Mailand/Rom
SAEMO.Sus.	—. Sussidi

SAWW.PH	Sitzungsberichte der Akademie der Wissenschaften in Wien, Wien. Philosophisch-Historische Klasse
SCBO	Scriptorum classicorum bibliotheca Oxoniensis, Oxford
ScC	Scuola Cattolica. Rivista di scienze religiose, Mailand
SCh	Sources chrétiennes, Paris
Scr.	Scriptorium. Revue internationale des études relatives aux manuscrits, Brüssel
SE	Sacris erudiri. Jaarboek voor godsdienstwetenschappen, Steenbrügge
SEA	Schriftenreihe der Evangelischen Akademie, Stuttgart
SEAug	Studia ephemeridis ‚Augustinianum', Rom
SGLG	Studia Graeca et Latina Gothoburgensia, Stockholm
SGKA N.F.	Studien zur Geschichte und Kultur des Altertums, Paderborn. N.F.
SPAW.PH	Sitzungsberichte der Preußischen Akademie der Wissenschaften, Berlin. Philosophisch-Historische Klasse
SPMed	Studia patristica Mediolanensia, Mailand
SPS	Salzburger Patristische Studien des Internationalen Forschungszentrums für Grundfragen der Wissenschaften Salzburg, Salzburg
SQAW	Schriften und Quellen der Alten Welt, Berlin
SSL	Spicilegium Sacrum Lovaniense, Löwen
StAns	Studia Anselmiana. Philologica [et] theologica, Rom
StPatr	Studia Patristica, Berlin

SVigChr	Supplements to Vigiliae Christianae, Leiden
TAPA	Transactions and Proceedings of the American Philological Association, Baltimore
TaS N.S.	Texts and studies. Contributions to biblical and patristic literature, Cambridge. N.S.
TC	Traditio Christiana. Texte und Kommentare zur patristischen Theologie, Zürich
Theoph.	Theophaneia. Beiträge zur Religions- und Kirchengeschichte des Altertums, Bonn
ThesLL	Thesaurus linguae Latinae, Leipzig 4. Aufl. 1992 ff
ThLZ	Theologische Literaturzeitung, Leipzig
TRE	Theologische Realenzyklopädie, Berlin
TRSR	Testi e ricerche di scienze religiose, Florenz
TU	Texte und Untersuchungen zur Geschichte der altchristlichen Literatur, Berlin
TuscBü	Tusculum-Bücherei, München
TzF	Texte zur Forschung, Darmstadt
UCOP	University of Cambridge oriental Publications, Cambridge
VEGL	Veröffentlichungen der Evangelischen Gesellschaft für Liturgieforschung, Göttingen
VigChr	Vigiliae Christianae. Review of early Christian life and language, Amsterdam
ViSa	Vite dei Santi, Verona
VL	Vetus Latina. Die Reste der altlateinischen Bibel, Freiburg
VSen	Verba Seniorum. Collana di testi patristici e medievali, Albi

WdF	Wege der Forschung, Darmstadt
WSt	Wiener Studien. Zeitschrift für klassische Philologie und Patristik, Wien
WSt.B	—. Beiheft
WUNT	Wissenschaftliche Untersuchungen zum Neuen Testament, Tübingen
WZKM	Wiener Zeitschrift für die Kunde des Morgenlandes, Wien
ZAC	Zeitschrift für antikes Christentum / Journal of ancient Christianity, Berlin
ZKG	Zeitschrift für Kirchengeschichte, Stuttgart
ZKTh	Zeitschrift für katholische Theologie, Wien
ZNW	Zeitschrift für die neutestamentliche Wissenschaft und die Kunde der älteren Kirche, Berlin
ZThK	Zeitschrift für Theologie und Kirche, Tübingen

BIBLIOGRAPHIE

Quellen

Alexander von Aphrodisias
In Aristotelis Metaphysica commentaria:
— *In Aristotelis Metaphysica commentaria* (hrsg. von M. Hayduck = CAG 1), Berlin 1891.

Ambrosiaster
In epistulam ad Galatas:
— Ad Galatas: *Commentarius in epistulas Paulinas 3* (hrsg. von H.J. Vogels = CSEL 81/3), Wien 1969, 1–68.
In epistulam ad Romanos:
— *In epistulam ad Romanos* (hrsg. von H.J. Vogels = CSEL 81/1, Ambrosiastri qui dicitur commentarius in epistulas Paulinas 1), Wien 1966.
In epistulam ad Thessalonicenses prima:
— Ad Thessalonicenses prima: *Commentarius in epistulas Paulinas 3* (hrsg. von H.J. Vogels = CSEL 81/3), Wien 1969, 211–234.
In epistulam ad Thessalonicenses secunda:
— Ad Thessalonicenses secunda: *Commentarius in epistulas Paulinas 3* (hrsg. von H.J. Vogels = CSEL 81/3), Wien 1969, 235–248.

Ambrosius von Mailand
De Abraham:
— De Abraham: *Opera 1* (hrsg. von C. Schenkl = CSEL 32/1), New York / London 1962 (Prag/Wien/Leipzig 1897), 499–638.
De apologia prophetae David ad Theodosianum:
— De apologia Prophetae David ad Theodosianum Augustum: *Opera 2* (hrsg. von C. Schenkl = CSEL 32/2), Prag/Wien/Leipzig 1897, 297–355.
De benedictionis patriarcharum:
— De patriarchis: *Opera 2* (hrsg. von C. Schenkl = CSEL 32/2), Prag/Wien/Leipzig 1897, 125–160.
De bono mortis:
— De bono mortis: *Opera 1* (hrsg. von C. Schenkl = CSEL 32/1), New York / London 1962 (Prag/Wien/Leipzig 1897), 701–753.
— Der Tod ein Gut: *Ausgewählte Schriften 2* (übers. von F.X. Schulte = BKV[1] 49), Kempten 1877, 372–421.

De Cain et Abel:
- De Cain et Abel: *Opera 1* (hrsg. von C. SCHENKL = CSEL 32/1), New York / London 1962 (Prag/Wien/Leipzig 1897), 337–409.

De excessu fratris (*sc.* Satyri):
- De excessu fratris: *Opera 7* (hrsg. von O. FALLER = CSEL 73) Wien 1955, 209–325.
- Über den Tod seines Bruders Satyrus: *Ausgewählte Schriften 1* (übers. von F. X. SCHULTE = BKV[1] 13), Kempten 1871, 323–422.

De fide (ad Gratianum Augustum):
- *De Fide (ad Gratianum Augustum)* (hrsg. von O. FALLER = CSEL 78, Sancti Ambrosii Opera 8), Wien 1964.
- Exposition of the Christian faith: *Some of the Principal Works of St. Ambrose* (übers. von H. DE ROMESTIN = NPNF[2] 10), Edinburgh / Grand Rapids 1989, 199–314.
- *La fede* (hrsg. und übers. von C. MORESCHINI = SAEMO 15, Opere dogmatiche 1), Mailand 1984.

De fuga saeculi:
- De fuga saeculi: *Opera 2* (hrsg. von C. SCHENKL = CSEL 32/2), London / New York 1962 (Prag/Wien/Leipzig 1897), 161–207.
- Die Flucht vor der Welt: *Ausgewählte Schriften 2* (übers. von F. X. SCHULTE = BKV[1] 49), Kempten 1877, 426–471.

De Helia et ieiunio:
- *De Helia et Ieiunio. A commentary with an introduction and translation* (hrsg. und übers. von M. J. A. BUCK = PatSt 19), Washington 1929.
- De Helia et ieiunio: *Opera 2* (hrsg. von C. SCHENKL = CSEL 32/2), Prag/Wien/Leipzig 1897, 411–465.

De Iacob et vita beata:
- De Iacob et vita beata: *Opera 2* (hrsg. von C. SCHENKL = CSEL 32/2), Prag/Wien/Leipzig 1897, 1–70.

De incarnationis dominicae sacramento:
- De incarnationis dominicae sacramento: *Opera 9* (hrsg. von O. FALLER = CSEL 79), Wien 1964, 223–281.
- Il mistero dell' incarnazione del signore: *SAEMO 16* (hrsg. und übers. von E. BELLINI), Mailand/Rom 1979, 372–461.

De institutione virginis ad Eusebium:
- De institutione virginis / L' educazione della vergine: *Verginità e Vedovanza 2* (hrsg. und übers. von F. GORI = SAEMO 14/2), Mailand/Rom 1989, 110–195.
- De institutione virginis: *Opera omnia 3* (PL 16), 305–336.

De Ioseph (*sc.* patriarcha):
- De Ioseph: *Opera 2* (hrsg. von C. SCHENKL = CSEL 32/2), Prag/Wien/ Leipzig 1897, 71–122.

De Isaac *vel* anima:
— De Isaac vel anima: *Opera 1* (hrsg. von C. SCHENKL = CSEL 32/1), New York / London 1962 (Prag/Wien/Leipzig 1897), 639–700.
— *De Isaac vel anima / Über Isaak oder die Seele* (hrsg. und übers. von E. DASSMANN = FC 48), Turnhout 2003.

De mysteriis:
— De mysteriis: *De sacramentis. De mysteriis / Über die Sakramente. Über die Mysterien* (hrsg. und übers. von J. SCHMITZ = FC 3), Freiburg u. a. 1990, 205–255.
— De mysteriis: *Opera 7* (hrsg. von O. FALLER = CSEL 73) Wien 1955, 87–116.

De Nabuthae:
— De Nabuthae: *Opera 2* (hrsg. von C. SCHENKL = CSEL 32/2), Prag/Wien/Leipzig 1897, 467–516.

De Noe:
— De Noe: *Opera 1* (hrsg. von C. SCHENKL = CSEL 32/1), New York / London 1962 (Prag/Wien/Leipzig 1897), 411–497.

De obitu Theodosii (*sc.* imperatoris):
— De Obitu Theodosii: *Opera 7* (hrsg. von O. FALLER = CSEL 73), Wien 1955, 369–401.
— Trauerrede auf Kaiser Theodosius d. Gr.: *Pflichtenlehre und ausgewählte kleinere Schriften* (übers. und eingel. von J. E. NIEDERHUBER = BKV² 32), Kempten/München 1917, 394–423.

De obitu Valentiniani (*sc.* iunioris imperatoris):
— De obitu Valentiniani: *Opera 7* (hrsg. von O. FALLER = CSEL 73), Wien 1955, 327–367.
— Trostrede auf den Tod Valentinian's: *Ausgewählte Schriften 2* (übers. von F. X. SCHULTE = BKV¹ 49), Kempten 1877, 292–330.

De officiis ministrorum:
— *Le devoirs / De officis 1* (hrsg. und übers. von M. TESTARD = CUFr), Paris 1984.
— *Le devoirs / De officis 2* (hrsg. und übers. von M. TESTARD = CUFr), Paris 1992.
— Von den Pflichten der Kirchendiener: *Pflichtenlehre und ausgewählte kleinere Schriften* (übers. und eingel. von J. E. NIEDERHUBER = BKV² 32), Kempten/München 1917, 11–269.

De paenitentia:
— De paenitentia: *Opera 7* (hrsg. von O. FALLER = CSEL 73), Wien 1955, 117–206.
— Über die Buße: *Ausgewählte Schriften 1* (übers. von F. X. SCHULTE = BKV¹ 13), Kempten 1871, 231–318.

De paradiso:
— De paradiso: *Opera 1* (hrsg. von C. SCHENKL = CSEL 32/1), New York / London 1962 (Prag/Wien/Leipzig 1897), 263–336.

De sacramentis:
— De sacramentis: *De sacramentis. De mysteriis / Über die Sakramente. Über die Mysterien* (hrsg. und übers. von J. SCHMITZ = FC 3), Freiburg u.a. 1990, 75–203.
— De sacramentis: *Opera 7* (hrsg. von O. FALLER = CSEL 73), Wien 1955, 13–85.

De spiritu sancto:
— De Spiritu Sancto libri tres: *Opera 9* (hrsg. von O. FALLER = CSEL 79), Wien 1964, 1–222.
— Lo Spirito Santo: *SAEMO 16* (hrsg. und übers. von C. MORESCHINI), Mailand/Rom 1979, 48–355.

De Tobia:
— De Tobia: *Opera 2* (hrsg. von C. SCHENKL = CSEL 32/2), Prag/Wien/Leipzig 1897, 519–537.

De virginibus:
— *De virginibus ad praecipuorum codicum fidem* (hrsg. von O. FALLER = FlorPatr 31), Bonn 1933.
— *De virginibus libri tres* (hrsg. von I. CAZZANIGA = CSLP), Turin 1948.
— De virginibus: *Verginità e vedovanza 1* (hrsg. und übers. von F. GORI = SAEMO 14/1), Mailand/Rom 1989, 100–241.
— Über die Jungfrauen: *Pflichtenlehre und ausgewählte kleinere Schriften* (übers. von F.X. SCHULTE = BKV² 32), Kempten 1871, 21–94.

De virginitate:
— De virginitate / La verginità: *Verginità e Vedovanza 2* (hrsg. und übers. von F. GORI = SAEMO 14/2), Mailand/Rom 1989, 12–107.
— *De virginitate liber unus* (hrsg. von I. CAZZANIGA = CSLP 47), Turin 1952.
— Über die Jungfräulichkeit: *Ausgewählte Schriften 1* (übers. von F.X. SCHULTE = BKV¹ 13), Kempten 1871, 141–195.

Epistulae:
— *Epistulae et acta 1: Epistularum Libri I–VI* (hrsg. von O. FALLER = CSEL 82/1, Sancti Ambrosii Opera 10/1), Wien 1968.
— *Epistulae et acta 2: Epistularum Libri VII–VIIII* (hrsg. von O. FALLER / M. ZELZER = CSEL 82/2, Sancti Ambrosii Opera 10/2), Wien 1990.
— *Epistulae et acta 3: Epistularum Liber X, Epistulae extra collectionem, Gesta concili Aquileiensis* (hrsg. von M. ZELZER = CSEL 82/3, Sancti Ambrosii Opera 10/3), Wien 1982.
— *Epistulae et acta 4: Indices et addenda* (hrsg. von L. KRESTAN / M. ZELZER = CSEL 82/4, Sancti Ambrosii Opera 10/4), Wien 1996.
— *Letters* (hrsg. von M.M. BEYENKA = FaCh 26), Washington 1987 (1954).

Exhortatio virginitatis:
— Exhortatio virginitatis / Esortatione alla verginità: *Verginità e Vedovanza 2* (hrsg. und übers. von F. GORI = SAEMO 14/2), Mailand/Rom 1989, 198–271.

Explanatio XII psalmorum:
— *Explanatio Psalmorum XII* (hrsg. von M. PETSCHENIG = CSEL 64, Sancti Ambrosii Opera 6), New York / London 1962 (Wien/Leipzig 1919).

Explanatio symboli:
— Explanatio symboli: *Opera 7* (hrsg. von O. FALLER = CSEL 73), Wien 1955, 1–12.
— *Des sacraments. Des mystères* (hrsg. und übers. von B. BOTTE = SCh 25bis), Paris 1961.

Expositio evangelii secundum Lucam:
— *Expositio Evangelii secundum Lucam* (hrsg. von C. SCHENKL / H. SCHENKL = CSEL 32, Sancti Ambrosii Opera 4), Prag/Wien/Leipzig 1902.
— Expositio Evangelii secundum Lucam: *Opera 4* (hrsg. von M. ADRIAEN = CCL 14), Turnhout 1957, 1–400.
— *Lukaskommentar mit Ausschluß der Leidensgeschichte* (übers. von J. E. NIEDERHUBER = BKV² 21, Des heiligen Kirchenlehrers Ambrosius von Mailand ausgewählte Schriften aus dem Lateinischen übersetzt 2), Kempten/München 1915.

Expositio in psalmum 118:
— *Expositio psalmi CXVIII* (hrsg. von M. PETSCHENIG = CSEL 62, Sancti Ambrosii Opera 5), New York / London 1962 (Wien/Leipzig 1913).

Fragmenta in Esaiam:
— Fragmenta in Esaiam: *Opera 4* (hrsg. von P. A. BALLERINI = CCL 14), Turnhout 1957, 405–408.

(H)exa(e)meron:
— *Exameron* (übers. von J. E. NIEDERHUBER = BKV² 17, Des heiligen Ambrosius von Mailand ausgewählte Schriften aus dem Lateinischen übersetzt 1), Kempten/München 1914.
— Exameron: *Opera 1* (hrsg. von C. SCHENKL = CSEL 32/1), New York / London 1962 (Prag/Wien/Leipzig 1897), 1–261.

Hymni:
— *Hymnes* (hrsg. von J. FONTAINE u. a.), Paris 1992.

Libri de interpellatione Iob et David:
— De interpellatione Iob et David: *Opera 2* (hrsg. von C. SCHENKL = CSEL 32/2), Prag/Wien/Leipzig 1897, 211–296.

Tituli:
— Tituli: *Ambrosius* (PL Suppl. 1), 587–589.

Ps.-?Ambrosius
Apologia David altera:
— Apologia David altera: *Opera Sancti Ambrosii 2* (hrsg. von C. Schenkl = CSEL 32/2), Prag/Wien/Leipzig 1897, 357–408.

Ammianus Marcellinus
Res gestae:
— *Römische Geschichte 1* (hrsg. und übers. von W. Seyfarth = SQAW 21/1), Berlin 6. Aufl. 1988.
— *Römische Geschichte 4* (hrsg. und übers. von W. Seyfarth = SQAW 21/4), Berlin 3. Aufl. 1986.

Anselm von Canterburry
Proslogion:
— *Proslogion / Untersuchungen* (hrsg. und übers. von F.S. Schmitt = Frommann's Studientexte 2), Stuttgart-Bad Cannstatt 2. Aufl. 1984.

Apollinaris von Laodicea
Fragmenta:
— *Apollinaris von Laodicea und seine Schule* (hrsg. von H. Lietzmann = Texte und Untersuchungen 1), Hildesheim 1970 (Tübingen 1904), 127–322.

Ps-Apuleius
Περὶ ἑρμηνείας:
— Περὶ ἑρμηνείας. De philosophia libri: *Opera quae supersunt 3* (hrsg. von P. Thomas = BiTeu), Stuttgart 1970 (Leipzig 1908), 176–194.

Aratus
Phainomena:
— *Phaenomena* (hrsg. und übers. von D. Kidd = Cambridge classical texts and commentaries 34), Cambridge 1997.
— *Phainomena / Sternbilder und Wetterzeichen* (hrsg. und übers. von M. Erren, mit 23 Sternkarten von P. Schimmel = TuscBü), München 1971.

Aristoteles
Metaphysica:
— *Metaphysica* (hrsg. von W. Jaeger = SCBO), Oxford 1960 (1957).
— *Metaphysik* (übers. von F. Bassenge), Berlin 1960.

Arius
De Thalia fragmenta ex Athanasio:
— Ein Beitrag zur Rekonstruktion der ‚Thalia' des Arius (mit einer Neuedition wichtiger Bezeugungen bei Athanasius): *Ariana et*

Athanasiana. Studien zur Überlieferung und zu philologischen Problemen der Werke des Athanasius von Alexandrien (hrsg. von K. METZLER / F.-J. SIMON = ARWAW 83), Opladen 1991, 11–45.

ARNOBIUS
Adversus nationes:
— *Adversus nationes* (hrsg. von C. MARCHESI), 2. Aufl. Mailand u.a. 1953.

ATHANASIUS VON ALEXANDRIEN
Apologia ad Constantium:
— *Deux Apologies: À l'empereur Constance. Pour sa fuite* (hrsg. und übers. von J.M. SZYMUSIAK = SCh 56bis), Paris 1987.
— Vertheidigung an den König Constantius: *Sämmtliche Schriften* (Sämmtliche Werke der Kirchen-Väter 14), Kempten 1836, 336–378.
De decretis Nicaenae synodi:
— De decretis Nicaenae synodi: *Athanasius Werke 2/1: Die Apologien. De decretis Nicaenae synodi. De sententia Dionysii. Apologia de fuga sua. Apologia secunda. Historia Arianorum. De synodis. Apologia ad Constantium imperatorem* (hrsg. von H.-G. OPITZ), Berlin 1935, 1–45.
— Schreiben, daß die Nicäische Synode, nachdem sie die Verschlagenheit der Eusebianer eingesehen hatte, ihre Beschlüsse über die arianische Ketzerei auf eine angemessene und religiöse Weise faßte: *Sämmtliche Schriften* (Sämmtliche Werke der Kirchen-Väter 14), Kempten 1836, 188–248.
De incarnatione:
— De Incarnatione: *Contra gentes and De Incarnatione* (hrsg. und übers. von R.W. THOMSON = OECT), Oxford 1971, 134–277.
— *De incarnatione verbi* (hrsg. und übers.von E.P. MEIJERING / J.C.M. VAN WINDEN), Amsterdam 1989.
— *Sur l'incarnation du verbe* (hrsg. und übers. von C. KANNENGIESSER = SCh 199), Paris 1973.
De sententia Dionysii:
— De sententia Dionysii: *Athanasius Werke 2/1: Die Apologien. De decretis Nicaenae synodi. De sententia Dionysii. Apologia de fuga sua. Apologia secunda. Historia Arianorum. De synodis. Apologia ad Constantium imperatorem* (hrsg. von H.-G. OPITZ), Berlin 1935, 46–67.
— Vertheidigung der Lehre des heiligen Dionysius von Alexandrien: *Sämmtliche Schriften* (Sämmtliche Werke der Kirchen-Väter 14), Kempten 1836, 249–288.
Epistula ad episcopos Aegypti et Libyae:
— Epistula ad episcopos Aegypti et Libyae: *Athanasius Werke 1/1,1* (hrsg. von K. METZLER / D.U. HANSEN / K. SAVVIDIS), Berlin / New York 1996, 39–64.

— Umlaufschreiben an die Bischöfe Aegyptens und Libyens, gegen die Arianer: *Sämmtliche Schriften* (Sämmtliche Werke der Kirchen-Väter 14), Kempten 1836, 299–336.

Epistulae ad Serapionem:
— Epistulae ad Serapionem: *Opera omnia quae exstant* (PG 26), 525–676.

Epistula ad Serapionem de morte Arii:
— Brief an den Bruder Serapion: *Sämmtliche Schriften* (Sämmtliche Werke der Kirchen-Väter 15), Kempten 1836, 13–17.
— Epistula ad Serapionem de morte Arii: *Athanasius Werke 2/1: Die Apologien. De decretis Nicaenae synodi. De sententia Dionysii. Apologia de fuga sua. Apologia secunda. Historia Arianorum. De synodis. Apologia ad Constantium imperatorem* (hrsg. von H.-G. OPITZ), Berlin 1935, 178–180.

Epistula ad virgines:
— *Lettres festales et pastorales en copte* (hrsg. von L.-T. LEFORT = CSCO.C 19), Turnhout 1955, 73–99.
— *Lettres festales et pastorales en copte* (übers. von L.-T. LEFORT = CSCO.C 20), Turnhout 1955, 55–80.

Epistula de synodis Arimini et Seleuciae:
— Abhandlung über die Synoden zu Rimini in Italien und zu Seleucia in Isaurien: *Sämmtliche Schriften* (Sämmtliche Werke der Kirchen-Väter 16), Kempten 1836, 216–312.
— De synodis: *Athanasius Werke 2/1: Die Apologien. De decretis Nicaenae synodi. De sententia Dionysii. Apologia de fuga sua. Apologia secunda. Historia Arianorum. De synodis. Apologia ad Constantium imperatorem* (hrsg. von H.-G. OPITZ), Berlin 1935, 231–278.

Orationes tres adversus Arianos:
— *Die pseudoathanasianische „IVte Rede gegen die Arianer" als* κατὰ Ἀρειανῶν λόγος. *Ein Apollinarisgut* (hrsg. von A. STEGMANN), Rottenburg 1917, 43–87.
— *Orationes I et II contra Arianos* (hrsg. von K. METZLER / K. SAVVIDIS = Athanasius Werke 1/1,2), Berlin / New York 1998.
— Orationes adversus Arianos: *Opera omnia quae exstant* (PG 26), 12–526.
— Vier Reden gegen die Arianer: *Ausgewählte Schriften 1* (übers. von A. STEGMANN = BKV² 13), Kempten/München 1913, 17–387.

Symbolum ‚Quicumque' seu Athanasianum dictum:
— The Athanasian Creed: *The Athanasian Creed* (hrsg. und übers. von J.N.D. KELLY), London 1964, 17–20.

Tomus ad Antiochenos:
— Tomus ad Antiochenos: *Opera omnia quae exstant* (PG 26), 793–810.

Ps.-ATHANASIUS
De incarnatione et contra Arianos:
— Abhandlung von der Menschwerdung des Wortes, und gegen die Arianer: *Sämmtliche Schriften* (Sämmtliche Werke der Kirchen-Väter 17), Kempten 1837, 92–124.
— Liber de incarnatione Verbi Dei et contra Arianos: *Athanasii opera omnia quae exstant* (PG 26), 983–1028.

AUGUSTINUS
Confessionum:
— *Confessiones / Bekenntnisse* (hrsg. und übers. von J. BERNHART), München 1955.
— *Confessions*, 3 Bde. (hrsg. und übers. von J. O'DONNELL), Oxford 1992.
— *Confessionum libri XIII* (hrsg. von M. SKUTELLA / H. JÜRGENS / W. SCHAUB = BiTeu), Stuttgart 1981 (1934).
Contra Maximinum Arianorum episcopum:
— Contra eumdem Maximinum Arianorum libri II: *Opera omnia 8* (PL 42), 743–814.
De baptismo contra Donatistas tractatus:
— De baptismo libri VII: *Opera 7/1* (hrsg. von M. PETSCHENIG = CSEL 51), Wien/Leipzig 1908, 143–375.
De gratia Christi:
— De gratia Christi et de peccato originali: *Opera 8/2* (hrsg. von C. F. URBA / J. ZYCHA = CSEL 42), Prag/Wien/Leipzig 1902, 123–206.
— Die Gnade Christi und die Erbsünde: *Die Vollendung der menschlichen Gerechtigkeit: Sankt Augustinus. Der Lehrer der Gnade, Schriften gegen die Pelagianer 2* (hrsg. und übers. von A. FINGERLE), Würzburg 1964, 321–467.
Enchiridion *vel* ad Laurentium de fide, spe et caritate:
— Enchiridion ad Laurentium de fide et spe et caritate: *Opera 13/2* (hrsg. von E. EVANS = CCL 46), 1–114.
— Enchiridion, d.h. Handbüchlein für den Laurentius oder Buch vom Glauben, von der Hoffnung und von der Liebe: *Ausgewählte praktische Schriften homiletischen und katechetischen Inhalts 7* (übers. und eingeleitet von S. MITTERER = BKV[2] 49), München/Kempten 1925, 391–502.
Epistulae:
— *Ausgewählte Briefe*, 2 Bde. (übers. von A. HOFFMANN = BKV[2] 29.30, Des heiligen Kirchenvaters Aurelius Augustinus ausgewählte Schriften aus dem Lateinischen übersetzt 9.10), Kempten/München 1917.
— *Epistolae ex duobus codicibus nuper in lucem prolatae* (hrsg. von J. DIVJAK = CSEL 88, S. Aureli Augustini Opera 2/6), Wien 1981.
— *Epistulae*, 3 Bde. (hrsg. von A. GOLDBACHER = CSEL 34/1–2.44, S. Aureli Augustini Opera 2), Prag/Wien/Leipzig 1895.1898.1904.

In psalmos enarrationes:
— *Enarrationes in Psalmos,* 3 Bde. (hrsg. von E. DEKKERS / J. FRAIPONT = CCL 38.39.40, Aurelii Augustini opera 10/1–3), Turnhout 1956.
Sermones post Maurinos reperti:
— Sermones Moriniani. 1. Ex collectione Guelferbytana: *Sermones post Maurinos reperti* (hrsg. von G. MORIN = Miscellanea Agostiniana 1), Rom 1930, 439–585.

PS.-?AUGUSTINUS
Contra sermonem Arianorum:
— Contra Sermonem Arrianorum liber unus: *S. Aurelii Augustini opera omnia 8* (PL 42), 683–708.

PS.-AURELIUS VICTOR
Epitome de caesaribus:
— Epitome de Caesaribus: *Liber de Caesaribus praecedunt origo gentis Romanae et liber de viris illustribus urbis Romae subsequitur epitome de Caesaribus* (hrsg. von F. PICHLMAYR / R. GRUENDEL = BiTeu), Leipzig 3. Aufl. 1970, 131–176.

BASILIUS VON CAESAREA
Adversus Eunomium libri tres:
— Bücher gegen Eunomius: *Sämmtliche Schriften* (Sämmtliche Werke der Kirchen-Väter 20), Kempten 1838, 35–244.
— Contre Eunome 1: *Contre Eunome suivi de Eunome Apologie 1* (hrsg. und übers. von B. SESBOÜÉ, unter Mitarbeit von G.-M. DE DURAND / L. DOUTRELEAU = SCh 299), Paris 1982.
— Contre Eunome 2–3: *Contre Eunome suivi de Eunome Apologie 2* (hrsg. und übers. von B. SESBOÜÉ, unter Mitarbeit von G.-M. DE DURAND / L. DOUTRELEAU = SCh 305), Paris 1983, 7–175.
Epistulae:
— *Briefe,* 3 Bde. (übers. von W.-D. HAUSCHILD = BGL 32.3.37), Stuttgart 1990.1973.1993.
— *Le lettere* (hrsg. von M. FORLIN PATRUCCO = CPS.G 11), Turin 1983.
— *Lettres,* 3 Bde. (hrsg. und übers. von Y. COURTONNE = CUFr), Paris 1957.1961.1966.
Epistulae canonicae:
— Epistulae 188.199.217: *Discipline générale antique (IIe–IXe s.) 2* (hrsg. von P. P. JOANNOU = Fonti 9), Grottaferrata 1962, 92–159.
Homiliae in hexaëmeron:
— Die neun Homilien über das Hexaemeron (Sechstagewerk): *Ausgewählte Homilien und Predigten 2* (übers. von A. STEGMANN = BKV² 47), München 1925, 8–153.
— *Homilien zum Hexaemeron* (hrsg. von E. A. DE MENDIETA / S. RUDBERG = GCS N. F. 2), Berlin 1997.

Homiliae in Psalmos:
— Homiliae in psalmos: *Opera omnia 1* (PG 29), 209–494.
— Homilie über den acht und vierzigsten Psalm (Fortsetzung): *Sämmtliche Schriften* (Sämmtliche Werke der Kirchen-Väter 20), Kempten 1838, 3–34.
— Homolien über die Psalmen: *Sämmtliche Schriften* (Sämmtliche Werke der Kirchen-Väter 19), Kempten 1838, 214–398.

Ps.-Basilius
Adversus Eunomium libri duo:
— *Adversus Eunomium IV–V* (hrsg. und übers. von F.X. Risch = SVigChr 16), Leiden / New York / Köln 1992.
— Contra Eunomium libri quinque: *Basilii opera omnia quae exstant* (PG 29), 495–774.

Boethius
In Porphyrii isagogen commentarii:
— *In Isagogen Porphyrii commenta* (hrsg. von G. Schepps / S. Brandt = CSEL 48), Wien/Leipzig 1906.

Caesarius von Arles
Sermones:
— *Sermones* (hrsg. von D.G. Morin = CCL 103, Caesarii Arelatensi opera 1), Turnhout 1953.

Calcidius
Timaeus Platonis:
— *Timaeus a Calcidio translatus commentarioque instructus* (hrsg. von P.J. Jensen / J.H. Waszink = Plato Latinus 4), London/Leiden 1962.

Canones
— *Discipline générale antique (IIe–IXe s.)*, 2 Bde. (hrsg. von P.P. Joannou = Fonti 9), Grottaferrata 1962.

Canones Apostolorum
— Canones sanctorum apostolorum: *Syntagma XIV Titulorum sine scholiis secundum versionem palaeo-slavicum, adiecto textu graeco e vetustissimis codicibus manuscriptis exarato 1* (hrsg. von V.N. Beneševic, Vorwort von J. Dummer = Subsidia Byzantina 2b), Leipzig 1974 (Petersburg 1906), 62–82.

Cassiodor
Institutiones:
— *Institutiones* (hrsg. von R.A.B. Mynors), Oxford 1937.

- *Institutiones divinarum et saecularium litterarum / Einführung in die geistlichen und weltlichen Wissenschaften*, 2 Bde. (hrsg. und übers. von W. BÜRSGENS = FC 39/1–2), Freiburg u. a. 2003.

CICERO

Epistolae ad Atticum:

- *Atticus-Briefe* (hrsg. und übers. von H. Kasten = TuscBü), München 1959.
- *Letters to Atticus*, 7 Bde. (hrsg. von D. R. SHACKLETON BAILEY), Cambridge 1965.1968.1966.1967.1970.

De natura deorum:

- *De natura Deorum* (hrsg. von O. PLASBERG, neu hrsg. von W. AX, M. Tulli Ciceronis scripta quae manserunt omnia 45), Stuttgart 1980 (Leipzig 2. Aufl. 1933).
- *Vom Wesen der Götter* (hrsg. und übers. von W. GERLACH / K. BAYER = TuscBü), München 1978.

De oratore:

- Libros de oratore tres continens: *Rhetorica 1* (hrsg. von A. S. WILKINS = SCBO), Oxford 1963 (1902).

Pro A. Caecina oratio:

- Pro A. Caecina oratio: *Orationes 4* (hrsg. von A. C. CLARK = SCBO), Oxford 1963 (1909), o. S.

CLEMENS VON ALEXANDRIEN

Stromateis:

- *Stromata 1–6* (hrsg. von O. STÄHLIN / L. FRÜCHTEL, mit Nachträgen von U. TREU = GCS 52, Clemens Alexandrinus 2), Berlin 4. Aufl. 1985.
- Stromata 7–8: *Stromata Buch 7 und 8. Excerpta ex Theodoto. Eclogae propheticae. Quis dives salvetur. Fragmente* (hrsg. von O. STÄHLIN / L. FRÜCHTEL / U. TREU = GCS 17, Clemens Alexandrinus 3), Berlin 2. Aufl. 1970, 3–102.
- *Teppiche wissenschaftlicher Darlegungen entsprechend der wahren Philosophie (Stromateis)*, 3 Bde. (übers. von O. STÄHLIN = BKV² 17.19.20, Clemens von Alexandreia ausgewählte Schriften 3–5), München 1936.1937.1938.

CODEX THEODOSIANUS

- *Theodosiani Libri XVI cum Constitutionibus Sirmondianis et Leges Novellae ad Theodosianum pertinentes*, 2 Bde. (hrsg. von P. M. MEYER / T. MOMMSEN), Dublin/Zürich 4. Aufl. 1970.1971 (Berlin 1904.1905).

CODEX VATICANUS
— *Codex Vaticanus gr. 1431: eine antichalkedonische Sammlung aus der Zeit Kaiser Zenons* (hrsg. von E. SCHWARZ = ABAW.PPH 32/6), München 1927.

COLLECTIO ARRIANA VERONENSIS
— Contra paganos: *Scripta Arriana Latina 1* (hrsg. von R. GRYSON = CCL 87), Turnhout 1982, 119–141.

COLLECTIO AVELLANA
— *Epistulae imperatorum, pontificum, aliorum inde ab a.CCCLXVII usque ad a.DLIII datae: Avellana quae dicitur collectio,* 2 Bde. (hrsg. von O. GÜNTHER = CSEL 35/1–2), Prag/Wien/Leipzig 1895.1898.

CONCILIA ET SYNODI
— *Concilia Galliae a. 314 – a. 506* (hrsg. von C. MUNIER = CCL 148), Turnhout 1963.
— *Sacrorum conciliorum nova et amplissima collectio 11* (hrsg. von J.D. MANSI), Graz 1960 (Paris 1901).

Concilium Chalcedonense anno 451:
— *Concilium universale Chalcedonense 1/1: Epistularum collectiones. Actio prima* (hrsg. von E. SCHWARTZ = ACO 2/1,1), Berlin/Leipzig 1933.
— *Concilium universale Chalcedonense 1/2: Actio secunda. Epistularum Collectio B. Actiones III–VII* (hrsg. von E. SCHWARTZ = ACO 2/1,2), Berlin/Leipzig 1933.
— *Concilium universale Chalcedonense 2/1: Versiones Particulares 1: Collectio Novariensis de re Eutychis* (hrsg. von E. SCHWARTZ = ACO 2/2,1), Berlin/Leipzig 1932.

Concilium Constantinopolitanum anno 360:
— *Concilium Universale Constantinopolitanum sub Iustiniano habitum* (hrsg. von E. SCHWARTZ = ACO 4/2), Straßburg 1914.

Concilium Constantinopolitanum annis 680/681:
— Concilium Constantinopolitanum 3: *Sacrorum conciliorum nova et amplissima collectio 11* (hrsg. von J.D. MANSI), Graz 1960 (Paris 1901), 189–922.

Concilium Ephesinum anno 431:
— *Concilium universale Ephesenum 1/1: Acta Graeca 1: Collectio Vaticana 1–32* (hrsg. von E. SCHWARTZ = ACO 1/1,1), Berlin/Leipzig 1927.
— *Concilium universale Ephesenum 1/1: Acta Graeca 2: Collectio Vaticana 33–80* (hrsg. von E. SCHWARTZ = ACO 1/1,2), Berlin/Leipzig 1927.

— *Concilium universale Ephesenum 1/5: Collectio Palatina sive qui fertur Marius Mercator* (hrsg. von E. SCHWARTZ = ACO 1/5,1), Berlin/Leipzig 1924.1925.

Concilium Lateranense anno 649:

— *Concilium Lateranense a. 649 celebratum* (hrsg. von R. RIEDINGER = ACO² 1), Berlin 1984.

Concilum Nicaenum anno 325:

— *Patrum Nicaenorum nomina latine Graece Coptice Syriace Arabice Armeniace* (hrsg. von H. GELZER / H. HILGENFELD / O. CUNTZ, mit einem Nachwort von C. MARKSCHIES = BiTeu), Stuttgart/Leipzig 1995 (1898).

CYPRIAN VON KARTHAGO

Ad Quirinum *vel* testimonia:

— Ad Quirinum: *Opera 1* (hrsg. von R. WEBER = CCL 3), Turnhout 1962, 1–179.

CYRILL VON JERUSALEM

Catecheses illuminandorum:

— Einleitende Katechese und Katechesen an die Täuflinge 1–18: *Katechesen* (übers. und eingel. von P. HAEUSER = BKV² 41), Kempten/München 1922, 16–360.

— Procatechesis et Catecheses illuminandorum: *Opera quae supersunt omnia 1* (hrsg. von W.C. REISCHL / J. RUPP), Hildesheim 1967 (München 1848), 1–321.

— Procatechesis et Catecheses illuminandorum: *Opera quae supersunt omnia 2* (hrsg. von W.C. REISCHL / J. RUPP), Hildesheim 1967 (München 1860), 1–343.

DAMIAN VON PAVIA

Epistula ad Constantinum imperatorem:

— Epistula ad Constantinum imperatorem: *Scriptorum ecclesiasticorum qui in VII. saeculi secunda parte floruerunt opera omnia* (PL 87), 1261–1268.

DECRETUM GELASIANUM

— Das Decretum Gelasianum: *Das Decretum Gelasianum De libris recipiendis et non recipiendis in kritischem Text* (hrsg. von E. VON DOBSCHÜTZ = TU 38/4), Leipzig 1912, 3–13.21–60.

DIDYMUS DER BLINDE

De Spiritu Sancto:

— *De spiritu sancto / Über den Heiligen Geist* (hrsg. und übers. von H.J. Sieben = FC 78), Turnhout 2004.

— *Traité du Saint-Esprit* (hrsg. und übers. von L. DOUTRELEAU = SCh 386), Paris 1992.

Fragmenta in Johannem:

— siehe: KATENENHANDSCHRIFTEN

Comenatrii in Psalmos:

— *Psalmenkommentar (Tura-Papyrus) 4: Kommentar zu Psalm 35 – 39* (hrsg. und übers. von M. GRONEWALD = PTA 6), Bonn 1969.

PS.-DIDYMUS

De trinitate:

— *De trinitate, Buch 1* (hrsg. und übers. von J. HÖNSCHEID = BKP 44), Meisenheim a. Glan 1975.

— *De trinitate, Buch 2, Kapitel 1–7* (hrsg. und übers. von I. SEILER = BKP 52), Meisenheim a. Glan 1975.

— De trinitate libri tres: *Didymi Alexandrini opera omnia* (PG 39), 269–992.

DOCTRINA PATRUM

— *Doctrina Patrum de incarnatione verbi. Ein griechisches Florilegium aus der Wende des 7. u. 8. Jahrhunderts* (hrsg. von F. DIEKAMP, bearb. von B. PHANOURGAKIS), Münster 2. Aufl. 1981.

ECCLESIAE OCCIDENTALIS MONUMENTA IURIS ANTIQUISSIMA

— *Ecclesiae occidentalis monumenta iuris antiquissima*, 2 Bde. (hrsg. von C.H. TURNER), Oxford 1899.1907.

ENCHIRIDION SYMBOLORUM

— *Enchiridion symbolorum definitionum et declarationum de rebus fidei et morum / Kompendium der Glaubensbekenntnisse und kirchlichen Lehrentscheidungen* (hrsg. von H. DENZINGER, übers. und neu hrsg. von P. HÜNERMANN / H. HOPING), Freiburg u.a. 39. Aufl. 2001.

EPIPHANIUS VON SALAMIS

Ancoratus:

— Ancoratus: *Ancoratus und Panarion 1* (hrsg. von K. HOLL, bearb. von J. DUMMER = GCS 25), Berlin 2. Aufl. 1980, 1–149.

Panarion *seu* adversus LXXX haereses:

— *Ancoratus und Panarion*, 3 Bde. (hrsg. von K. HOLL, bearb. von J. DUMMER = GCS 25.31.37), Berlin 2. Aufl. 1980.1985.

— *The Panarion of Epiphanius of Salamis, Book 1 (Sects 1–46)* (übers. von F. WILLIAMS = NHS 35), Leiden u.a. 1987.

ETYMOLOGICUM GUDIANUM

— *Etymologicum Graecae linguae Gudianum* (hrsg. von F.W. STURZ), Leipzig 1818.

EUNOMIUS VON CYZICUS

Apologeticus:

— Liber Apologeticus / The Apology: *The extant works* (hrsg. und übers. von R.P. VAGGIONE = OECT), Oxford 1987, 34–75.

Expositio fidei:

— Expoistio fidei / The confession of faith: *The extant works* (hrsg. und übers. von R.P. VAGGIONE = OECT), Oxford 1987, 150–159.

EUSEBIUS VON CAESAREA

Chronicon omnimodae historiae:

— *Die Chronik des Hieronymus / Hieronymi Chronicon* (hrsg. von R. HELM, mit einer Vorbemerkung von U. TREU = GCS, Eusebius Werke 7), Berlin 3. Aufl. 1984.

Commentarius in Isaiam:

— *Der Jesajakommentar* (hrsg. von J. ZIEGLER = GCS, Eusebius Werke 9), Berlin 1975.

De ecclesiastica theologia:

— Über die kirchliche Theologie: *Eusebius Werke 4* (hrsg. von E. KLOSTERMANN, 2. Aufl. von G.C. HANSEN = GCS 14), Berlin 1972, 59–182.

Quaestiones evangelicae ad Marinum:

— Quaestiones ad Marinum: *Opera omnia quae exstant* (PG 22), 937–958.

Quaestiones evangelicae ad Stephanum:

— Quaestiones ad Stephanum: *Opera omnia quae exstant* (PG 22), 879–936.

EUSEBIUS VON EMESA

Sermones:

— *Discours conservés en latin. Textes en partie inédits*, 2 Bde. (hrsg. von E.M. BUYTAERT = SSL 26.27), Löwen 1953.1957.

PS.-EUSEBIUS VON VERCELLI

De trinitate:

— De Trinitate libelli VII: *Eusebii Vercellensis episcopi quae supersunt* (hrsg. von V. BULHART = CCL 9), Turnhout 1957, 3–99.

EUSTATHIUS VON ANTIOCHIEN
Fragmenta:
— Les Fragments: *Recherches sur les écrits d'Eustathe d'Antioche avec une édition nouvelle des fragments dogmatiques et exégétiques* (hrsg. von M. SPANNEUT = MFCL 55), Lille 1948, 93–131.

FAUSTINUS PRESBYTER
Libellus precum:
— De confessione verae fidei et ostentatione sacrae communionis (Libellus precum): *Opera* (hrsg. von O. GUENTHER = CCL 69), Turnhout 1967, 361–392.

FILASTRIUS
Diversarum haereseon liber:
— Diversarum haereson liber: *Eusebius Vercellensis episcopi quae supersunt* (hrsg. von F. HEYLEN = CCL 9), Turnhout 1957, 207–324.

FULGENTIUS VON RUSPE
Epistulae:
— Epistula XIV seu liber ad Ferrandum diaconum de quinque quaestionibus: *Opera* (hrsg. von J. FRAIPONT = CCL 91), Turnhout 1968, 385–444.

GREGOR VON ELVIRA (PS.-ORIGENES)
Tractatus Origenis de libris sanctarum scripturarum:
— Tractatus Origenis: *Quae supersunt* (hrsg. von V. BULHART = CCL 69), Turnhout 1967, 1–283.393–408.

GREGOR VON NAZIANZ
Orationes:
— *Discours 1–3* (hrsg. und übers. von J. BERNARDI = SCh 247), Paris 1978.
— *Discours 20–23* (hrsg. und übers. von J. MOSSAY / G. LAFONTAINE = SCh 270), Paris 1980.
— *Discours 24–26* (hrsg. und übers. von J. MOSSAY / G. LAFONTAINE = SCh 284), Paris 1981.
— *Discours 27–31 (Discours Théologiques)* (hrsg. und übers. von P. GALLAY / M. JOURJON = SCh 250), Paris 1978.
— *Discours 32–37* (hrsg. von C. MORESCHINI, übers. von P. GALLAY = SCh 318), Paris 1985.
— *Discours 38–41* (hrsg. von C. MORESCHINI, übers. von P. GALLAY = SCh 358), Paris 1990.
— *Orationes theologicae / Theologische Reden* (hrsg. und übers. von H. J. SIEBEN = FC 22), Freiburg u. a. 1996.

— *Reden* (übers. und eingel. von P. HAEUSER = BKV² 59, Des heiligen Bischofs Gregor von Nazianz Reden aus dem Griechischen übersetzt 1), München 1928.

GREGOR VON NYSSA
Contra Eunomium:
— *Contra Eunomium libri 1–2* (hrsg. von W. JAEGER = GNO 1), Leiden 2. Aufl. 1960.
— Contra Eunomium liber 3: *Gregorii Nysseni opera 2* (hrsg. von W. JAEGER), Leiden 2. Aufl. 1960, 3–311.
Quod non sint tres dii:
— Ad ablabium quod non sint tres dei: *Gregorii Nysseni opera 3/1* (hrsg. von F. MUELLER), Leiden 1958, 35–57.
Refutatio confessionis Eunomii:
— Refutatio confessionis Eunomii: *Gregorii Nysseni opera 2* (hrsg. von W. JAEGER), Leiden 2. Aufl. 1960, 312–410.

HEGESIPP
Historia:
— *Historiae libri V,* 2 Bde. (hrsg. von V. USSANI / C. MRAS = CSEL 66/1–2), Wien/Leipzig 1932.1960.

HIERONYMUS
Altercatio Luciferiani et orthodoxi:
— Altercatio Luciferiani et Orthodoxi *seu* dialogos contra Luciferianos: *Opera omnia 2* (PL 23), 155–182.
Chronicon omnimodae historiae:
— siehe: EUSEBIUS VON CAESAREA
Commentarii in Ezechielem prophetam:
— *Commentariorum in Hiezechielem Libri XIV* (hrsg. von F. GLORIE = CCL 75, S. Hieronymi presbyteri opera 1/4), Turnhout 1964.
Commentarii in Matthaeum:
— *Commentariorum in Matheum Libri IV* (hrsg. von D. HURST / M. ADRIAEN = CCL 77, S. Hieronymi presbyteri opera 1/7), Turnhout 1969.
Commentarii in Michaeam:
— Commentariorum in Michaeum: *Opera 1/6* (hrsg. von M. ADRIAEN = CCL 76), Turnhout 1969, 421–524.
Dialogus adversus Pelagianos:
— *Dialogus adversus Pelagianos* (hrsg. von C. MORESCHINI = CCL 80, Sophronius Eusebius Hieronymus Opera 3/2), Turnhout 1990.
Epistulae:
— *Ausgewählte Briefe*, 2 Bde. (übers. von L. SCHADE = BKV² 16.18, Eusebius Hieronymus ausgewählte Schriften 2–3), München 1936.1937.

- *Epistulae,* 3 Bde. (hrsg. von I. HILBERG = CSEL 54.55.56/1, S. Eusebii Hieronymi opera 1/1–3), Wien neue Aufl. 1996.
- *Epistulae 4: Epistularum indices et addenda* (hrsg. von M. KAMPTNER = CSEL 56/2, S. Eusebii Hieronymi opera 1/4), Wien 1996.

Hebraica nomina:
- Liber interpretationis Hebraicorum nominum: *Opera* 1/1 (hrsg. von P. DE LAGARDE = CCL 72), Turnhout 1959, 59–161.

Homiliae in Ieremiam:
- *In Hieremiam Prophetam Libri Sex* (hrsg. von S. REITER = CSEL 59, S. Eusebii Hieronymi opera 2/1), Wien/Leipzig 1913.

Praefatio in omelias Origenis super Lucam:
- Praefatio in omelias Origenis super Lucam: *Origenes, In Lucam homiliae / Homilien zum Lukasevangelium 1* (hrsg. und übers. von H. J. SIEBEN = FC 4/1), Freiburg u. a. 1991, 56–59.

Prologus in libro Didymi De spiritu sancto:
- Prologus in libro Didymi De spiritu sancto: *Didymus der Blinde, De spiritu sanctu / Über den heiligen Geist* (hrsg. von H. J. SIEBEN = FC 78), Paris 1992, 74–79.

HILARIUS VON POITIERS

Collectanea antiariana Parisina:
- Collectanea antiariana Parisina: *Opera 4* (hrsg. von A. FEDER = CSEL 65), Wien 1916, 41–187.

De synodis:
- Liber de synodis *seu* de fide Orientalium: *Opera omnia 2* (PL 10), 479–546.
- Über die Synoden, oder über den Glauben der Orientalen: *Sämmtliche Schriften* (Sämmtliche Werke der Kirchen-Väter 9), 266–398.
- Über die Synoden, oder über den Glauben der Orientalen (Fortsetzung): *Sämmtliche Schriften* (Sämmtliche Werke der Kirchen-Väter 10), Kempten 1833, 3–46.

De trinitate:
- *De Trinitate* (hrsg. von P. SMULDERS = CCL 62.62A, S. Hilarii Pictaviensis episcopi opera 2/1), Turnhout 1979.1980.
- *Zwölf Bücher über die Dreieinigkeit,* 2 Bde. (übers. und eingel. von A. ANTWEILER = BKV[2] 5.6, Des heiligen Bischofs Hilarius von Poitiers zwölf Bücher über die Dreieinigkeit aus dem Lateinischen übersetzt 1–2), München 1933.1934.

In Evangelium Matthaei:
- *Sur Matthieu,* 2 Bde. (hrsg. und übers. von J. DOIGNON = SCh 254.258), Paris 1978.1979.
- Kommentar zum Evangelium des Matthäus: *Sämmtliche Schriften* (Sämmtliche Werke der Kirchen-Väter 10), Kempten 1833, 47–317.

Tractatum in psalmos:
— *Tractatus super psalmos* (hrsg. von A. ZINGERLE = CSEL 22), Prag/Wien/Leipzig 1891.
— Abhandlungen über die Psalmen: *Sämmtliche Schriften* (Sämmtliche Werke der Kirchen-Väter 10), Kempten 1833, 318–366.
— Abhandlungen über die Psalmen (Fortsetzung): *Sämmtliche Schriften* (Sämmtliche Werke der Kirchen-Väter 11), Kempten 1834, 3–430.

HOMER
Odyssea:
— *Odyssea* (hrsg. von H. VAN THIEL), Hildesheim 1991.

INSCRIPTIONES LATINAE CHRISTIANAE VETERES
Inscriptiones christianae editur Diehl:
— *Inscriptiones Latinae Christianae veteres*, 3 Bde. (hrsg. von E. DIEHL), Dublin/Zürich 3. Auflage 1970.
— *Inscriptiones Latinae Christianae veteres 4: Supplementum* (hrsg. von J. MOREAU / H. I. MARROU), Berlin 2. Aufl. 1985.

ISIDOR VON SEVILLA
Origines:
— *Etymologiarum sive originum libri XX*, 2 Bde. (hrsg. von W. M. LINDSAY = SCBO), Oxford 1987 (1911).

JAMBLICH
De Mysteriis:
— *De mysteriis liber* (hrsg. von G. PARTHEY), Amsterdam 1965 (Berlin 1857).

JOHANNES CASSIAN
Conlationes:
— *Conlationes XXIIII* (hrsg. von M. PETSCHENIG = CSEL 13, Iohannis Cassiani opera 13/2), Wien 1886.

JOHANNES VON CAESAREA
Fragmenta:
— Apologia Concilii Chalcedonensis: *Opera quae supersunt* (hrsg. von M. RICHARD, Anhang von M. AUBINEAU = CCG 1), Turnhout/Löwen 1977, 1–58.
— Adversus Aphthartodocetas: *Opera quae supersunt* (hrsg. von M. RICHARD, Anhang von M. AUBINEAU = CCG 1), Turnhout/Löwen 1977, 67–78.

JUSTIN DER MÄRTYRER
Dialogus cum Tryphone Iudaeo:
— *Dialogus cum Tryphone* (hrsg. von M. MARCOVICH = PTS 47), Berlin / New York 1997.
— Dialog mit dem Juden Tryphon: *Dialog mit dem Juden Tryphon. Pseudo-Justinus' Mahnrede an die Heiden* (übers. und eingel. von P. HAEUSER = BKV² 33), Kempten/München 1917, 1–231.

JUSTINIAN
Contra monophysitas:
— Letter to the Monks of Alexandria against the Monophysites: *On the Person of Christ. The Christology of Emperor Justinian* (übers. und eingel. von K. P. WESCHE), Crestwood, New York 1991, 23–107.
— Schreiben an alexandrinische Mönche (Contra monophysitas): *Drei dogmatische Schriften* (hrsg. von E. SCHWARTZ, 2. Aufl. von M. AMELOTTI / R. ALBERTELLA / L. MIGLIARDI = Legum Iustiniani Imperatoris Vocabularium. Subsidia 2), Mailand 1973, 6–79.

JUVENCUS
Evangeliorum libri quattuor:
— *Evangeliorum libri quattuor* (hrsg. von J. HUEMER = CSEL 24), Wien 1891.

KATENENHANDSCHRIFTEN
— *Johannes-Kommentare aus der griechischen Kirche* (hrsg. von J. REUSS = TU 89), Berlin 1966.

KIRCHLICHE LEHRENTSCHEIDUNGEN
— *Bibliothek der Symbole und Glaubensregeln der Alten Kirche* (hrsg. von A. HAHN, mit einem Anhang von A. HARNACK), Hildesheim 3. Aufl. 1962.

LAKTANZ
Divinarum institutionum epitome:
— Divinae institutiones et epitome divinarum institutionum: *Opera omnia* (hrsg. von S. BRANDT = CSEL 19), New York / London 1965 (Prag/Wien/Leipzig 1890), 274–761.

LEONTIUS VON BYZANZ
Contra Nestorianos et Eutychianos:
— Contra Nestorianos et Eutychianos: *Opera quae reperiri potuerunt omnia* (PG 86/1), 1267–1398.

LEONTIUS VON JERUSALEM
Contra monophysitas:
— Contra monophysitas: *Leontii Byzantini opera omnia* (PG 86/2), 1769–1901.

LUCILIUS
Saturarum fragmenta:
— *Satiren*, 2 Bde. (hrsg. von W. KRENKEL = Schriften und Quellen der Alten Welt 23/1–2), Leiden 1970.

MARCELL VON ANCYRA
Fragmenta:
— *Die Fragmente. Der Brief an Julius von Rom* (hrsg. und übers. von M. VINZENT = SVigChr 39), Leiden u.a. 1997.

MAXIMINUS
Contra Ambrosium dissertatio:
— Commentaires de Maximinus: *Scolies ariennes sur le concile d'Aquilée* (hrsg. und übers. von R. GRYSON = SCh 267), Paris 1980, 204–263. 324–327.
— Scholia Arriana in concilium Aquileiense: *Scripta Arriana Latina 1* (hrsg. von R. GRYSON = CCL 87), Turnhout 1982, 149–160.166–171. 195f.

MINUCIUS FELIX
Octavius:
— *Octavius* (hrsg. von B. KYTZLER = BiTeu), Leipzig 1982.

MISSALE AMBROSIANUM
— *Missale Ambrosianum duplex* (hrsg. von A. M. CERIANI / A. RATTI / M. MAGISTRETTI = Monumenta sacra et profana ex codicibus praesertim bibliotheca Ambrosianae 4), Mailand 1913.

NESTORIANISCHES FLORILEGIUM
— *A Nestorian Collection of Christological Texts. Cambridge University Library Ms. Oriental 1319*, 2 Bde. (hrsg. und übers. von L. ABRAMOWSKI / A. E. GOODMAN = UCOP 18.19), Cambridge 1972.

ORIGENES
Commentarii in Johannem:
— *Das Evangelium nach Johannes* (übers. und eingel. von R. GÖGLER = MKZU 4), Einsiedeln/Köln/Zürich 1959.
— *Der Johanneskommentar* (hrsg. von E. PREUSCHEN = GCS 10, Origenes Werke 4), Leipzig 1903.

Commentarii in Romanos:
— *Comentarii in Epistulam ad Romanos / Römerbriefkommentar,* 5 Bde. (hrsg. und übers. von T. HEITHER = FC 2/1–5), Freiburg u.a. 1990.1992.1993.1994.1996.

Commentariorum in Matthaeum libri:
— *Der Kommentar zum Evangelium nach Matthäus,* 2 Bde. (hrsg. und übers. von H.J. VOGT = BGL 18.30), Stuttgart 1983.1990.
— *Matthäuserklärung 1: Die griechisch erhaltenen Tomoi* (hrsg. von E. BENZ / E. KLOSTERMANN = GCS 40, Origenes Werke 10), Leipzig 1935.
— *Matthäuserklärung 3: Fragmente und Indices* (hrsg. von E. BENZ / E. KLOSTERMANN, 2. Aufl. von U. TREU = GCS 41/3, Origenes Werke 12/2), Berlin 2. Aufl. 1968 (Leipzig 1941).

Commentariorum series in Matthaeum:
— *Matthäuserklärung 2: Die lateinische Übersetzung der Commentariorum series* (hrsg. von E. KLOSTERMANN, unter Mitwirkung von E. BENZ, 2. Aufl. von U. TREU = GCS 38, Origenes Werke 11), Berlin 1976.

De principiis:
— *De principiis* [ΠΕΡΙ ΑΡΧΩΝ] (hrsg. von P. KOETSCHAU = GCS 22, Origenes Werke 5), Leipzig 1913.
— *Vier Bücher von den Prinzipien* (hrsg. und übers. von H. GÖRGEMANNS / H. KARPP = TzF 24), Darmstadt 2. Aufl. 1985.

Homiliae in Exodum:
— Die 13 Exodushomilien: *Homilien zum Hexateuch in Rufins Übersetzung 1* (hrsg. von W. A. BAEHRENS = GCS 29, Origenes Werke 6), Leipzig 1920, 145–279.

Homiliae in Jeremiam:
— *Die griechisch erhaltenen Jeremiahomilien* (übers. und eingel. von E. SCHADEL = BGL 10), Stuttgart 1980.
— Jeremiahomilien: *Werke 3* (hrsg. von E. KLOSTERMANN, 2. Aufl. von P. NAUTIN = GCS 3), Berlin 1983, 1–232.

Homiliae in Josuam:
— Die 26 Josuahomilien: *Homilien zum Hexateuch in Rufins Übersetzung 2* (hrsg. von W. A. BAEHRENS = GCS 30, Origenes Werke 7), Leipzig 1921, 286–465.

Homiliae in Lucam:
— *Die Homilien zu Lukas in der Übersetzung des Hieronymus und die griechischen Reste der Homilien und des Lukas Kommentars* (hrsg. von M. RAUER = GCS 49, Origenes Werke 9), Berlin 2. Aufl. 1959.
— *In Lucam Homiliae / Homilien zum Lukasevangelium,* 2 Bde. (hrsg. und übers. von H.J. SIEBEN = FC 4/1–2), Freiburg u.a. 1991.1992.

PS.-ORIGENES
— siehe: GREGOR VON ELVIRA

PACUVIUS
Tragoediarum fragmenta:
— *Remains of old latin 2* (hrsg. von E.H. Warmington), Cambridge, Mass. 1961, 157–323.

PALLADIUS VON RATHIARIA
Contra Ambrosium fragmenta:
— Fragments de Palladius: *Scolies ariennes sur le concile d'Aquilée* (hrsg. und übers. von R. GRYSON = SCh 267), Paris 1980, 264–324.
— Gesta Aquileia: *Aus der Schule des Wulfila* (hrsg. von F. KAUFFMANN = Texte und Untersuchungen zur altgermanischen Religionsgeschichte 1/1), Straßburg 1899, 31–57.
— Scholia Arriana in concilium Aquileiense: *Scripta Arriana Latina 1* (hrsg. von R. GRYSON = CCL 87), Turnhout 1982, 172–195.

PAULINUS VON MAILAND
Vita Ambrosii:
— Das Leben des heiligen Ambrosius: *Das Leben des heiligen Ambrosius. Die Vita des Paulinus und ausgewählte Texte aus den Werken des Heiligen und anderen Zeitdokumenten* (hrsg. und eingeleitet von E. DASSMANN), Düsseldorf 1967, 37–69.
— Vita Ambrosii: *Vita di Cipriano, Vita di Ambrogio, Vita di Agostino* (hrsg. von A. A. R. BASTIAENSEN, übers. von L. CANALI, eingel. von C. MOHRMANN = ViSa 3), Mailand 1989, 51–125.281–338.

PHOEBADIUS VON AGEN
Contra Arrianos liber:
— Liber contra Arrianos: *Foebadius. Victricius. Leporius. Vincentius Leringensis. Evagrius Ruricus* (hrsg. von R. DEMEULENAERE = CCL 64), Turnhout 1985, 3–52.419–435.
— *Contra Arianos / Gegen die Arianer* (hrsg. und übers. von J. Ulrich = FC 38), Freiburg u. a. 1999.

PHOTIUS
Bibliotheca:
— *Bibliothèque 4–5* (hrsg. und übers. von R. HENRY = CUFr), Paris 1965.1967.

PHYSIOLOGUS
— *Physiologus* (hrsg. von F. SBORDONE), Hildesheim / Zürich / New York 1991 (Rom 1936).

PLATO
Respublica:
— Politeia: *Sämtliche Werke 3* (hrsg. von W.F. OTTO / E. GRASSI / G. PLAMBÖCK, übers. von F. SCHLEIERMACHER), Reinbeck bei Hamburg 1965 (1958), 327–621.
— Respublica: *Opera 4* (hrsg. von I. BURNET = SCBO), Oxford 1962 (1902), 327–621.

PORPHYRIUS
In Aristotelis Categorias commentarium:
— Einleitung in die Kategorien: *Aristoteles Kategorien, Lehre vom Satz (Peri hermeneias), vorangeht Porphyrius Einleitung in die Kategorien* (hrsg. und übers. von E. ROLFES = PhB 8/9), Hamburg 1974 (1925), 5–34.
— *Isagoge et in Aristotelis Categorias Commentarium* (hrsg. von A. BUSSE = Commentaria in Aristotelem Graeca 6), Berlin 1887.

QUINTILIAN
Institutio oratoria:
— *Institutionis oratoriae libri XII,* 2 Bde. (hrsg. von L. RADERMACHER / V. BUCHHEIT = BiTeu), Leipzig 1971.
— *Institutionis oratoriae libri XII / Ausbildung des Redners zwölf Bücher,* 2 Bde. (hrsg. und übers. von H. RAHN = TzF 2.3), Darmstadt 2. Aufl. 1988.

RUFIN VON AQUILEIA
Expositio symboli:
— Expositio symboli: *Opera* (hrsg. von M. SIMONETTI = CCL 20), Turnhout 1961, 133–182.

Historia ecclesiastica:
— Kirchengeschichte: *Eusebius von Caesarea, Die Kirchengeschichte mit der lateinischen Übersetzung des Rufinus 2* (hrsg. von E. SCHWARTZ / T. MOMMSEN = GCS 9/2), Leipzig 1908, 957–1040.
— *The Church History of Rufinus of Aquileia. Books 10 and 11* (übers. von P.R. AMIDON), Oxford 1997.

SALVIANUS VON MARSEILLE
Ad ecclesiam:
— Ad ecclesiam: *Libri qui supersunt* (hrsg. von K. HALM = MGH A.A. 1/1), Berlin 1961, 120–168.

SCHOLIA ARRIANA IN CONCILIUM AQUILEIENSE
— *Aus der Schule des Wulfila. Auxenti Dorostorensis Epistula de fide vita et obitu Wulfilae im Zusammenhang der Dissertatio Maximini contra*

Ambrosium (hrsg. von F. KAUFFMANN = Texte und Untersuchungen zur altgermanischen Religionsgeschichte 1/1), Straßburg 1899.
— Scholia Arriana in concilium Aquileiense: *Scripta Arriana Latina 1* (hrsg. von R. GRYSON = CCL 87), Turnhout 1982, 149–196.
— *Scolies Ariennes sur le Concile d'Aquilée* (hrsg. von R. GRYSON = SCh 267), Paris 1980.

SCRIPTURA SACRA
— *Itala. Das neue Testament in altlateinischer Überlieferung*, 4 Bde. (hrsg. von A. JÜLICHER / W. MATZKOW / K. ALAND), Berlin 2. Aufl. 1972.1970.1976.1963.
— *La Bible d'Alexandrie. 1. La Genèse* (hrsg. von M. HARL), Paris 1986.
— *La Bible d'Alexandrie. L'Exode* (hrsg. von A. LE BOULLEC / P. SANDEVOIR), Paris 1989.
Septuaginta:
— *Septuaginta. Id est Vetus Testamentum graece iuxta LXX interpretes*, 2 Bde. (hrsg. von A. RAHLFS), Stuttgart 1935.
— *Septuaginta. Vetus Testamentum Graecum 14–15* (hrsg. von J. ZIEGLER), Göttingen 2. Aufl. 1967.1976.
Vetus Latina:
— *Bibliorum sacrorum latinae versiones antiquae, seu Vetus Italica, et caeterae quaecunque in codicibus mss. et antiquorum libris reperiri potuerunt*, 3 Bde. (hrsg. von P. SABATIER), Turnhout 1981 (Reims 1743).
— *Epistula ad Ephesios* (hrsg. von H.J. FREDE = VL 24/1), Freiburg 1964.
— *Epistulae catholicae* (hrsg. von W. THIELE = VL 24/1), Freiburg 1969.
— *Epistulae ad Thessalonicenses, Timotheum, Titum, Philemonem, Hebraeos* (hrsg. von H.J. FREDE = Vetus Latina 25/1–2), Freiburg 1975–1982.
— *Esaias, Cap. 1–39* (hrsg. von R. GRYSON = VL 12/1), Freiburg 1987–1993.
— *Genesis* (hrsg. von B. FISCHER = VL 2), Freiburg 1954.
— *Vetus Latina: Die Reste der altlateinischen Bibel* (nach P. SABATIER, neu hrsg. von der ERZABTEI BEURON), Freiburg 1949 ff.

SENECA
Naturales quaestiones:
— *Naturales quaestiones* (hrsg. von A. GERCKE = BiTeu), Stuttgart 1986 (Leipzig 1907).

SERVIUS GRAMMATICUS
Commentarius in Vergili opera:
— *Aeneidos librorum VI–XII comentarii* (hrsg. von G. THILO / H. HAGEN = Servii Grammatici qui feruntur in Vergilii carmina commentarii 2), Hildesheim 1961 (Leipzig 1884).

SEVERUS VON ANTIOCHIEN
Contra impium grammaticum:
— *Liber contra impium grammaticum, Oratio prima et secunda* (hrsg. von J. LEBON = CSCO.Syr. 58), Löwen 1952 (1938).
— *Liber contra impium grammaticum, Oratio prima et orationis secundae quae supersunt* (übers. von J. LEBON = CSCO.Syr. 59), Löwen 1952 (1938).
— *Liber contra impium grammaticum, Orationes tertiae pars prior* (hrsg. von J. LEBON = CSCO.Syr. 45), Löwen 1952 (1929).
— *Liber contra impium grammaticum, Orationes tertiae pars prior* (übers. von J. LEBON = CSCO.Syr. 46), Löwen 1952 (1929).

SOCRATES
Historia ecclesiastica:
— *Kirchengeschichte* (hrsg. von G.C. HANSEN = GCS N.F. 1), Berlin 1995.

SOZOMENUS
Historia ecclesiastica:
— *Historia ecclesiastica / Kirchengeschichte,* 4 Bde. (hrsg. und übers. von G.C. HANSEN = FC 73/1–4), Turnhout 2004.
— *Kirchengeschichte* (hrsg. von J. BIDEZ / G.C. HANSEN = GCS N.F. 4), Berlin 2. Aufl. 1995.

SULPICIUS SEVERUS
Chronica:
— Chronica: *Libri qui supersunt* (hrsg. von K. HALM = CSEL 1), Wien 1864, 3–105.

TATIAN DER SYRER
Oratio ad Graecos:
— *Oratio ad Graecos* (hrsg. von M. MARCOVICH = PTS 43), Berlin / New York 1995.

TERTULLIAN
Adversus Praxean:
— *Adversus Praxean / Gegen Praxeas* (hrsg. und übers. von H.J. SIEBEN = FC 34) Freiburg u.a. 2001.
— *Adversus Praxean liber / Treatise against Praxeas* (hrsg. und übers. von E. EVANS), London 1948.
— Adversus Praxean: *Opera 2* (hrsg. von A. KROYMANN / E. EVANS = CCL 2), Turnhout 1954, 1159–1205.
— Gegen Praxeas: *Sämtliche Schriften 2* (übers. von K.A.H. KELLNER), Köln 1882, 508–558.

Apologeticum:
- Apologeticum: *Opera 1* (hrsg. von E. DEKKERS = CCL 1), Turnhout 1954, 77–171.
- *Apologeticum / Verteidigung des Christentums* (hrsg. und übers. von C. BECKER), München 3. Aufl. 1984.

De testimonio animae:
- Das Zeugnis der Seele / De testimonia animae: *Über die Seele (De anima), Das Zeugnis der Seele (De testimonio animae), Vom Ursprung der Seele (De censu animae)* (hrsg. und übers. von J.H. WASZINK = BAW.AC), Zürich/München 1980, 187–210.
- De testimonio animae: *Opera 1* (hrsg. von R. WILLEMS = CCL 1), Turnhout 1954, 173–183.

THEODORET VON CYRRHUS
Eranistes:
- *Eranistes* (hrsg. und eingel. von G.H. ETTLINGER), Oxford 1975.

Historia ecclesiastica:
- *Kirchengeschichte* (hrsg. von L. PARMENTIER, 3. Aufl. durchges. von G.C. HANSEN = GCS 19), Berlin 1998.
- *Kirchengeschichte* (übers. und eingel. von A. SEIDER = BKV² 51, Des Bischofs Theodoret von Cyrus Kirchengeschichte aus dem Griechischen übersetzt), München 1926.

TIMOTHEUS AELURUS
Confutatio concilii Chalcedonensis:
- Confutatio concilii Chalcedonensis: *Codex Vaticanus gr. 1431: eine antichalkedonische Sammlung aus der Zeit Kaiser Zenons* (hrsg. von E. SCHWARTZ = ABAW.PPH 32/6), München 1927, 98–126.

Epistulae:
- A Collection of Unpublished Syriac Letters of Timothy Aelurus (hrsg. von R.Y. EBIED / L.R. WICKHAM): JThS 21 (1970) 321–369.

URKUNDEN ZUR GESCHICHTE DES ARIANISCHEN STREITES
- Urkunden zur Geschichte des arianischen Streites 318–328: *Athanasius Werke 3/1: Urkunden zur Geschichte des arianischen Streites* (hrsg. von H.-G. OPITZ), Berlin 1934.1935.

VERGIL
Aeneis:
- Aeneidos libri XII: *Opera* (hrsg. von R.A.B. MYNORS = SCBO), Oxford 1980 (1969), 103–422.

VIGILIUS VON THAPSUS
Contra Arrianos:
— Contra Arianos Dialogus: *Eugypii opera omnia, Symmachi Papae, Vigilii Tapsensis, Paschasii, Petri, Diaconorum, Rustici Helpidii scripta omnia quae supersunt* (PL 62), 179–238.

ZOSIMUS
Historia nova:
— *Histoire nouvelle*, 3 Bde. (hrsg. und übers. von F. PASCHOUD = CUFr), Paris 1971.1979.1986.1989.
— *Neue Geschichte* (übers. und eingel. von O. VEH, durchges. von S. REBENICH = BGL 31), Stuttgart 1990.

LITERATURVERZEICHNIS

ABRAMOWSKI, L., Der Geist als „Band" zwischen Vater und Sohn — ein Theologumenon der Eusebianer?: ZNW 87 (1996) 126–132.
—, Eunomios: RAC 6, 936–947.
—, συνάφεια und ἀσύγχυτος ἕνωσις als Bezeichnungen für trinitarische und christologische Einheit: *Drei christologische Untersuchungen* (hrsg. von ders. = BZNW 45), Berlin / New York 1981, 63–109.
ABRAMOWSKI, L. / GOODMAN, A.E., siehe Quellen: Nestorianisches Florilegium.
ALAND, B., Die Rezeption des neutestamentlichen Textes in den ersten Jahrhunderten: *The New Testament in Early Christianity / La réception des écrits néotestamentaires dans le christianisme primitif* (hrsg. von J.-M. SEVRIN = BEThL 86), Löwen 1989, 1–38.
ALESSANDRINI, G., Indagini sulle malte di allettamento dei mosaici della cappella di San Vittore in Ciel d'Oro nella Basilica di San Ambrogio / Milano, Centro CNR „Gino Bozza", 82/05/072, Rom 1982.
ALTANER, B. / STUIBER, A., *Patrologie. Leben, Schriften und Lehre der Kirchenväter*, Freiburg/Basel/Wien 8. Aufl. 1978.
ANDRESEN, C., Zur Entstehung und Geschichte des trinitarischen Personbegriffs: ZNW 52 (1961) 1–39.
ANGSTENBERGER, P., *Der reiche und der arme Christus. Die Rezeptionsgeschichte von 2 Kor 8, 9 zwischen dem zweiten und dem sechsten Jahrhundert* (Hereditas 12), Bonn 1997.
ARENS, H., *Die christologische Sprache Leos des Großen. Analyse des Tomus an den Patriarchen Flavian* (FThSt 122), Freiburg 1982.
AUERBACH, E., *Literatursprache und Publikum in der lateinischen Spätantike und im Mittelalter*, Bern 1958.

BACHER, W., Kleine Mitteilungen: WZKM 25 (1911) 239–242.
BALTES, M., Idee (Ideenlehre): RAC 17, 213–246.
BANTERLE, G., Le Fonti latine su Sant'Ambrogio (SAEMO.Sus. 24/2), Mailand/Rom 1991.
BARDENHEWER, O., *Geschichte der Altkirchlichen Literatur 3: Das vierte Jahrhundert mit Ausschluß der Schriftsteller syrischer Zunge*, Freiburg 2. Aufl. 1923.
BARDY, G., L'héritage littéraire d'Aëtius: RHE 24 (1928) 809–827.
—, Melchisédec dans la tradition patristique: RB 35 (1926) 496–509.
—, Melchisédec dans la tradition patristique: RB 36 (1927) 25–45.
—, *Menschen werden Christen. Das Drama der Bekehrung in den ersten Jahrhunderten* (hrsg. von J. BLANK), Freiburg 1988 (Paris 1949).
—, Sur une citation de saint Ambroise dans les controverses christologiques: RHE 40 (1944/1945) 171–176.
BAUER, W. / ALAND, B. / ALAND, K. (Hrsg.), *Griechisch-deutsches Wörterbuch zu den Schriften des Neuen Testaments und der frühchristlichen Literatur,* Berlin / New York 6. Aufl. 1988.
BECKER, M., *Die Kardinaltugenden bei Cicero und Ambrosius: „De Officiis"* (ΧΡΗΣΙΣ 4), Basel 1994.
BEIERWALTES, W., Hen (Ρί): RAC 14, 445–472.
BENEŠEVIC, V.N., siehe Quellen: Canones apostolorum.
BIBLIA PATRISTICA, *Index des citations et allusions Bibliques dans la littérature patristique 1: Des origines à Clément d'Alexandrie et Tertullien* (hrsg. vom CENTRE D'ANALYSE ET DOCUMENTATION PATRISTIQUES), Paris 1975.
—, *Index des citations et allusions Bibliques dans la littérature patristique 3: Origene* (hrsg. vom CENTRE D'ANALYSE ET DOCUMENTATION PATRISTIQUES), Paris 1980.
—, *Index des citations et allusions Bibliques dans la littérature patristique 5: Basile de Césarée, Grégoire de Nazianze, Grégoire de Nysse, Amphiloque d'Iconium* (hrsg. vom CENTRE D'ANALYSE ET DOCUMENTATION PATRISTIQUES), Paris 1991.
—, *Index des citations et allusions Bibliques dans la littérature patristique 6: Hilaire de Poitiers, Ambroise de Milan, Ambrosiaster* (hrsg. vom CENTRE D'ANALYSE ET DOCUMENTATION PATRISTIQUES), Paris 1995.
BIENERT, W.A., Sabellius und Sabellianismus als historisches Problem: *Logos*. FS für L. ABRAMOWSKI (hrsg. von H.C. BRENNECKE / E.L. GRASMÜCK / C. MARKSCHIES = BZNW 67), Berlin / New York 1993, 124–139.
—, Sabellius und Sabellianismus als historisches Problem: *Werden der Kirche – Wirken des Geistes. Beiträge zu den Kirchenvätern und ihrer Nachwirkung* (hrsg. von W. BIENERT / U. KÜHNEWEG = MThSt 55), Marburg 1999, 96–107.
BIERMANN, M., *Die Leichenreden des Ambrosius von Mailand. Rhetorik, Predigt, Politik* (Hermes Einzelschriften 70), Stuttgart 1995.

BIETZ, W. K., *Paradiesesvorstellungen bei Ambrosius und seinen Vorgängern*, Gießen 1971.
BLAISE, A., *Dictionnaire Latin-Français des auteurs Chrétiens* (durchges. von H. CHIRAT), Turnhout 1986 (1954).
BLASS, F. / DEBRUNNER, A., *Grammatik des neutestamentlichen Griechisch* (bearb. von F. REHKOPF), Göttingen 16. Aufl. 1984.
BOTTE, B., siehe Quellen: Ambrosius von Mailand.
BOURGUET, D., *Des Métaphores de Jérémie* (EtB 9), Paris 1987.
BRAUN, R., *Deus Christianorum. Recherches sur le vocabulaire doctrinal de Tertullien* (EAug), Paris 2. Aufl. 1977.
BRENNECKE, H. C., Erwägungen zu den Anfängen des Neunizänismus: *Oecumenica et Patristica*. FS für W. SCHNEEMELCHER (hrsg. von D. PAPANDREOU / W. BIENERT / K. SCHÄFERDIEK), Stuttgart 1989, 241–257.
—, *Hilarius von Poitiers und die Bischofsopposition gegen Konstantius II. Untersuchungen zur dritten Phase des Arianischen Streites (337–361)* (PTS 26), Berlin / New York 1984.
—, Homéens: DHGE 24 (1993) 932–960.
—, *Studien zur Geschichte der Homöer. Der Osten bis zum Ende der homöischen Reichskirche* (BHTh 73), Tübingen 1988.
BROWN, P., *Die Keuschheit der Engel. Sexuelle Entsagung, Askese und Körperlichkeit am Anfang des Christentums*, München/Wien 1991.
—, *Macht und Rhetorik in der Spätantike. Der Weg zu einem „christlichen Imperium"*, München 1992.
BURDACH, K., *Der Gral. Forschungen über seinen Ursprung und seinen Zusammenhang mit der Longinuslegende*, Darmstadt 1974 (Stuttgart 1938).
BURKITT, F. C., Justin Martyr and Jeremiah 11/19: JThS 33 (1932) 371–373.
CAMPANA, A., Il codice Ravennate di S. Ambrogio: IMU 1 (1958) 15–68.
CAMPENHAUSEN, H. VON, *Ambrosius von Mailand als Kirchenpolitiker* (AKG 12), Berlin/Leipzig 1929.
—, *Lateinische Kirchenväter*, Stuttgart u. a. 4. Aufl. 1978.
CANTALAMESSA, R., Sant'Ambrogio di fronte ai grandi dibattiti teologici del suo secolo: *Ambrosius Episcopus 1* (hrsg. von G. LAZZATI = SPMed 6), Mailand 1976, 483–539.
CASPAR, E., Die Lateransynode von 649: ZKG 51 (1932) 75–137.
CONNOLLY, R. H., Some Disputed Works of St. Ambrose: DR 65 (1947) 7–20.121–130.
COURCELLE, P., Ambroise de Milan et Calcidius: *Romanitas et Christianitas*. Studien für I. H. WASZINK (hrsg. von W. DEN BOER), Amsterdam/London 1973, 45–53.
—, *Les lettres Grecques en Occident. De Macrobe a Cassiodore* (BEFAR 159), Paris 2. Aufl. 1948.
—, Plotin et Saint Ambroise: RPh 76 (1950) 29–56.

—, *Recherches sur les Confessions de saint Augustin* (EAug), Paris 1950.
DANIÉLOU, J., Daniel: RAC 3, 575–585.
DASSMANN, E., Ambrosius: AL 1, 270–285.
—, Ambrosius und die Märtyrer: JAC 18 (1975) 50–68.
—, Ambrosius von Mailand: TRE 2, 362–392.
—, *Die Frömmigkeit des Kirchenvaters Ambrosius von Mailand. Quellen und Entfaltung* (MBTh 29), Münster 1965.
—, Pastorale Anliegen bei Ambrosius von Mailand: *Nec timeo mori* (hrsg. von L. F. PIZZOLATO / M. RIZZI = SPMed 21), Mailand 1998, 181–206.
—, siehe Quellen: Paulinus von Mailand.
DATTRINO, L., *Il De Trinitate pseudoatanasiano* (SEAug 12), Rom 1976.
DEMANDT, A., *Die Spätantike. Römische Geschichte von Diocletian bis Justinian (284–565 n. Chr.)* (HAW 3/6), München 1989.
DEVREESSE, R., Le florilège de Léonce de Byzance: RevSR 10 (1930) 545–576.
DIEDERICH, M. D., *Vergil in the Works of St. Ambrose* (PatSt 29), Washington 1931.
DIHLE, A., Gerechtigkeit: RAC 10, 233–360.
DILLON, J., *The Middle Platonists. A Study of Platonism 80 B. C. to A. D. 220*, London 1977.
DÖLGER, F. J., Der erste Schreib-Unterricht in Trier nach einer Jugend-Erinnerung des Bischofs Ambrosius von Mailand: AuC 3 (1932) 62–72.
DOIGNON, J., „Testimonia" d'Hilaire de Poitiers dans le Contra Iulianum d'Augustin: RBen 91 (1981) 7–19.
DOSSETTI, G. L., *Il Simbolo di Nicea e di Costantinopoli* (TRSR 2), Rom u. a. 1967.
DROBNER, H. R., *Person-Exegese und Christologie bei Augustinus. Zur Herkunft der Formel una persona* (PP 5), Leiden 1986.
DUDDEN, F. H., *The Life and Times of St. Ambrose*, 2 Bde., Oxford 1935.
DUNPHY, W., On the Date of St. Ambrose's De Tobia: SE 27 (1984) 27–36.
DURST, M., Das Glaubensbekenntnis des Auxentius von Mailand. Historischer Hintergrund — Textüberlieferung — Theologie — Edition: JAAC 41 (1998) 118–168.
DUVAL, Y.-M., Ambroise, de son élection à sa consécration: *Ambrosius Episcopus 2* (hrsg. von G. LAZZATI = SPMed 7), Mailand 1976, 243–283.
—, Formes profanes et formes bibliques dans les oraisons funèbres de saint Ambroise: *Christianisme et formes littéraires de l'antiquité tardive en occident* (hrsg. von M. FUHRMANN = EnAC 23), Genf 1976, 235–291 (Diskussion 292–301).
—, La ‚manoeuvre fraudaleuse' de Rimini: *Hilaire et son temps* (EAug), Paris 1969, 51–103.
—, La présentation arienne du concile d'Aquilée de 381: RHE 76 (1981) 317–331.

—, Formes profanes et formes biblique dans les orasions funèbres de saint Ambroise: *Christianisme et formes litteraires de l'antiquite tardive en Occident* (hrsg. von A. CAMERON = Entretiens sur l'antiquite classique 23), Genf 1977, 235–301.

EBIED, R.Y / WICKHAM, L.R., siehe Quellen: Timotheus Aelurus.

ELLSPERMANN, G.L., *The Attitude of the Early Christian Latin Writers towards Pagan Literature* (PatSt 82), Washington 1949.

FALLER, O., La data della consecrazione vescovile di Sant'Ambrogio: *Ambrosiana. Scritti di storia, archeologia ed arte pubblicati nel XVI centenario della nascita di Sant'Ambrogio CCCXL–MCMXL*, Mailand 1942, 97–112.

—, siehe Quellen: Ambrosius von Mailand.

FAUST, U., *Christo Servire Libertas Est. Zum Freiheitsbegriff des Ambrosius von Mailand* (SPS 3), Salzburg/München 1983.

FISCHER, B., Hat Ambrosius von Mailand in der Woche zwischen seiner Taufe und seiner Bischofskonsekration andere Weihen empfangen?: *KYRIAKON 2*. FS für J. QUASTEN (hrsg. von P. GRANFIELD / J.A. JUNGMANN), Münster 2. Aufl. 1970, 527–531.

—, Ist Ambrosius wirklich in Trier geboren?: *Vivarium*. FS für T. KLAUSER (hrsg. von E. DASSMANN = JAC.E 11), Münster 1984, 13–135.

—, siehe Quellen: Scriptura Sacra, Vetus Latina.

FLOROVSKY, G., The Concept of Creation in Saint Athanasius: StPatr 6 (1962) 36–57.

FONTAINE, J., Prose et poésie: l'interférence des genres et des styles dans la création littéraire d'Ambroise de Milan: *Ambrosius Episcopus 1* (hrsg. von G. LAZZATI = SPMed 6), Mailand 1976, 124–170.

—, siehe Quellen: Ambrosius von Mailand.

FREDE, H.J., *Altlateinische Paulus-Handschriften* (AGLB 4), Freiburg 1964.

—, *Kirchenschriftsteller: Verzeichnis und Sigel. Repertorium scriptorum ecclesiasticorum latinorum saeculo nono antiquiorum: siglis adpositis quae in editione Bibliorum Sacrorum iuxta veterem latinam versionem adhibentur: siglis adpositis quae in editione Bibliorum Sacrorum iuxta veterem latinam versionem*, 4. Aufl. Freiburg 1995.

—, Probleme des ambrosianischen Bibeltextes: *Ambrosius Episcopus 1* (hrsg. von G. LAZZATI = SPMed 6), Mailand 1976, 365–392.

—, siehe Quellen: Scriptura Sacra, Vetus Latina.

—, Die Zitate des Neuen Testaments bei den lateinischen Kirchenvätern. Der gegenwärtige Stand ihrer Erforschung und ihre Bedeutung für die griechische Textgeschichte: *Die alten Übersetzungen des Neuen Testaments, die Kirchenväterzitate und Lektionare. Der gegenwärtige Stand ihrer Erforschung und ihre Bedeutung für die griechische Textgeschichte* (hrsg. von K. ALAND = ANTT 5), Berlin 1972, 455–478.

FREUND, S., *Vergil im frühen Christentum. Untersuchungen zu den Vergilzitaten bei Tertullian, Minucius Felix, Novatian, Cyprian und Arnobius* (SGKA N.F. 116), Paderborn u.a. 2000.

FUNK, F.X., Die zwei letzten Bücher der Schrift Basilius d. Gr. Gegen Eunomius: *Kirchengeschichtliche Abhandlungen und Untersuchungen 2* (hrsg. von dems.), Frankfurt a.M. 1972 (Paderborn 1899), 291–329.

GEORGES, K.E., *Ausführliches Lateinisch-Deutsches Handwörterbuch*, 2 Bde. (Nachdruck der 8. verbesserten und vermehrten Auflage von H. GEORGES), Darmstadt 1995 (Hannover 1913).

GHELLINCK, J. DE, Un aspect de l'opposition entre hellénisme et christianisme. L'attitude vis-à-vis de la dialectique dans les débats trinitaires: *Patristique et moyen âge: Études d'histoire littéraire et doctrinale 3* (hrsg. von dems. = ML.H 9), Gembloux 2. Aufl. 1961, 245–310.

GILLIARD, F.D., Senatorial Bishops in the Fourth Century: HThR 77 (1984) 153–175.

GOTTLIEB, G., *Ambrosius von Mailand und Kaiser Gratian* (Hyp. 40), Göttingen 1973.

—, Gratianus: RAC 12, 718–732.

—, Das Konzil von Aquileia (381): AHC 11 (1979) 287–306.

—, Der Mailänder Kirchenstreit von 385/386. Datierung, Verlauf, Bedeutung: MH 42 (1985) 37–55.

GORI, F.: siehe Quellen: Ambrosius von Mailand.

GRAUMANN, T., *Christus interpres: Die Einheit von Auslegung und Verkündigung in der Lukaserklärung des Ambrosius von Mailand* (PTS 41), Berlin / New York 1994.

GRILLMEIER, A., Der Gottessohn im Totenreich. Soteriologische und christologische Motive der Descensuslehre in der ältesten christlichen Überlieferung: *Mit ihm und in ihm. Christologische Forschungen und Perspektiven* (hrsg. von dems.), Freiburg u.a. 2. Aufl. 1976, 76–174.

—, *Jesus der Christus im Glauben der Kirche 1–2/1*, Freiburg u.a. 2. Aufl. 1982.1986.

—, *Jesus der Christus im Glauben der Kirche 2/2: Die Kirche von Konstantinopel im 6. Jahrhundert* (unter Mitarbeit von T. HAINTHALER), Freiburg u.a. 1989.

GRIMM, J. / GRIMM, W., *Deutsches Wörterbuch*, 33 Bde., München 1984 (Leipzig 1854–1971).

GRÜNBECK, E., *Christologische Schriftargumentation und Bildersprache. Zum Konflikt zwischen Metapherninterpretation und dogmatischen Schriftbeweistraditionen in der patristischen Auslegung des 44. (45.) Psalms* (SVigChr 26), Leiden u.a. 1994.

GRYSON, R., Litterature Arienne Latine 1: *Travaux publiés par le Centre de Traitement Electronique des Documents de l'Université Catholique de Louvain 11/1*, Louvain-la-Neuve 1980, 207–212.

—, siehe Quelle: Ambrosius von Mailand.

—, siehe Quellen: Scriptura Sacra, Vetus Latina.

GRYSON, R. / GILISSEN, L., *Paléographie et critique littéraire. Réflexions méthodologiques a propos du Parisinus Latinus 8907*: Scr. 35 (1981) 334–340.

HADOT, P., Platon et Plotin dans trois sermons de saint Ambroise: REL 34 (1956) 202–220.

HAERINGEN, J. M. VAN, De Valentinano II et Ambrosio: Mn. 5 (1937) 28–33.152–158.229–240.

HAGENDAHL, H., *Latin Fathers and the Classics* (SGLG 6), Göteborg 1958.

—, Piscatorie et non aristotelice. Zu einem Schlagwort bei den Kirchenvätern: *Septentrionalia et orientalia.* Studien für B. KARLGEN, Stockholm 1959, 184–193.

HAHN, V., *Das wahre Gesetz. Eine Untersuchung der Auffassung des Ambrosius von Mailand vom Verhältnis der beiden Testamente* (MBTh 33), Münster 1969.

HANSON, R. P. C., *The Search for the Christian Doctrine of God. The Arian Controversy 318–381,* Edinburgh 1988.

HARL, M., siehe Quellen: Scriptura Sacra.

HARNACK, A. VON, Zwei alte dogmatische Korrekturen im Hebräerbrief: SPAW.PH (1929) 62–73.

HATCH, E. / REDPATH, H. A., *A Concordance to the Septuagint and other Greek versions of the Old Testament (including the Apocryphal books),* 2 Bde., Graz 1954 (Oxford 1897).

HENGEL, M., ‚Mors turpissima crucis'. Die Kreuzigung in der antiken Welt und die ‚Torheit' des ‚Wortes vom Kreuz': *Rechtfertigung.* FS für E. KÄSEMANN (hrsg. von J. FRIEDRICH / W. PÖHLMANN / P. STUHLMACHER), Tübingen/Göttingen 1976, 125–184.

HENGEL, M. / SCHWEMER, A. M. (Hrsg.), *Königsherrschaft Gottes und himmlischer Kult im Judentum, im Urchristentum und in der hellenistischen Welt* (WUNT 55), Tübingen 1991.

HENKE, R., *Das Hexaemeron des Basilius von Cäsarea und das Exameron des Ambrosius von Mailand. Eine vergleichende Studie,* Münster 1995.

HERMANN, A., Edelsteine: RAC 4, 505–552.

HERON, A. I. C., *Studies in the Trinitarian Writings of Didymus the Blind: His Authorship of the Adversus Eunomium IV–V and the De Trinitate,* Tübingen 1972.

HERRMANN, L., *Ambrosius von Mailand als Trinitätstheologe. Dargestellt in Konfrontation mit der illyrischen Theologie und im Blick auf das neu auftauchende christologische Problem,* Heidelberg 1954.

—, Ambrosius von Mailand als Trinitätstheologe: ZKG 69 (1958), 197–218.

HILTBRUNNER, O., Die Heiligkeit des Kaisers. Zur Geschichte des Begriffs sacer: FMSt 2 (1968) 1–30.

—, Die Schrift ‚De officiis ministrorum' des heiligen Ambrosius: Gym. 71 (1964) 174–189.

HÖNSCHEID, J., siehe Quellen: Ps.-Didymus.
IRMSCHER, J., Ambrosius in Byzanz: *Ambrosius Episcopus 2* (hrsg. von G. LAZZATI = SPMed 7), Mailand 1976, 298–311.
JAEGER, W., *Das frühe Christentum und die griechische Bildung*, Berlin 1963.
JENSEN, P.J./ WASZINK, J.H., siehe Quellen: Calcidus.
JONES, A.H.M. / MARTINDALE, J.R. / MORRIS, J., *The Prosopography of the Later Roman Empire*, 2 Bde., Cambridge u.a. 1987 (1971).1980.
KÄHLER, E., *Studien zum Te Deum und zur Geschichte des 24. Psalms in der Alten Kirche* (VEGL 10), Göttingen 1958.
KANNENGIESSER, C., Philon et les pères sur la double création de l'homme: *Philon d'Alexandrie* (hrsg. vom CENTRE NATIONAL DE LA RECHERCHE SCIENTIFIQUE), Paris 1967, 277–296.
KAUFFMANN, F., *Aus der Schule des Wulfila. Auxenti Dorostorensis Epistula de fide vita et obitu Wulfilae im Zusammenhang der Dissertatio Maximini contra Ambrosium* (Texte und Untersuchungen zur altgermanischen Religionsgeschichte 1/1), Straßburg 1899.
KAUFMAN, P.I., Diehard Homoians and the Election of Ambrose: JECS 5 (1997) 421–440.
KELLY, J.N.D, *The Athanasian Creed. The Paddock Lectures for 1962–1963,* London 1964.
KLEIN, K.K., Ist der Wulfilabiograph Auxentius von Durostorum identisch mit dem mailändischen Arianerbischof Auxentius Mercurinus?: BGDS 75 (1953) 165–191.
KLEIN, M., *Meletemata Ambrosiana. Mythologica de Hippolyto, Doxographica de Exameri Fontibus,* Königsberg 1927.
KLEIN, R., *Die Sklaverei in der Sicht der Bischöfe Ambrosius und Augustinus* (FASk 20), Stuttgart 1988.
—, *Der Streit um den Victoriaaltar: Die dritte Relatio des Symmachus und die Briefe 17, 18 und 57 des Mailänder Bischofs Ambrosius* (hrsg., übers. und erläutert von dems. = TzF 7), Darmstadt 1972.
KOLB, F., Der Bußakt von Mailand: Zum Verhältnis von Staat und Kirche in der Spätantike: *Geschichte und Gegenwart.* FS für K.D. ERDMANN (hrsg. von H. BOOCKMANN), Neumünster 1980, 41–74.
KOPECEK, T.A., *A History of Neo-Arianism,* 2 Bde. (PatMS 8), Philadelphia 1979.
KOSINKA, J., Intervento di restauro nel sacello di San Vittore in Ciel d' Oro presso la Basilica di Sant' Ambrogio a Milano: *Conservation in situ* (ICCROM), Rom 1985, 279–294.
KÜHNER, R. / STEGMANN, C., *Ausführliche Grammatik der lateinischen Sprache. Satzlehre,* 2 Bde. (durchges. von A. THIERFELDER), Hannover 3. Aufl. 1955.
LAMPE, G.W.H., *A Patristic Greek Lexicon,* Oxford 1987 (1961).
LEBON, J., siehe Quellen: Severus von Antiochien.

LeBoullec, A. / Sandevoir, P., siehe Quellen: Scriptura Sacra.
Lenox-Conyngham, A., Ambrose and Philosophy: *Christian Faith and Greek Philosophy in Late Antiquity*. FS für G.C. Stead (hrsg. von L.R. Wickham / C.P. Bammel / E.C.D. Hunter = SVigChr 19), Leiden 1993, 112–128.
—, The Judgement of Ambrose the Bishop on Ambrose the Roman Governor: StPatr 17 (1982) 62–65.
—, Juristic and Religious Aspects of the Basilica Conflict of A.D. 386: StPatr 18 (1986) 55–58.
—, The Topography of the Basilica Conflict of A.D. 385/386 in Milan: Hist. 31 (1982) 353–363.
Leroy-Molinghen, A., La mort d'Arius: Byz. 38 (1968) 105–111.
Lewy, H., *Sobria ebrietas. Untersuchungen zur Geschichte der antiken Mystik* (BZNW 9), Gießen 1929.
Liebs, D., *Römisches Recht,* Göttingen 3. Aufl. 1987.
Lippold, A., *Theodosius der Große und seine Zeit,* München 2. Aufl. 1980.
Löhr, W.A., *Die Entstehung der homöischen und homöusianischen Kirchenparteien. Studien zur Synodalgeschichte des 4. Jahrhunderts* (BBKT 2), Witterschlick 1986.
Lohse, B., Beobachtungen zum Paulus-Kommentar des Marius Victorinus und zur Wiederentdeckung des Paulus in der lateinischen Theologie des vierten Jahrhunderts: *Kerygma und Logos. Beiträge zu den geistesgeschichtlichen Beziehungen zwischen Antike und Christentum.* FS für C. Andresen (hrsg. von A.M. Ritter), Göttingen 1979, 351–366.
Loofs, F., *Leitfaden zum Studium der Dogmengeschichte,* Halle 4. Aufl. 1906.
Lucchesi, E., *L'usage de Philon dans l'oeuvre exégétique de Saint Ambroise. Une „Quellenforschung" relative aux commentaires d'Ambroise sur la Genèse* (ALGHJ 9), Leiden 1977.
Madec, G., *Saint Ambroise et la Philosophie* (EAug), Paris 1974.
Maier, J.-M., *Les missions divines selon saint Augustin* (Parad. 16), Freiburg, Schweiz 1960.
Markschies, C., *Alta Trinità Beata. Gesammelte Studien zur altkirchlichen Trinitätstheologie,* Tübingen 2000.
—, Altkirchliche Christologie und Neues Testament. Beobachtungen zur Bibelhermeneutik des Ambrosius von Mailand: *Christus als die Mitte der Schrift. Studien zur Hermeneutik des Evangeliums.* Für O. Hofius (hrsg. von H.J. Eckstein / H. Lichtenberger / C. Landmesser = BZNW 86), Berlin / New York 1997, 875–905.
—, Ambrogio teologo trinitario: ScC 125 (1997) 741–762.
—, Ambrosius als Trinitästheologe: *Alta Trinità Beata. Gesammelte Studien zur altkirchlichen Trinitätstheologie* (hrsg. von dems.), Tübingen 2000, 265–285.

—, Ambrosius und Origenes. Bemerkungen zur exegetischen Hermeneutik zweier Kirchenväter: *Origeniana Septima. Origenes in den Auseinandersetzungen des 4. Jahrhunderts* (hrsg. von W. A. BIENERT = BEThL 137), Löwen 1999, 545–570.

—, Ambrosius von Mailand: LACL 19–28.

—, *Ambrosius von Mailand und die Trinitätstheologie. Kirchen- und theologiegeschichtliche Studien zu Antiarianismus und Neunizänismus bei Ambrosius und im lateinischen Westen (364–381)* (BHTh 90), Tübingen 1995.

—, „…für die Gemeinde im Großen und Ganzen nicht geeignet …"? Erwägungen zu Absicht und Wirkung der Predigten des Origenes: ZThK 94 (1997) 39–68.

—, Gibt es eine einheitliche „kappadozische Trinitätstheologie"? Vorläufige Erwägungen zu Einheit und Differenzen neunizänischer Theologie: *Trinität* (hrsg. von W. HÄRLE / R. PREUL = MJTh 10), Marburg 1998, 51–94.

—, Gibt es eine einheitliche „kappadozische Trinitätstheologie"? Vorläufige Erwägungen zu Einheit und Differenzen neunizänischer Theologie: *Alta Trinità Beata. Gesammelte Studien zur altkirchlichen Trinitätstheologie* (hrsg. von dems.), Tübingen 2000, 196–237.

—, *Die Gnosis*, München 2001.

—, *Innerer Mensch*: RAC 13, 266–312.

—, Die platonische Metapher vom ‚inneren Menschen': eine Brücke zwischen antiker Philosophie und altchristlicher Theologie: ZKG 105 (1994) 1–17.

—, Die politische Dimension des Bischofsamtes im vierten Jahrhundert: *Recht — Macht — Gerechtigkeit* (hrsg. von J. MEHLHAUSEN = Veröffentlichungen der wissenschaftlichen Gesellschaft für Theologie 14), Gütersloh 1998, 438–469.

—, Rez. Grünbeck, Elisabeth: Christologische Schriftargumentation und Bildersprache, Leiden / New York / Köln: Brill 1994. XXI, 438 S. = Supplements to Vigilae Christianae 26: ThLZ 121/1 (1996) 376–378.

—, „Sessio ad Dexteram". Bemerkungen zu einem altchristlichen Bekenntnismotiv in der christologischen Diskussion der altkirchlichen Theologen: *Le Trône de Dieu* (hrsg. von M. PHILONENKO = WUNT 1/69), Tübingen 1993, 252–317.

—, „Sessio ad Dexteram". Bemerkungen zu einem altchristlichen Bekenntnismotiv in der christologischen Diskussion der altkirchlichen Theologen: *Alta Trinità Beata. Gesammelte Studien zur altkirchlichen Trinitätstheologie* (hrsg. von dems.), Tübingen 2000, 1–69.

—, Theologische Diskussionen zur Zeit Konstantins: Arius, der „arianische Streit" und das Konzil von Nizäa, die nachnizänischen Auseinandersetzungen bis 337: *Das Entstehen der einen Christenheit* (hrsg. von C. PIÉTRI / L. PIÉTRI = Geschichte des Christentums 2), Freiburg u. a. 1996, 271–344.

—, Theologische Diskussionen zur Zeit Konstantins: *Alta Trinità Beata. Gesammelte Studien zur altkirchlichen Trinitätstheologie* (hrsg. von dems.), Tübingen 2000, 99–195.

—, War der Bischof Ambrosius von Mailand ein schlechter Theologe?: JAWG (1994/1995) 63–66.

—, Was bedeutet οὐσια? Zwei Antworten bei Origenes und Ambrosius und deren Bedeutung für ihre Bibelerklärung und Theologie: *Origenes — Vir ecclesiasticus*. Symposium für H.J. VOGT (hrsg. von W. GEERLINGS / H. KÖNIG = Hereditas 9), Bonn 1995, 59–82.

—, Was ist lateinischer „Neunizänismus"? Ein Vorschlag für eine Antwort: ZAC 1 (1997) 73–95.

—, „Die wunderliche Lehre von den zwei Logoi ...". Clemens Alexandrinus, Fragment 23 — Zeugnis eines Arius ante Arium oder des arianischen Streites selbst?: *Logos*. FS für L. ABRAMOWSKI (hrsg. von H.C. BRENNECKE / E.L. GRASMÜCK / C. MARKSCHIES = BZNW 67), Berlin / New York 1993, 193–219.

—, „Die wunderliche Lehre von den zwei Logoi ...". Clemens Alexandrinus, Fragment 23 — Zeugnis eines Arius ante Arium oder des arianischen Streites selbst?: *Alta Trinità Beata. Gesammelte Studien zur altkirchlichen Trinitätstheologie* (hrsg. von dems.), Tübingen 2000, 70–98.

MATTHEWS, J., *Western aristocracies and imperial court A.D. 364–425*, Oxford 1975.

MAUR, H.J. AUF DER, *Das Psalmenverständnis des Ambrosius von Mailand: ein Beitrag zum Deutungshintergrund der Psalmenverwendung im Gottesdienst der Alten Kirche*, Leiden 1977.

MAZZARINO, S., *Storia Sociale del Vescovo Ambrogio* (PRSA 4), Rom 1989.

MCLYNN, N.B., *Ambrose of Milan. Church and Court in a Christian Capital* (The Transformation of the Classical Heritage 22), Berkely / Los Angeles 1994.

—, The ‚Apology' of Palladius: Nature and Purpose: JThS 42 (1991) 52–76.

—, Diehards: A Response: JECS 5 (1997) 446–450.

MEHLHAUSEN, J., Kirchenpolitik. Erwägungen zu einem undeutlichen Wort: ZThK 85 (1988) 275–302.

MERKEL, H., *Die Pluralität der Evangelien als theologisches und exegetisches Problem in der Alten Kirche* (TC 3), Bern 1978.

—, *Die Widersprüche zwischen den Evangelien. Ihre polemische und apologetische Behandlung in der Alten Kirche bis zu Augustin* (WUNT 13), Tübingen 1971.

MESLIN, M., *Les Ariens d'Occident 335–430* (PatSor 8), Paris 1967.

METZGER, B.M., *A Textual Commentary on the New Testament*, Stuttgart 1971.

METZLER, K., *Welchen Bibeltext benutzte Athanasius im Exil? Zur Herkunft der Bibelzitate in den Arianerreden im Vergleich zur „ ep. ad epp. Aeg."* (ANWAW 96), Opladen 1997.

METZLER, K. / SAVVIDIS, K., siehe Quellen: Athanasius von Aleaxndrien.

MEYER, H. / SUNTRUP, R., *Lexikon der mittelalterlichen Zahlenbedeutungen* (MMAS 56), München 1987.

MICHL, J., Engel IV. (christlich): RAC 5, 109–200.

MOHRMANN, C., Observations sur le „De Sacramentis" et le „De Mysteriis": *Ambrosius Episcopus 1* (hrsg. von G. LAZZATI = SPMed 6), Mailand 1976, 103–123.

MORESCHINI, C., Ambrosius von Mailand: *Gestalten der Kirchengeschichte 2* (hrsg. von M. GRESCHAT), Stuttgart 1993 (1984), 101–123.

—, Il linguaggio teologico di Ilario di Poitiers: ScC 103 (1975) 339–375.

—, Il Platonismo Cristiano di Gregorio Nazianzeno: ASNSP 3/4 (1974) 1347–1392.

MORONI, B., Lessico teologico per un destinatario imperiale. Terminologia giuridico-amministrativa e cerimoniale di corte nel De fide di Sant'Ambrogio: *Nec timeo mori* (hrsg. von L.F. PIZZOLATO / M. RIZZI = SPMed 21), Mailand 1998, 341–363.

MÜHL, M., Der λόγος ἐνδιάθετος und προφορικής von der ältesten Stoa bis zur Synode von Sirmium 351: ABG 7 (1962) 7–56.

MÜHLENBERG, E., Apollinaris von Laodicea: TRE 3, 362–371.

MÜLLER, D.H., *Die Deutung der hebräischen Buchstaben bei Ambrosius* (SAWW.PH 167/2), Wien 1911.

MUNCEY, R.W., *The New Testament of Saint Ambrose* (TaS N.S. 4), Cambridge 1959.

MURPHY, F.X. / SHERWOOD, P., *Konstantinopel II und III* (GÖK 3), Mainz 1990.

NAUROY, G., Le martyre Laurent dans l'hymnodie et la prédication des IVe et Ve siècles et l'authenticité ambrosienne de l'hymne „Apostolorum supparem": REA 35 (1989) 44–79.

—, Le fouet et le miel. Le combat d'Ambroise en 386: RechAug 23 (1988) 3–86.

NAUTIN, P., Les premières relations d'Ambroise avec l'empereur Gratien. Le De fide (livres I et II): *Ambroise de Milan* (hrsg. von Y.-M. DUVAL = EAug), Paris 1974, 229–244.

NOETHLICHS, K.-L., *Die gesetzgeberischen Maßnahmen der christlichen Kaiser des vierten Jahrhunderts gegen Häretiker, Heiden und Juden*, Köln 1971.

—, *Das Judentum und der römische Staat: Minderheitenpolitik im antiken Rom*, Darmstadt 1996.

—, Rez. Gunther GOTTLIEB, Ambrosius von Mailand und Kaiser Gratian = Hypomnemata 40 (Göttingen, Vandenhoeck & Ruprecht 1973): JAC 16 (1973) 152–156.

NORDEN, E., *Die antike Kunstprosa vom VI. Jahrhundert v. Chr. bis in die Zeit der Renaissance*, 2 Bde., Stuttgart 9. Aufl. 1983 (Leipzig/Berlin 3. Aufl. 1915).

OBERHELMAN, S. M., Jerome's earliest attack on Ambrose: On Ephesians, Prologue: TAPA 12 (1991) 377–401.

—, *Rhetoric and Homiletics in Fourth-Century Christian Literature. Prose Rhythm, Oratorical Style and Preaching in the Works of Ambrose, Jerome and Augustine* (American Classical Studies 26), Atlanta 1991.

OPELT, I., Zwei weitere Elemente klassischer Literatur in Ambrosius Schrift „De Fide": RhM 119 (1976) 288.

OPITZ, H.-G., Die Zeitfolge des arianischen Streites von den Anfängen bis zum Jahre 328: ZNW 34 (1933) 131–159.

—, Timotheos Ailuros: PRE 6/2, 1355–1357.

PALANQUE, J.-R., *S. Ambroise et l'Empire romain. Contribution à l'histoire des rapports de l'Église et de l'État à la fin du IVe siècle*, Paris 1933.

PASINI, C., *Le Fonti Greche su Sant'Ambrogio* (hrsg. von C. PASINI = SAEMO.Sus. 24/1), Mailand/Rom 1990.

PAVAN, M., Sant' Ambrogio e il problema dei barbari: *Romanobarbarica* 3 (1978) 167–187.

PEKÁRY, T., *Die Wirtschaft der römisch-griechischen Antike*, Wiesbaden 1976.

PEPIN, J., Echos de théories gnostiques de la matière au début de l'Exaemeron: *Romanitas et Christianitas*. Studien für I. H. WASZINK, Amsterdam/London 1973, 259–273.

PICCOLO, G., Per lo studio della spiritualità ambrosiana: I sermoni „De Isaac vel anima": ScC 98 (1970) 32–74.

PIETRI, Ch. / PIETRI, L., *Prosopographie Chrétienne du Bas-Empire 2/1, Prosopographie de l' Italie chrétienne (313–604)*, Rom 1999.

PIZZOLATO, L.F., Ambrogio e la retorica: le finalità del discorso: *Nec timeo mori* (hrsg. von L. F. PIZZOLATO / M. RIZZI = SPMed 21), Mailand 1998, 235–265.

—, *La dottrina esegetica di sant'Ambrogio* (SPMed 9), Mailand 1978.

—, *La Explanatio Psalmorum XII. Studio letterario sulla esegesi di sant'Ambrogio* (ArAmb 17), Mailand 1965.

PORTOLANO, A., *La dimensione spirituale della proprietà nel ‚De Nabathae Jezraelita' di Ambrogio,* Neapel 1973.

PRESTIGE, G. L., ἀγέν(ν)ητος and Cognate Words in Athanasius: JThS 34 (1933) 258–265.

—, ἀγέν(ν)ητος and γέν(ν)ητος and Kindred Words in Eusebius and the Early Arians: JThS 24 (1923) 486–496.

RAHNER, H., Antenna Crucis I: Odysseus am Mastbaum: ZKTh 65 (1941) 123–152.

—, Antenna Crucis V: Das mystische Tau: ZKTh 75 (1953) 385–410.
—, Griechische Mythen in christlicher Deutung, Freiburg u. a. 1992.
RAMATSCHI, P., *Die Quellen des Ambrosiuswerkes De fide ad Gratianum,* Breslau 1923 (Auszug von 4 Blatt aus der verbrannten Diss. Theol. mit 40 S.).
REICHERT, E., *Cicero Christanus, Übernahme und Umgestaltung des Ciceronianismus in den apologetischen Schriften der voraugustinischen lateinischen Kirchenväter mit einem Ausblick auf Augustin,* Hamburg 1993.
REICHMANN, V., Feige: RAC 7, 684–686.
REITZENSTEIN, R., Das iranische Erlösungsmysterium, Bonn 1921.
REUTTER, U., *Damasus, Bischof von Rom (366–384). Leben und Werk,* Jena 1999.
RICHARD, M., Les florilèges diphysites du Ve et du VIe siècle: *Das Konzil von Chalkedon. Geschichte und Gegenwart* (hrsg. von A. GRILLMEIER / H. BACHT), Würzburg 1951, 721–748.
—, Notes sur les florilèges dogmatiques du Ve et du VIe siècle: IKBS 1 (1950) 307–318.
—, siehe Quellen: Johannes von Caesarea.
RIEDINGER, R., Aus den Akten der Lateran-Synode von 649: *Kleine Schriften zu den Konzilsakten des 7. Jahrhunderts* (hrsg. von dems. = IP 34), Steenbrügge/Turnhout 1998, 3–24.
—, Griechische Konzilsakten auf dem Wege ins lateinische Mittelalter: *Kleine Schriften zu den Konzilsakten des 7. Jahrhunderts* (hrsg. von dems. = IP 34), Steenbrügge/Turnhout 1998, 43–91.
—, siehe Quellen: Concilia et Synodi, Concilium Lateranense anno 649.
RIEDMATTEN, H. DE, Démophile de Bérée: DHGE 14, 212–215.
RITTER, A. M., Dogma und Lehre im Leben der Alten Kirche: *Die Lehrentwicklung im Rahmen der Katholizität* (hrsg. von C. ANDRESEN = HDThG 1), Göttingen 1989, 99–283.
ROMESTIN, H. DE, siehe Quellen: Ambrosius von Mailand
ROQUES, M., L'authenticité de l'Apologia Dauid altera historique et progrès d'une controverse: Aug. 36 (1996) 53–92.423–458.
RUBENBAUER, H. / HOFMANN, J. B., *Lateinische Grammatik* (Neubearbeitung von R. HEINE), Bamberg 12. Aufl. 1995.
RUDOLPH, W., *Haggai-Sacharja 1–8 — Sacharja 9–14 — Maleachi* (KAT 13/4), Gütersloh 1976.
—, *Jeremia* (HAT 12), Tübingen 1947.
RUNIA, D. T., *Philo in Early Christian Literature* (CRIANT 3/3), Assen 1993.
SAGOT, S., Le „Cantique des Cantiques" dans le „De Isaac": RechAug 16 (1981) 3–57.
SANDERS, M., *„Fons vitae Christus". Der Heilsweg des Menschen nach der Schrift De Isaac et anima des Ambrosius von Mailand* (MThA 42), Altenberge 1996.

SARTORI, A., I frammenti epigrafici Ambrosiani nella Basilica Apostolorum: *Nec timeo mori* (hrsg. von L. F. PIZZOLATO / M. RIZZI = SPMed 21), Mailand 1998, 739–749.
SAVON, H., *Ambroise de Milan (340–397)*, Paris 1997.
—, L'ordre et l'unité de „De interpellatione Iob et David" de saint Ambroise: Latomus 46 (1987) 338–355.
—, Saint Ambroise a-t-il imité le recueil de lettres de Pline le Jeune?: REA 41 (1995) 3–17.
—, *Saint Ambroise devant l'exégèse de Philon le Juif* (EAug), Paris 1977.
—, Saint Ambroise et saint Jérôme, lecteurs de Philon: ANRW 2/21, 1 (1984) 731–759.
SCHÄFER, K. T., *Untersuchungen zur Geschichte der lateinischen Übersetzung des Hebräerbriefs* (RQ.S 23), Freiburg 1929.
SCHENKL, C., siehe Quellen, Ambrosius von Mailand.
SCHIEFFER, R., Von Mailand nach Canossa: DA 28 (1972) 333–370.
SCHMID, W., Epikur: RAC 5, 681–819.
SCHMIDT, J., Skylla: PRE 3A/1, 647–658.
SCHMITZ, J., *Gottesdienst im altchristlichen Mailand. Eine liturgiewissenschaftliche Untersuchung über Initiation und Meßfeier während des Jahres zur Zeit des Bischofs Ambrosius († 397)* (Theoph. 25), Köln/Bonn 1975.
SCHNACKENBURG, R., *Das Johannesevangelium 2* (HThK 4/2), Freiburg 5. Aufl. 1990.
SCHNEEMELCHER, W., Athanasius als Theologe und Kirchenpolitiker: *Die Kirche angesichts der konstantinischen Wende* (hrsg. von G. RUHBACH = WdF 306), Darmstadt 1976, 279–296.
SCHWARTZ, E., siehe Quellen: Codex Vaticanus.
SCOTT, A. B., *Origen and the life of the stars. A history of an idea* (OECS), Oxford 1991.
SEIBEL, I., *Fleisch und Geist beim Heiligen Ambrosius* (MThS 2/14), München 1958.
SEIBT, K., *Die Theologie des Markell von Ankyra* (AKG 59), Berlin / New York 1994.
SIEBEN, H. J., *Die Konzilsidee der Alten Kirche* (KonGe. U), Paderborn u. a. 1979.
SIMON, M., Melchisédec dans la polémique entre Juifs et Chrétiens et dans la légende: RHPhR 17 (1937) 58–93.
SIMONETTI, M., *La crisi ariana nel IV secolo* (SEAug 11), Rom 1975.
—, *Studi sull'Arianesimo* (VSen 5), Rom 1965.
SMULDERS, P., Remarks on the Manuscript Tradition of the ‚De Trinitate' of Saint Hilary of Poitiers: StPatr 3 (1961) 129–138.
STEAD, G. C., Athanasius' Earliest Written Work: JThS 39 (1988) 76–91.
—, Homousios: RAC 16, 364–433.
STEGEMANN, H., *Die Essener, Qumran, Johannes der Täufer und Jesus*, Freiburg u. a. 2. Aufl. 1993.

STEIDLE, W., Beobachtungen zu des Ambrosius Schrift De Officiis: VigChr 39 (1985) 280–298.

STUDER, B., Die anti-arianische Auslegung von Psalm 23, 7–10 in De Fide IV, 1–2 des Ambrosius von Mailand: *Dominus Salvator. Studien zur Christologie und Exegese der Kirchenväter* (hrsg. von dems. = StAns 107), Rom 1992, 91–119.

SUCHLA, B. R., Johannes von Skythopolis: LACL 401.

SZABÒ, F., *Le Christ créateur chez Saint Ambroise* (SEAug 2), Rom 1968.

TESTARD, M., Étude sur la composition dans ‚De officiis ministrorum' de saint Ambroise: *Ambroise de Milan* (hrsg. von Y.-M. DUVAL = EAug), Paris 1974, 155–197.

THEILER, W., *Die Vorbereitung des Neuplatonismus,* Berlin/Zürich 2. Aufl. 1964, 32–34.

THIELE, W., siehe Quellen: Scriptura Sacra, Vetus Latina.

THOMAS, A., Kundschafter mit der Traube: LCI 2, 700 f.

THUNBERG, L., Early Christian Interpretations of the Three Angels in Gen 18: StPatr 7/1 (1966) 560–570.

TREU, U., Am 7, 14 und der Physiologus: Novum Testamentum 10 (1968) 234–240.

VASEY, V. R.,*The social ideas in the Works of St. Ambrose: a study on De Nabuthe* (SEA 17), Rom 1982.

VINZENT, M., *Pseudo-Athanasius, Contra Arianos IV. Eine Schrift gegen Asterius von Kappadozien, Eusebius von Caesarea, Markell von Ankyra und Photin von Sirmium* (SVigChr 36), Leiden / New York / Köln 1996.

WICKHAM, L. R., The Syntagmation of Aetius the Anomoean: JThS 19 (1968) 532–569.

WILLIAMS, D. H., *Ambrose of Milan and the End of the Arian-Nicene Conflicts* (OECS), Oxford 1995.

—, Politically Correct in Milan: A Replay to „Diehard Homoians and the Election of Ambrose": JECS 5 (1997) 441–446.

WILLIAMS, R., *Arius. Heresy and Tradition,* London 1987.

ZAHN, T., *Das Evangelium des Johannes* (KNT 4), Leipzig 6. Aufl. 1921.

ZELZER, K., Randbemerkungen zu Absicht und Arbeitsweise des Ambrosius in „De Officiis": WSt 107/108 (1994/1995) 481–493.

—, Zur Beurteilung der Cicero-Imitatio bei Ambrosius De officiis: WSt 90 (1977) 168–191.

ZELZER, M., Ambrosius von Mailand und das Erbe der klassischen Tradition: WSt 100 (1987) 201–226.

—, Die Briefbücher des Hl. Ambrosius und die Briefe extra collectionem: AÖAW.PH 112 (1975/1976) 7–23.

—, Gli scritti Ambrosiani sulla verginità: ‚Quam dulcis pudicitiae fructus': ScC 135/136 (1997) 801–821.

—, siehe Quellen: Ambrosius von Mailand.

—, Symmachus, Ambrosius, Hieronymus und das römische Erbe: StPatr 28 (1993) 146–157.

—, Zu Aufbau und Absicht des zehnten Briefbuches des Ambrosius: *Latinität und alte Kirche.* FS für R. HANSLIK (hrsg. von H. BANNER = WSt.B 8), Wien/Köln/Graz 1977, 351–362.
—, Zur Chronologie der Werke des Ambrosius. Überblick über die Forschung von 1974 bis 1997: *Nec timeo mori* (hrsg. von L.F. PIZZOLATO / M. RIZZI = SPMed 21), Mailand 1998, 73–92.

REGISTER

Bibelstellen

ALTES TESTAMENT

Gen
1,3f*   507
1,26   179 181 339 721
1,27   157
1,31   507
3,5f   637
5,24   467
6,1f   399
11,5*   755
11,7*   661
14,12   141
14,14   141
14,14–16   141
14,18   423
15,6   203
17   30
18,21*   755
19,24   76 157
22,16*   299
25   30
49   33

Ex
3,5   411
3,6   207
3,6*   207
3,11   773
3,14   207 253 605

3,15   207
4,10   773
4,13   773
7,1*   603
14,21–28   265
15,2*   385
15,6   193
15,11*   579
16,4–36   265
17,1–7   265
19,5*   449
28,17–20   253
28,20   256
33,20*   773
33,23   773
35,27   256
35,27f   70
35,28   256
36,9f   70 257
39,2f   257
39,10–13   253

Lev
11,44*   334
19,2*   334
26,11f   661

Num
13,23   247
13,24f   582
13,34   357
15,38–40   499

22,22   659
23,19*   201
35,11–15   33

Dtn
5,5–10   404
6,4*   145 155
6,13   627 667
6,13*   313
21,23   321
22,12   499
25,5–22   408
29,4   265
30,4   597

Jos
2,18   687
2,21   687
5,13 – 6,21   687
5,15*   411
6,6–21   141
10,22–27   595

Ri
11,30   140

Rut
4,7   408

1 Sam
16,1   675
18,7*   595

2 Sam
5, 18   357

1 Kön
5, 15   137
10, 1–3   137
17, 21 f   377

2 Kön
2, 11   467
4, 34 f   377
5, 18 LXX   357
13, 21   377
22, 19*   645

Tob
9, 1 f   659
14, 13   242

3 Makk LXX
3, 28   242

4 Makk LXX   30

Ijob
3, 8*   611
9, 8   608
9, 8*   611
10, 13*   277
26, 5   357
36, 3 Vg.   573
36, 26   767
38, 8   277
38, 36   255
38, 36*   255
42, 2*   277

Ps
1   34
2, 7   523 605
8, 5 f*   293
8, 7   705
8, 8 LXX   705
9, 15   477
10, 5 LXX   465
11, 4   465
11, 7 LXX   593
11, 7*   259
12, 6 LXX   265
12, 7   259 593
13, 6   265
15, 10 LXX   673
16, 10   673
18, 2 LXX   471
18, 5   597
18, 13 LXX   245
19, 2   471
21, 2 LXX   287
21, 2*   215
21, 7 LXX   291
21, 11 LXX   215
21, 13 LXX   219
21, 19 LXX   219
22, 2   287
22, 7   291
22, 11   215
22, 13   219
22, 19   219
23, 7 LXX   473 475
23, 7*   467 473
23, 8*   469
23, 9 LXX   469 473 475
23, 9*   469
23, 10 LXX   473 499
24, 4*   393
24, 7   473 475
24, 7 LXX   467
24, 8 LXX   469
24, 9   473 475
24, 10   469 473 499
25, 4   393
26, 4 LXX   653
27, 4   653
29, 10*   339
30, 3 LXX   385
30, 9 LXX   671
30, 10   339
30, 12 LXX   671
30, 17 LXX   671
31, 1*   369
31, 3   385
32, 1   369
32, 4 LXX   203
32, 9*   225
33, 4   203
33, 6   493
35–40   34
35, 10 LXX   177
36, 10   177
39, 9*   101 281
40, 9   281
43   34
44, 1 LXX   559
44, 2   205
44, 2 LXX   193 241 269
44, 7   84
44, 7*   157
44, 8   573
44, 8 LXX   573
44, 8*   157
45   34
45, 1   559
45, 2   193 241 269
45, 5 b*   361
45, 7   361
45, 7 LXX   84
45, 8   573
45, 8 LXX   353
45, 12 LXX   353
46, 8   353
46, 12   353
47   34
48   34
50, 6 LXX   531

51,6   531
52,2 LXX   335
52,3*   755
53,2   335
53,3   755
53,8*   281
54,8   281
55,11 LXX   367
56,11   367
61   34
61,2 LXX   731
61,4 LXX   733
61,5 LXX   733
62,2   731
62,4   733
62,5   733
68,10 LXX   149
69,10   149
70,22f*   245
71,2   696
72,5–7 LXX   735
72,8f*   737
72,11   737
73,5–7   735
73,8f   737
73,11   737
75,9 LXX   323
76,9   323
79,2*   651
79,9 LXX   583
80,9   583
80,10*   195
81,6 LXX   603
81,6*   335
82,6   335 603
82,19*   363
84,5 LXX   397
85,2 LXX   673
85,5   397
85,16 LXX   673
85,16*   673
86,2   673

86,4 LXX   687
86,16   673
87,4   687
87,4f*   375
87,5   361
88,4   375
88,7*   579
88,20*   275
88,21 LXX   671
88,39f   443
88,39f*   443
88,48*   443
89,2*   403
89,7   579
89,20   275 379
89,20*   369 375 379
89,21   671
89,39*   414–415
89,39f   443
89,42*   415
89,48   443
90,1   381
90,2   403
93,9 LXX   745
94,4   745
94,6   317
98,6 LXX   773
99,3 LXX   159
99,6   773
100,3   159
103,15 LXX   247
103,24   70 488
103,24 LXX   211 387 511 743
104,15   247 449
104,24   211 387 511 743
109,1   84
109,1 LXX   457 643
109,1*   327 643
109,3   84

109,3 LXX   193 205 211 333 401 523 525 559
110,1   327 457 643
110,1 LXX   84
110,3   193 205 211 333 401 523 525 559
110,3 LXX   84
113,11*   537
114,16   319
115,3   537
115,10 LXX   673
115,11   687
115,16 LXX   319 673
115,17 LXX   673
116,10   673
116,16*   673
116,17   673
117,1   267
117,6 LXX   193 621
117,8 LXX   267 621
117,9 LXX   623
117,9*   623
117,19 LXX   465 473
118,6   193 621
118,8   267 621
118,9   623
118,14   381
118,19   465 473
118,89*   191
118,91 LXX   745
118,91*   563 745
119,91   563 665 745
119,91*   665
121,7 LXX   387
123,8 LXX   303
124,8   303
125,6 LXX   413

126,6   413
130,1 LXX   765
130,1*   765
131,1   765
138,8*   439
138,15*   437
138,16*   439
138,24*   393
139,24   393
140,3 LXX   245
141,3   245
142,2*   339
143,2   339
144,3 LXX   189
145,3   189
146,4 LXX   743
147,4   743
148,5   201
148,5*   417
151,7 LXX   447

Spr
3,19*   609
8,21a*   401
8,22   84 388 391 673
8,22*   217 391 399 419
8,22f   223
8,23–25*   399
8,25*   401
8,27*   609
9,1–4   221
14,15   451
22,2 Vg.   573
30,18f*   619
31,22 LXX   257

Koh
12,14*   371 695

Hld
1,1   269
1,2*   269
4,6   412
4,8*   413
4,16*   413
5,2*   473
5,15   412
5,15*   413
5,16   413
7,9*   269

Weish
7,26   203 271 435
7,26*   177
7,27   567
7,30   567
8,13*   369

Sir
3,21   773
24,3   229 523
24,5   193
24,5 Vg.   523
24,8 Vg.   463
24,45 Vg.   463
28,28 Vg.   175
29,20f   573
29,21f   573

Jes
1,18*   247
1,22*   405
6,3*   331
6,4–7*   473
6,5*   245
6,6   245
6,10*   342–343
7,11   771
7,12   771
7,14   771
9,5   395 399 507

9,5*   397 401
9,6   84 464
9,6*   465
13,21   357
14,13f*   775
22,11 Vg.   573
23,22   444
25,4*   385
27,1   611
40,3   661
42,8*   145
43,10*   183
43,10f   679
43,20   357
43,20 LXX   357
44,6   679
44,24   608
44,24*   609
45,11 LXX   743
45,11*   219
45,14   159
45,14f   679
45,14f LXX   154
45,14f*   155
46,5*   201
48,12f*   303
48,15*   303
48,16   303
49,5f*   671
52,6   275
53,2*   469
53,4   359
53,4*   285
53,5   287
53,5*   501
53,7*   291 421
53,8   84 383 423
53,8 LXX   213
61,1   307 309
63,7*   263
63,9*   375
65,15f*   233

Jer
1,5   544
1,5*   139 545
2,21*   581
9,9   441
9,9*   443
10,11*   495
11,18f*   581
23,18   444–445
23,18*   447
23,22*   445
23,24*   661
27,39 LXX   357
28,25 LXX   441
28,25*   441
32,19   767
51,25 Vg.   441

Bar
3,36*   311
3,36–38   70
3,36–38*   161 309
3,37*   309
3,38   762–763

Ez
18,20*   369
34,23f*   675
38,14–16*   347
39,10–12*   349

Dan
3,23   165
3,27*   393
3,49–51   165
3,92   165

Hos
12,3   545
12,4 LXX   545

Am
4,12f   84
5,27   70 145
5,27*   273
7,14   161

Mi
6,4*   337

Nah
2,7 LXX   441
2,7*   441
2,7f   439
2,7f*   439

Sach
2,1*   767 769
2,5   767 769
2,12f*   273
3,7*   393
3,8*   671
6,1   441
6,12   671

Mal
3,6*   243

NEUES TESTAMENT

Mt
1,20–23   631
2,1   163
2,11   163 629
3,3*   661
3,14   773
3,17   193 519 559 655
4,2   361
4,10   627
4,10*   313 667
4,11   293
4,20   319
4,22   633
5,8*   653
5,34   771
5,45   399
5,48*   655
6,11   449
6,24   155
7,13f   475
7,21*   149
8,1–22   455
8,2f   283
8,17   359
8,24–26   631
8,29   233
9,1–8   457
9,4   761
9,8   457
9,20   499
9,23–26   455
9,27–31   457
10,16*   451
10,24   293 467
10,24*   371
10,28*   289
10,36   673
11,2f   463
11,17   151
11,25   361 663
11,27   567 747 765
11,29   631 713
12,8   749
12,25   87
12,25*   149 425
12,26   441
12,42   137
13,15*   342–343
13,23   631
13,43*   427
13,54–58   463
14,25f   491

14,28 281 611
14,33 151 231
14,33* 443
14,36 499 739
14,36* 739
15,24 323
15,25 627
16,16 151 501
16,18 475
16,18f 503
16,19 429
16,23* 285
16,28* 427 429
17,3 643
17,5 193 327 519 655
17,5* 205 341
17,6 341 559
17,7 341
17,9 643
17,19 673
17,20 441
19,21 249
19,28 70 433 651
19,28* 645
20,14* 595
20,15* 267
20,20 633
20,21* 633
20,22 647
20,22f* 637
20,23 631 639 647–651
20,28 649
20,30* 667
21,5 696
21,21 441
21,37 659 761
21,37* 659 755
21,42 767
22,11–13* 471
22,30 647
22,42–46* 663
22,43f 666
24,2 749
24,36 319 463
24,44 751
24,45f* 587
24,46 597
25,20* 593
25,21 68 595
25,26f* 591
25,31 431 433
25,34 696
25,36* 723
25,40 696
25,40* 723
26,38 361
26,39 75 277
26,39* 279 285
26,39–44 361
26,63f 151
26,64* 327 719
26,70–75 587
27,3f 733
27,11 696
27,35 219
27,40 151
27,43 151
27,45 323
27,46 361
27,46* 287
27,50f 361
27,51 323
27,51–53 323
27,53f 631
27,54 151 231 233
28,19 527 677
28,19* 147 677
28,20* 391 701

Mk
1,13* 379
1,25* 441
2,7* 335
2,9 499
3,11 233
3,17 475
5,8 441
5,27f 499
5,28f 499
6,45–52 455
8,28 433
9,1* 427
9,7 327
9,7* 189 341
9,48 337
10,17 261
10,18 80 261 263
10,40 639
12,6 755
12,29* 155
12,34–37 666
13,32 319 737–738
14,33 287
14,36 75
14,61f 151
15,39 231
16,15 70
16,15* 209
16,19 475

Lk
1,19* 645
1,35 151
1,41 545
1,44* 545
1,76 363 463
2,11 397
2,34 497
2,51 315 719
2,52* 761
4,3* 377
4,18 307 309 673
5,20* 365
5,21 335

6,8* 761	23,47 231	4,13f 631
6,19 763	24,39 553	4,21 631
6,36* 655		4,22 627 629
8,28 233	**Joh**	4,23 629
8,44 499	1,1 84 269 382	4,31f 631
9,26 433	399 598 679	4,34* 715
9,35 327	1,1f 183 239 397	4,37–47 498
10,30–35 317 595	1,1–14 151	4,42 347
11,13 603	1,2 541	5,17 573
11,19 751	1,3 70 167 385	5,18 297
11,29 771	387 493 563	5,18* 297 765
12,14 769	1,3* 211	5,19 53 84 149
13,24 475	1,3f* 385	495 509 737
13,28 429 703	1,8 679	5,19* 297 487 505
15,12f 242	1,10–12* 523	509 515
17,21 697 701	1,12 715	5,19b 487 501
17,31* 749	1,14 212 365 405	5,19b* 509
19,10 495	1,15 405 407	5,20 509
19,12 697	1,16 570–571	5,21 283 365 555
19,17 595	1,18 151 212 539	695
19,20f 597	1,18* 371 373	5,22 268 339 567
19,23 597	1,27 409	771
19,23* 591	1,27* 411	5,22* 325 639 641
19,27* 699	1,29 269 319 407	5,22f 643
19,41 321	1,30 403 413	5,23 186 303 339
20,13 761	1,30* 407	5,26 615
20,13* 755	1,34 151	5,26* 455 557
20,20–24 70	1,36 319	5,27 268
21,8* 749	2,9–11 491	5,27* 455
21,11* 749	2,17 149	5,30 737
21,20 751	2,19* 365	5,30f 684
21,24 751	3,8 281	5,31 685
22,32 501	3,13 289	6,27 631
22,42* 717	3,13* 467 555	6,38 279 555
23,7* 661	3,16 212	6,40* 683
23,33 323	3,18 212	6,41 555
23,34 321 459	3,21 70 387	6,44* 329 701
23,43 323 429	3,29 411	6,50f* 307
23,43* 657	3,35 193	6,51 555
23,43–47 631	3,36 601	6,52* 307
23,44f 321	4,6 629	6,53* 551
23,46 361	4,7 631	6,55 553

6,57 549 557–561	10,18* 267	14,9f* 179
6,57* 551 553 559	10,27 88	14,10 84 179 423
6,58* 557	10,28–30* 695	501 693
7,8* 675	10,30 84 147 151	14,10* 155 323
7,12 269	167 213 229 485	511 613 691
7,15f 309	10,30* 765	14,11 155 691
7,16 649 684	10,35 603	14,11* 159
7,16f* 309	10,36 307	14,12 425
7,18* 311	10,38 179 229 371	14,12f* 641
7,19 219 733	11,4* 561	14,17 735
7,28 683	11,35 321 361	14,23 661 703
7,33* 675	11,41f 377	14,26* 305
7,34 631	11,41f* 511	14,28 84 289 583
7,37 221	11,42* 513	765
8 623	11,43 513	14,29 291
8,14 241 684	12,19* 657	14,31 291
8,14* 685	12,27 279 287	15,1 319 575 583
8,14f* 687	12,28 193 343	15,5 319 579
8,15 667	12,29* 343	15,15 503
8,16 337 373 485	12,31 611	15,22f* 477
623	12,41* 233	16,5 675
8,17 333 623	12,44 689	16,7* 475
8,18 623	12,44* 681	16,11 611
8,18* 687	12,45 683 691	16,13* 691
8,19* 241	12,46 683	16,15* 275 283
8,25 391 679	12,49 689	341 437 455 519
8,25* 391 683	12,50* 689	527 769
8,28 693	13,1 639	16,16 341
8,29 373	13,6–8 773	16,27 227
8,29* 323 713	13,13* 503	16,32 373
8,38* 693	13,31 677	17,1 193 311 617
8,40 219	13,31f 193 559	17,1f 361
8,40* 733	675	17,1–3 70 598
8,42 227 559	13,31f* 561	17,1–5 559
8,54* 675	13,37 279	17,3 84 373 561
8,56 301	14,1* 683	616 643 679
8,58 401 719	14,6 84 189 227	17,3* 597–598 601
9,4* 391	393 503 549 607	17,4 482 643
9,5 391	701	17,4* 561
10,11 267	14,6* 561	17,5 193 703
10,17f* 551 689	14,9 691	17,5* 561 657
10,18 689	14,9f 84	17,10* 657

17,11 483	22,9 343	8,38f 733
17,19* 307		8,38f* 733
17,21 485	**Röm**	9,5 409–411 563
17,22f 84	1,1 223 627 753	583 727
17,22f* 483	1,1* 681	9,5* 195
17,23 655	1,3 663	10,8 597
17,23* 657	1,3f 379	10,18 597
17,24* 311 653	1,4 151	11,20 760
701	1,19 189 367	11,20* 751
18,37 696	1,20 84 353 407	11,33 567
18,37* 327	423 437 485 519	11,33–36* 567
19,7 765	549 615 675 735	11,35 567
20,11f 323	1,24f 223	11,36 565 569 575
20,12 323	1,25 419 613	13,14* 359
20,17 84 213 475	3,2 597	14,17 727
20,17* 393	3,4* 383	
20,22 603	3,30* 323	**1 Kor**
21,15–17 587	4,3 203	1,2 543
22,13 679	4,17* 743	1,9 757
	5,5* 397	1,9* 571
Apg	5,19 701	1,13 477 715
1,7 753	5,19* 673	1,13* 173
1,7* 735 753	6,5f 730	1,20 161
2,26 217	6,8 731	1,20f 463
2,31 371	7,23–25 317	1,23 415
3,6* 377	8,1–4 317	1,24 84 151 167
4,11 319 617	8,3 377	189 393 481 485
4,12* 619	8,7 317	489 567 613 631
4,32* 153	8,7* 717	727 741 743
7,38* 207	8,11 557	1,27* 161
7,55* 457	8,15 523	1,30 70 381 383
7,56* 457	8,20 211	735
7,59* 459	8,21 211	2,4 305
7,60 459	8,21* 669	2,5 543
9,15 225 773	8,22* 211 669	2,7 403
9,18 685	8,23 523	2,7* 381
10,34 651	8,26 771	2,8 70
13,32f* 605	8,28–30 403	2,8* 289 379 693
13,33 523	8,29 211 651	2,9 267
17,28 254 357	8,32* 227	2,10 70
17,28* 255 387	8,34 327 613	2,10* 747 773
22,7 343	8,35 524	2,11* 747

3,2* 587	15,48 559	1,17 665
3,3 589	15,49* 721	1,20 475
3,5 485	15,52 335	1,20–22* 731
3,5f* 591		1,21 379
3,6 577	**2 Kor**	1,22f 715
3,7* 579	1,19 607	2,5f 725
3,8 485	3,6 383	2,5f* 727
3,8f 593	3,17 211	2,10 387
3,11 727	4,4 613 759	2,20 497
3,12 593	4,7 593	3,16 721
4,1 591	5,16 373	4,4 527
6,17 415	5,19 423	4,6 155
8,5 271 455 521 605 625	5,20 361	4,10 475 563
8,6 84 527 563 613	5,21 725	5,2 227
8,6* 159 563 625	6,16 661	5,5* 431
9,22 587	8,9 697	5,20f* 705
9,27* 359 665	8,9* 395	5,22 705
10,4 265	11,14 769	5,23* 481
10,4* 499	11,17 757	5,25* 481
10,6 253	12,2 773	6,16f 347
11,3 84 477	12,2–4 191	
11,16 589	12,2–4* 773	**Phil**
11,26 553	12,3 775	1,23* 701
12,9f 281	12,11 505	2 602
12,11 281 527	13,13* 573 681	2,6 297 475 555 639 765
12,31 393		2,6f 291 554 669 671
13,4f 639	**Gal**	2,6f* 445
13,9 741	1,1 627	2,7 84 261 299 395 465 555 586 703
13,9* 773	1,3f* 227	2,7* 313
15,5 579	3,6 203	2,7f* 417 719
15,10 485	3,13 319 321 725	2,8 719
15,19f* 707	3,13* 727	2,9 563
15,21–28 705	4,4 309 403 673	2,10 729
15,24 699 729	4,4* 215	2,10f* 715
15,26 729	4,5 523 655 669	2,11* 311
15,27 729	4,8 521	3,2 175
15,28 84 316 699 721 723 729	4,8* 607	3,20f* 731
15,28* 699 707 713	5,17 715	4,7* 191
	Eph	
	1,5 523 655	
	1,13f 725	

Kol
1,15   211 435 539
   613 759
1,15*   177
1,16   84 167 249
   379 387 535
1,16f   387 574–575
1,17   389 563
1,18   211 391 727
2,2f   463
2,3*   739
2,8*   167
2,9   84 295 311
   507 537 671 721
2,9*   431 761
2,12*   363
2,12–14   365
2,13f*   363
3,1f*   327
3,8   723
3,9*   453
3,9f   723
3,11   723
4,3   477
4,3*   473

1 Thess
3,11   315
5,10   70 551

2 Thess
2,16f*   315
5,1   753

1 Tim
1,4   505
1,4–7*   345
1,5*   505
1,11   369
1,15   283
1,15*   429
2,5f*   361

2,7   225
2,11   705
4,1*   345
6,13   367
6,13–16*   367
6,15   275
6,15f   373
6,16   79 368–369
   371 615 767
6,16*   363

2 Tim
1,9   219
2,23   345
2,23–25*   589
3,9   693

Tit
1,2   219 757
2,13   657
3,5   523
3,9   589
3,10*   383
3,10f*   175

Hebr
1,1   537
1,2*   177
1,2f*   743
1,3   84 179 435
   541 613 767
1,3*   253
1,3f*   415
1,4   415
1,5   523
1,6   211
1,9   573
1,10*   609
2,8   705
2,8*   565 707
2,8f   84
2,8f*   717

2,9   323 371 669
   723
2,9*   293 295 669
2,10   361
2,10*   391
2,14   389
2,14*   419
2,16 – 3,2*   421
4,12   87
4,12*   515
4,14   421
4,14*   471
4,15   319 673
5,5   523
5,6   421
5,8   151 719
6,13f   70
6,13f*   299
6,16*   301
7,3*   423
7,22   415 427
7,26   87 415 475
7,26f   417 672–673
9,12f   421
9,15   415
9,17*   415
9,24   421
9,28   421
10,14   421
11,5   467
13,8*   605

Jak
2,23   203

1 Petr
1,16*   334
1,19   381
1,20   401
1,23   537 539
2,6–8   497
2,7f   319

2,13* 705	2,22* 345	1,7f 70
2,23* 395	2,23 347	1,8 541
2,24 287	2,23* 683	1,17 679
3,19 375	2,25 573	2,8 679
4,1* 287 421	2,29* 573	3,20* 473
	3,2* 181	4,4* 645
2 Petr	4,2* 617	4,10 645
1,4 243 725	4,9 212	7,11 645
1,10f* 425	4,12* 619	10,16 696
	4,15 151	13,6f* 345
1 Joh	5,20 235	14,10f 337
1,1* 183 399		22,13 679
1,3* 571	**Offb**	
1,5 371	1,5 211	
2,18 345	1,7* 273	

Personen

BIBLISCHE NAMEN

Aaron 253
Abraham 30 141 143 203 207 299 301 401 419 421 429 703 719
Adam 317 401 707
Amos 161
Äneas 377
Apollos 485 576–577 591

Bileam 659
Boas 409

David 33 157 191 245 293 337 373 379 385 397 593 653 663 667–675 715 735 737 765

Eleasar 30

Elija 32 205 377 467 645
Elisabeth 545
Elischa 377
Eva 635
Ezechiel 347 673 675

Gabriel 369 371 605 645
Gog 347

Henoch 467
Herodes 661
Hiram 137

Ijob 277
Isaak 30 207 429 703

Jakob 30 33 161 207 429 545 703
Jakobus 475
Jehoschua 392
Jeremia 161 357 443 545

Jesaja 155 233 245 275 303 357 385 395 401 473 475
Jeschua 392–393
Jesus von Nazareth 392
Jiftach 140
Johannes der Evangelist 181 183 233 235 239 345 411 463 475 523 545 571 573 645
Johannes der Täufer 40 403–407 773
Jona 771
Joschua 392
Josef 315 719
Josua 141 392 411 593 685 686
Judas 239 733

Lazarus 287 513
Lot 141
Lukas 33 35 99 755

Maria 36–37 201 215 315 397 403 439 545 719
Maria Magdalena 475
Markus 755
Matthäus 639 738 755
Melchisedek 421 423
Micha 645
Mose 205 207 385 392 411 449 467 583 603 605 645 773

Nabot 32
Nun 141 411 593 685

Paulus 40 191 223 255 287 299 313 327 343 357 405 439 477 481 485 577 579 603 605 609 612–613 627 669 681 685 705 773 775

Petrus 40 205 239 243 279–287 319 341 377 380 425 475 501 705 707 773
Philippus 179
Pontius Pilatus 327 367 661 719

Rafael 369 605 659
Rahab 687
Rebekka 30
Rut 409

Sacharja 393
Salomo 137 225 619
Stephanus 207 457–458

Timotheus 429
Tobias 659

Uriel 369

Zebedäus 631 639 641

ANTIKE UND MITTELALTER

Aëtius 53 169–171
Agapetus 103 106 117 119
Agathon 120
Alexander von Alexandrien 74 146 243
Alexander von Aphrodisias 625
Ambrosia 37
Ambrosiaster 314
Ambrosius der Ältere 10–11
Ammianus Marcellinus 350–351 353
Anastasius 128
Anselm von Canterbury 225

Apolinaris von Laodicea 445 634–635 671
Apollinarius 549
Ps.-Apuleius 692
Aquila 468
Aratus 254 357
Aristoteles 148 153 492
Arius 57 59 73 146 169 171 177 185 225–226 235 239–243 283 452–454 533 627 667 669 753 767–775
Arnobius 381
Athanasius von Alexandrien 37 57–58 64 71–79 88 122 144 147 153 156–157 165 172 176 179 183 189 191 209 217 220 223 227 238 243 292 307 310 321 324–325 359–360 378 383 388–389 401 404–405 419 434–435 437 442 452–453 477 483–484 512–513 519 526 531 533 536–537 540–541 575 598 608 619 624 653 662 675 680 682 694–695 708 734 739–740 746–753 759–761
Ps.-Athanasius: siehe Marcell von Ancyra
Augustinus 9 11 16 20 23 26 29 33 39 43 76–77 114 215 381 439 508 697
Ps.-Augustinus 509
Augustus 249
Ps.-Aurelius Victor 353
Ausonius 46
Auxentius I. von Mailand 14 17 172–173 533 679
Auxentius II. Mercurinus 172–173

Basilius von Caesarea 17 28–29 31–32 34 37 66 71 75 80 172 185 436 447 532 563 565 605 612 678 681 735
Ps.-Basilius 80 549 575 598 630 734 739–740 746 749
Boethius 148–149
Bonosus von Serdica 37
Buterich 24

Caesarius von Arles 246
Cassiodor 33
Cicero 11 31 35 90 163 197 380 597
Clemens von Alexandrien 141
Constantius 172 237 449
Constantius II. 11
Cyprian von Karthago 39 44 114 201 349 689
Cyrill von Alexandrien 127 129
Cyrill von Jerusalem 99 114 124–125 713

Damasus 43 251
Damian von Pavia 43
Demophilus 172–173
Didymus der Blinde 37 71 78–79 155 369 421 525 549 561
Ps.-Didymus 79–80 213 219 261 289 367–368 388 549 565 570 573–575 598 608 614 630 634 649 703 725 734 738–740 746 749 754 759
Diokletian 23
Dioscur 115
Donatus 11

Ebion 669

Ephraem von Amida   111 125
Epikur   207
Epiphanius von Salamis   75 81
    122 238 360 386–387 420
    453 468 518 624 663
    707–708
Eudoxius   477
Eugenius   34
Eulogius von Alexandrien   112
    127
Eunomius von Cyzicus   53 67
    80–81 169–171 185 532 678
Eusebius   37
Eusebius von Caesarea   34 155
    243 270 455 708
Eusebius von Emesa   420
Eusebius von Nicomedien   59
    446–447
Eusebius von Vercelli   82
Ps.-Eusebius von Vercelli   202
Eustathius von Cyrrhus   446
Eutyches   115
Evagrius Ponticus   735

Faustinus Presbyter   239
Filastrius von Brescia   663
Flavian von Konstantinopel
    481
Flavian von Philippi   114–115
Flavius Gratianus   45
Fulgentius von Ruspe   163

Georg   172
Gervasius   23 27 40
Gratian   18–20 32–33 38
    46–50 52 68 108 137–141
    247 249 353 590
Gregor von Elvira   203 242
Gregor von Nazianz   75–76
    122 192 239 360 489 494
    518 540 603 605 635 699
    767

Gregor von Nyssa   75 80–81
    144–146 360 389 605

Hegesipp   27
Hieronymus   11–12 28 31 34
    43 60–61 155 161 246
    348–349 389 421 451 476
    525 699 740 755
Hilarius von Poitiers   43
    65–66 71–79 89
    145 153 156 159 179 185
    189 203 206 212 230
    236–237 260 310 341
    451–452 483 487 513
    558–559 598 666 670 677
    690 705 709–710 713 735
    738–740 747 754 759
Hippolyt   31 33
Homer   175 359
Honorius   41

Innozenz von Maronea   110
    124–125
Isidor von Sevilla   175

Jamblich   625
Johannes Cassian   617
Johannes Scholasticus   123
Johannes von Caesarea   109
    111 113 122–124
Johannes von Scythopolis   112
    124
Josephus Flavius   27
Julia   37
Julian Apostata   171
Justin der Märtyrer   540 581
Justina   20 23 33 249
Justinian   108 126

Konstantin   16

Laktanz   201

Leo der Große   115 395 481 697
Leontius von Antiochien   171
Leontius von Byzanz   109 113 125–126 128
Leontius von Jerusalem   112–113 125–126
Liberius von Rom   12 36 75
Lucilius   197

Macarius von Antiochien   100 102 119–120
Macedonius von Kilikien   477
Magnus Maximus   22 33
Mani(chaeus)   185 278–279 667
Marcell von Ancyra   77 213 260 270 289 330–331 707–709 715
Marcellina   10
Marcion   170 278–279 669
Marius Victorinus   11 16 66
Martirius   477
Maximinus   349 519 598 657 679
Maximus   23
Maximus Confessor   118 128
Minucius Felix   175

Nestorius   99 114 124 129
Niketas von Herakleia   99

Odysseus   359
Origenes   28 31–32 34 64 78 87 89 226 247 256 267 317 408–412 421 441 454 466 525 544 568 582 585–586 593 595 630–635 643 647 651 654 661 686–687

Pacuvius   196

Palladius von Rathiaria   49 52–54 147 167–168 172–173 218 301 468–469 589 601 657
Paulinus von Mailand   10 12–13 15 20 23 26–27 34 38
Paulus von Samosata   669
Philo   28–29 31–34 226
Phoebadius von Agen   77 81–82 242 528
Photin   77 185 334 477 667 669
Photius   111–112 125 127
Platon   404 492
Plinius   11 41
Plotin   31
Porphyrius   148
Potamius   242
Protasius   23 27 40

Quintilian   89 518

Rufin von Aquileia   13 15 20 436 525

Sabellius   185 270 311 512 667 669
Salvianus von Marseille   617
Satyrus   40
Seneca   225
Serapion   73
Servius Grammaticus   145
Severus von Antiochien   99 107 109 111–112 116 123–124 126
Sextus Claudius Petronius Probus   12–13
Simplicianus von Mailand   16
Socrates Scholasticus   13 15 18 20 184 351
Sozomenus   13 15 18 20 25 236 351

Sulpicius Severus 451
Symmachus 10

Tatian der Syrer 540
Tertullian 39 65 89 163 168 183 219 345 527 540 558–559 664–665
Thekla 36
Theodor von Mopsuestia 709
Theodoret von Antiochien 446
Theodoret von Cyrrhus 13 15 20 25 38 44 91 104–105 107–108 113 120–122 124 129 155 237–238 351
Theodosius I. 20 23–25 28 33 41 48 172 635
Timotheus Aelurus 112 122

Uranius Satyrus 10
Ursacius von Singidunum 437

Valens 48 141 172 349 351 451
Valens von Mursa 437
Valentin 278–279 669
Valentinian I. 15 18 45 141
Valentinian II. 20 32–33 40 249
Valentinianus 185
Valentinus 185
Vergil 11 31 90 175 287 685 740
Vigilius von Thapsus 54

Wulfila 173 678–679

Zosimus 19

MODERNE

Abramowski, L. 81 104 108 128–129 144 171 271 675
Aland, B. 83 577 662 683
Aland, K. 487 548 577 662 683
Albertella, R. 108
Alessandrini, G. 27
Altaner, B. 72
Amelotti, M. 108
Andresen, C. 214
Angstenberger, P. 394 696
Arens, H. 115 395
Auerbach, E. 89
Ax, W. 163

Bacher, W. 32
Baltes, M. 490 492 609
Bardenhewer, O. 31 40
Bardy, G. 114 171 208 422
Bastiaensen, A.A.R. 10 12–13 15 20 23 26–27 34 38
Bauer, W. 577 662 683
Becker, M. 29
Beierwaltes, W. 153
Beneševic, V.N. 681
Bienert, W.A. 271 512
Biermann, M. 40
Bietz, W.K. 29
Blaise, A. 299 369 421 438 490–491 497 525 617 664 691–692 709
Blass, F. 308
Borromäus, K. 27
Botte, B. 39
Bourguet, D. 581
Braun, R. 559
Brennecke, H.C. 58 74 76 142 171 236–237
Brown, P. 25 36
Bulhart, V. 82
Burdach, K. 500
Burkitt, F.C. 581
Burnet, I. 404
Buytaert, E.M. 420

Campenhausen, H. von   18 61
    75 84
Canali, L.   10 12–13 15 20 23
    26–27 34 38
Cantalamessa, R.   169 447 601
    624 707
Caspar, E.   117–118
Ceriani, A. M.   209
Chrysos, E.   128
Clark, A. C.   380
Connolly, R. H.   33 39
Courcelle, P.   11 31 42 161
Courtonne, Y.   17 66 80 172
    447 735

Daniélou, J.   165
Dassmann, E.   10 22–23 25–26
    28 31 42–43 56 85 247 637
Dattrino, L.   82
Debrunner, A.   308
Demandt, A.   45 351 353
Denzinger, H.   158 251
Devreesse, R.   113
Diederich, M. D.   11
Diehl, E.   40
Diekamp, F.   105–106 110–111
    128
Dihle, A.   35
Dillon, J.   571
Dölger, F. J.   11
Doignon, J.   77
Dossetti, G. L.   152 165 532
Drobner, H. R.   214
Dudden, F. H.   17 22 46 68
    75 324 334
Dunphy, W.   29
Durst, M.   173
Duval, Y.-M.   15 53 88 237
    244

Ebied, R. Y.   112 122
Ellspermann, G. L.   11

Ettlinger, G. H.   38 104–105
    107–108 121–122

Faller, O.   16 39 41 44 47–52
    69 72 76 78–79 81–82 91–98
    130–131 133 145 153 173
    175 209 236 249 289 324
    330 349–355 368 375 378
    383 401 437 466 491–492
    519 529 536 549 554 561
    568 575 585 589 597–598
    608 619 630 649 662 678
    690 695 705 714–715 723
    731 735 759–760 767
Faust, U.   43
Fischer, B.   9 16 88
Florovsky, G.   570
Fontaine, J.   39–40 88 247
    299 400
Forlin Patrucco, M.   735
Frede, H. J.   28 39 83 86–87
    202 293 345 387 429 514
    604 669 704 714–715 723
    729 731
Freund, S.   90
Friedrich, J.   130
Funk, F. X.   549

Gallay, P.   494
Georges, K. E.   275 313 666
    691
Gercke, A.   225
Ghellinck, J. de   168
Gilliard, F. D.   15
Goodman, A. E.   104 108
    128–129
Gori, F.   12 36–37 43 75 498
    529
Gottlieb, G.   18–19 21 45–46
    48–50 349–354
Graumann, T.   28 34–35 43
    85 551

Grillmeier, A.   65 73
   114–116 121–129 437
Grimm, J.   260 489
Grimm, W.   260 489
Gronewald, M.   155
Grünbeck, E.   241
Gryson, R.   53 76 172–173
   342 383 397 464–465 501

Hadot, P.   31
Haeringen, J.M. van   21
Hagendahl, H.   11 42 207
Hahn, A.   235 533 677 708
   767
Hahn, V.   56
Halm, K.   617
Hansen, D.U.   405 541
Hanson, R.P.C.   62 81 84
   236–237
Harl, M.   400
Harnack, A. von   293
Hatch, E.   242
Hayduck, M.   625
Hengel, M.   414 696
Henke, R.   31
Henry, R.   111–112 125
Hermann, A.   253
Heron, A.I.C.   79–80 549
Herrmann, L.   55–56 60 69
   71 85 677
Hiltbrunner, O.   35 137
Hönscheid, J.   79 261
Hübner, R.M.   549
Hünermann, P.   158 251

Ihm, M.   31
Irmscher, J.   44 98–99 500

Jaeger, W.   81 146 153
   358–360 389 605
Jensen, P.J.   256
Joannou, P.P.   16 681

Jones, A.H.M.   10
Jülicher, A.   269 343 433 487
   548 658 682 689
Jürgens, H.   16 20 23 26

Kähler, E.   393
Kannengiesser, C.   490
Kasten, H.   197
Kauffmann, F.   53 356 519
Kaufman, P.I.   15
Kelly, J.N.D.   182
Kidd, D.   254 357
Klein, K.K.   173
Klein, M.   12 31 42 82
Klein, R.   19 496
Kolb, F.   25
Kopecek, T.A.   171
Kosinka, J.   27
Krenkel, W.   197
Kühner, R.   51
Kytzler, B.   175

Lampe, G.W.H.   438 663
Lebon, J.   99 107 109
   111–112 123–124
LeBoullec, A.   256
LeFort, L.-T.   75
Lenox-Conyngham, A.   21 42
   168 209 490
Leroy-Molinghen, A.   238
Lewy, H.   247
Liebs, D.   770
Lietzmann, H.   445
Lindsay, W.M.   175
Lippold, A.   24
Löhr, W.A.   236
Lohse, B.   84
Loofs, F.   61–62 126
Lucchesi, E.   28 42
Luther, M.   414

Madec, G.   39 42 60 161 168 209 491
Magistretti, M.   209
Maier, J.-M.   661
Mansi, J.D.   100 102–103 106 120
Marchesi, C.   381
Marcovich, M.   540 581
Markschies, C.   9 13 15–17 20 28–29 38 42 44 46–50 53–54 57–60 62 64–66 68–69 72 75 78 80 82 84 87 122 139–147 158 169 172–173 177 185 231 235 241 251 263 271 278–279 300 305 311 324 334 349–350 353 355 382 411 435 446–451 475 495 517 533 549 555 569 590 601 631 677 691 720–721
Martindale, J.R.   10
Matthews, J.   15
Matzkow, W.   269 343 433 487 548 658 682 689
Maur, H.J. auf der   34
Mazzarino, S.   27
McLynn, N.B.   10 15 17 19–21 24–25 47 52–53 173
Mehlhausen, J.   62
Mercati, G.   92
Merkel, H.   34
Meslin, M.   172
Metzger, B.M.   738
Metzler, K.   73 83 87–88 157 165 176 179 189 191 209 217 220 243 293 310 325 378–379 383 388 400 419 453 512 519 526 531 662 680 694–695
Meyer, H.   18 21 23–24 175 236 528
Michl, J.   369

Migliardi, L.   108
Migne, J.-P.   50 64
Mohrmann, C.   10 12–13 15 20 23 26–27 34 38
Mommsen, T.   18 21 23–24 175 528
Moreschini, C.   31 51 73 144 169 219 224 236 244 271 315 328 330 345 389 412 477 492 494 518 527–528 558 566 569 589 591 663 670 699 704 731 755 766
Morin, G.   508
Moroni, B.   90 185 324 335 470 490
Morris, J.   10
Mühl, M.   513
Mühlenberg, E.   731
Müller, D.H.   32 144
Muncey, R.W.   83 86–87 655
Murphy, F.X.   120
Mynors, R.A.B.   33 175 287 685 740

Nauroy, G.   21 40
Nautin, P.   45 86 353
Noethlichs, K.-L.   23 50 53
Norden, E.   88

Oberhelman, S.M.   29 90
Opelt, I.   90
Opitz, H.-G.   59 64 74 76 122 146–147 156 165 223 227 238 243 389 435 437 446 452 455 477 513 517 533 536 540 575 619 708

Palanque, J.-R.   22 31 46 350 354
Parthey, G.   625
Paschoud, F.   19

Pasini, C.   44 52 98 122
Pavan, M.   353
Pekáry, T.   597
Pepin, J.   31
Phanaourgakis, B.   128
Pichlmayr, F.   353
Piccolo, G.   31
Pietri, C.   173
Pietri, L.   173
Pizzolato, L. F.   30 43 55–56 85 315 377 382 471
Plasberg, O.   163
Portolano, A.   32
Prestige, G. L.   221

Radermacher, L.   89 518
Rahner, H.   141 358
Ramatschi, P.   72
Ratti, A.   209
Rauer, M.   593
Rauschen, G.   31
Redpath, H. A.   242
Rehkopf, F.   308
Reichert, E.   90
Reichmann, V.   161
Reischl, W. C.   713
Reitzenstein, R.   662
Reuss, J.   561
Reutter, U.   130 251
Richard, M.   113 118 123–124 127
Riedinger, R.   100–103 105–106 117–119
Riedmatten, H. de   172
Risch, F. X.   549
Ritter, A. M.   62
Romestin, H. de   159 215 392 518
Roques, M.   33
Rudolph, W.   393 580
Runia, D. T.   28

Sabatier, P.   201 388 393 401 439 442 732
Sagot, S.   31
Sanders, M.   30
Sandevoir, P.   256
Sartori, A.   40
Savon, H.   28 32–33 41–42
Savvidis, K.   73 157 165 176 179 189 191 209 217 220 243 293 310 325 378–379 383 388 401 405 419 453 512 519 526 531 541 662 680 694–695
Sbordone, F.   451
Schade, L.   12
Schäfer, K. T.   83 87–88 293
Schaub, W.   16 20 23 26
Schenkl, C.   28 30–32 51
Schieffer, R.   25
Schmid, W.   207
Schmidt, J.   175
Schmitt, F. S.   225
Schmitz, J.   39 68–69 616
Schnackenburg, R.   390
Schneemelcher, W.   62
Schwartz, E.   44 62 104 106–110 112 114–116 122 129 481 500 709
Schwemer, A. M.   696
Scott, A. B.   267
Seibel, I.   655 721
Seibt, K.   708
Seyfarth, W.   350–351 353
Shackleton Bailey, D. R.   597
Sherwood, P.   120
Sieben, H. J.   19
Siebert, J.   130
Simon, M.   422
Simonetti, M.   144 217 221 237 242 360 389 447 605 663
Skutella, M.   16 20 23 26

Smulders, P.   77
Stead, G.C.   74 447
Stegemann, H.   51 421
Steidle, W.   35
Studer, B.   466–471
Stuiber, A.   72
Suchla, B.R.   123
Suntrup, R.   236
Szabò, F.   513 515

Testard, M.   16 35 170 197 493
Theiler, W.   571
Thiel, H. van   175
Thiele, W.   88 571
Thilo, G.   145
Thomas, A.   246
Thomas, P.   693
Thunberg, L.   203
Treu, U.   161

Vaggione, R.P.   171 678
Vasey, V.R.   32
Vinzent, M.   708

Warmington, E.H.   196–197
Waszink, J.H.   256
Wickham, L.R.   112 122 171
Wilkins, A.S.   597
Williams, D.H.   15 17 21–22 45 47 52 78 80–82 355
Williams, R.   74

Zahn, T.   384
Zelzer, K.   35
Zelzer, M.   11 21 24 26 28–32 34 36 41–42 75 83
Ziegler, J.   357 439 444

Geographische Namen

Ägypten   155 337 583
Äthiopien   155
Aquileia   533 634

Babylon   357 687

Caesarea   738
Cyzicus   170

Griechenland   10

(Nord-)Italien   86 92 96 351 353

Jerusalem   317 767
Juda   393

Kappadokien   122 170 172
Konstantinopel   120 122 171–172 494 500 635

Mailand   9 13 16–17 25 45 47 86 172

Rom   11 13 20 115 270 608

Thessaloniki   24–25
Thrakien   48 172 351

Sachen

Abbild 29 34 177–181 250 255 259 271 333 413 423 463 515 613 655 695 743 761 767 769 773
Adoption 229 241
Anhomöer 144 170–171 173
Annahme 38 157 217 287–293 299 319 327 391 419 481 511 605 617 635 649 655 665 669 697 717 719 725 727 733 739 761 763
antiarianisch 23 39 67 72 74 77 137 145 228 667
Apollinarismus 38
Arianer 14 47 53 55 57–58 73–75 78 147–148 151 165 171–172 201 203 221 223 231 269 271 311 313 335 341–345 357 365 377–378 385 397 399 403–407 420 425 435 439 447 453 469 477 479 483 485 495 507 533 557 599 605 619 624 667 677 679 692–693 701 719 727 735 737 771
Arianismus 57 74 171 349

Barbar(-en) 48 347 351 723
Bekenntnis 13–14 21 23 43 53 65 143 171–172 207 234 237–239 243 341 367 421 446–447 453 473 476 599 603 681

Engel 80 163 165 191 203 243 292–293 323 329 343 369 379 401 415 419 421 431–435 449 463–473 477 525 605 611 645 713 717–723 727 733 739 753 759 765–769
Eunomianismus 57

Fleisch 107 109 129 153 157 163 203 213–219 227 245 247 279 287 289 293 295 299 307 317–321 337 339 363 365 371–377 383 391 401 405 407 417–421 437 443 465 479–483 491 501 511 553–557 563 581 585 589 595 597 605 615 617 621 623 629 635 647 649 657 663–669 675 677 685–689 699 713–717 721 724–725 727 731 757 765 773 775
Fleischwerdung 313 361 363 367 379 389 391 399 403 407 409 413 417 419 423 439 443 481 491 493 555 559 577 581 583 615 617 629 669 675 689 697 771

Gericht 22 321 325 339 371 455 695 739 749 751
Gerichtsgewalt 339 567 639–643

Gerichtstag 319 337 739 745–749
Goten 141 347–351
Gottesebenbildlichkeit 157 179 181 333 655 659
Griechen 415 723

Hebräer 707
Homöer/homöisch 14 17 19–22 33 38 45 47 49 52 54 56–57 59 67 71 75–77 82 86 90 92 142 147–149 171–173 177 226 237 242 249 279 311 349 382 434 450 469 503 533 555 602 606 677 693
Homöusianer 663

Inkarnation 382

Juden 145 163 193 241 265 269 297 309 323 327 335 343 383 397 409 414–415 490 563 583 597 601 629 659 669 693 719 733 765

Kaiser 16 19–20 22–25 37 45–47 49 54 56 67–68 71 108 126 137–141 149 169 172 175 185 209 237 251 261 273 275 341 343 347 349 353–355 435 449 463 470 517 589 655 703
Konzilien und Synoden
  Nicaea (325), Nicaenum 14 16 37 43 59 66 143 152 163 172 199 228 234–238 249 356 446–447 681
  Sirmium (351) 17 156 477 708
  Rimini (359) 59 236–237 450 453
  Konstantinopel (360) 171
  Paris (360/361) 237
  Aquileia (381) 19 53 74 172 450 533 634
  Konstantinopel (381) 635
  Ephesus (431) 44 113
  Chalcedon (451) 104 107 110 113 115–116 125 127 133
  Konstantinopel (553) 500
  Konstantinopel (680/681) 120 125
Kreuz/Kreuzigung/gekreuzigt 141 217 219 236–237 247 285–289 321 323 363 365 381 383 395 414–415 465 467 585 587 649 685 693 719 721 727 729 757 761

Märtyrer 23 27 30 40 345 395 449 451 457–461

Opfer/opfern 23 25 29 163 227 281 287 337 415 421 457 511 673

Philosophie 30 42 59 167 178 209

richten 175 265 325 335 339 435 531 567 621 641 645 651 765 771
Richter 267 325 329–333 457 719 765 769 771
Römer 26 351 733

Sabain 155
Semiarianer 663

Tempel 365 465 749
Trinität 50 63 147 149 163 165 263 313 331 373 518

525 527 559 569 608 675
691

Wahrheit   14 56 179 193 195
223 227 230–231 233

251–255 271 303 343 367
387 393 423 485 491 503
535 549 561 607–609 621
641 667 735

Lateinische Stichwörter

aequalis   106 117 119 128
294–299 426 432 442 458
468 516 528–532 548
554–555 578 606–608 638
664 668 694 764
aequalitas   76 158 204 296
298 302 458 554–555 654
726

claritas   138 176 204 302 368
428 560 652–656 674
claritudo   428 540
confusio   146 334 526
confusus   152 234

dissimilis   53 136 138 144
164–170 176–180 200 208
250 258 300 330 338
606–607 694
distincta   174 360 526
distinctio   108 110–111
116–117 121 123–124 126
128 152 250 256 270–271
446 524–528 554 664
diversitas   152 180 212 222
258 620 622
diversus   106 128 172 256
296 298 434 462 478 546
574 618 624 663 728

divinitas   146 150–162 166
184 188 194 198 208 212
216 230 232 254 260
262–263 266 270 274 288
294–300 308 312–316 320
326 328 336 352 360 362
366–378 382 388 390 394
402–408 412 414 420 422
426 430 434–438 454
480–484 500 506 518 524
550 552 556 558 576 590
602 612–616 622 628 652
654 658 662 664 668 670
676 684 694 696 702 704
708–712 716 720 724 730
734 758 760 764 766 770
774
divisio   148 478 527 664–665
770
divisus   148 172 340 424

forma   74 106 117 128 156
170 174 256–257 260 298
314 336 394 442 474 482
602 664 668 670–671 674
702 724

generatio   136 152 170
186–196 200 202 212–216
228 232 244 250–254

340–341 372 380 382–383
402–408 420 422 454 480
516 518 522–528 532 534
538–542 546 576–582 614
620 654 668 674 684 720
724 726 770

homo   100 102–103 116–117
142 152 156 160–166
174–180 188 192 196
200–201 212 218 228 242
246 258–263 266 278 284
288 292 294 298 300 306
308 312–320 324–330 338
360 366 374–382 390 408
426 430 432 442 448 450
454–458 462 464 478 482
500 510 520 528 542 552
556–560 578 602 610
618–622 628 634 640–646
650–654 658 666–676
682–686 696 706 709 712
716–720 726 732 734 738
740 746–750 755–756 760
772

inaequalitas   504 516 518 532
630 666

lumen   176 234 242 398 540
616

maiestas   90 136 162 176 188
226 228 232 248–254 262
274 288 300 302 352 374
378–382 394 426 430–436
458 464 492 500 504 562
578 628 634 640 644
652–656 660 678 684 692
718 724 730 755 770 774
maior   74 150 288 294 298
300 320 376 378 393 448
464 504 582 584 594 606
638 658 764 770
minor   105–106 117 119 150
192 292 294 298–302 308
314 338 426 526 528 572
606 658 660 668 716 764
766

natura   77 103 110 112 116
119 125–128 144 146
150–158 162–166 176 192
204 212 222 240–248 256
260–264 280 282 286–294
298 306 315–316 318 368
370 374 378 384 388 394
402 442 446–447 452 478
481–482 484 494–498
502–506 520–526 530 538
546 558 574 580 606 614
620–624 628 640 654–658
664 694 709–710 716–720
724 726 732 738 740 764
naturalis   99–103 106 116–119
226 228 256 310 424 471
486 606 640 656 724 740
nomen   77 140 144–148 152
156 162 164 170 174–175
182 192–196 220 226 232
236 238 242 248 252 272
284 294 296 312–313 320
330 336 342 350 356 362
366 376 402 410 422 428
432 436 480 522 562 578
580 602 606 612 616 640
658 662 670 676 686 702
712 728–730 738 742 748

persona   54 146 170 214 296
446–447 508 510 620 624
650 665 670 674 684 748
potestas   144–148 152 158
164 190 200 208 230 232

262 266 274 280 292 296
298 314 316 328 330 360
370 376 378 424 438 442
448 454–458 464 468 470
474 480 482 486 506
520–528 550 562 570 574
578 594 598 606 622 640
642 648 658 660 664 670
672 676 678 688 694 696
700 702 706 710–714 718
728 730 733 752 756
764–765
principium 152 180–184 196
208 238 246 252 384 388
390 394–398 464–465
516–517 538–542 580 598
602 678 682 740
proprietas 54 154 158 186
194 198 212 216 226–231
250 254 426 481 518–526
538 544 546 614 664

similis 53 94 148 176–177
180 200 234 238 278–279
294 296 418 482 486 504
508 555 574 578 607 622
630 723 774
similitudo 176–180 250 254
258 312 338 356 374 376
410 422 424 478 554–555
646 720
subsistens 388
substantia 38 64 66 106–108
110–112 114 117 121 123
125–128 136 152 158 165
176 179 190 194 234 240
242–243 252 306 314 368
384 390 404 412 422
434–438 442 446–448 478
480 484 502 524–530 556
558 576 578 612 614
618–624 642 654 658 668

694 696 704 738 742 756
766 770–771
symbolum Nicaenum
  unus deus 144 146 618
  620
  omnipotens (pater) 166
  332
  visibilium et inivisibilium
  (creator) 248
  filius ex patre 228
  natum ex patre 144 204
  490–491
  unigenitus 490–491 614
  deus ex deo 156 228 234
  filius dei 166 502
  lumen de lumine 234
  verus deus ex vero deo
  198–199 234 456
  (ex patre/ex deo) natum (non
  factum) 234 630
  unius substantiae 234 558
  618 756
  homoousion 66 446
  omnia facta 166 624
  Anathematismen 234 516
  532–533 539 542–546

typicus 258
typus 376 408 412 422 462
594 772

unio 170
unitas 76 136 146 148
152–160 180 184 230 250
254 262 274 296 302 312
314 328 366–367 422 424
428 430 446 458 480–484
488 502–510 520 524 540
550 554–560 598 610 616
620–624 634 654 656 674
678 684 688 692 694
700–704 710 720 728 758

verbum   31 85 144 150–151
    166 168 178 182 184 190
    192 198 202 204 220
    238–242 250 252 294 306
    342 364 366 376 380–384
    396 398 402 404 408–412
    420 432 434 438 446–450
    454 470 472 480 484 492
    504 510 512 538 542 544
    552 558 592–598 602 614
    634 654–662 676 678 704
    708 712 714 755 760 766
    772
virtus   42 140 142 148–152
    166 178 184 188 192 230
    250–254 264 280 299 314
    316 320 326 330 352 366
    376 390 393–394 402 406
    426 436 448 466 468 480
    484 488–492 498 502 504
    510 518 540 542 548

Griechische Stichwörter

ἀγένητος   221 771
ἀγέννητος   221
ἀεὶ (οὖσα)   440
ἀκατέργαστος   46
ἀλλοίωτος   243
ἀναλλοίωτος   454
ἀνόμοιος   53 144 165 300
ἀνούσιος   436
ἀόρατος   249
ἀσύγχυτος   65 146 184 271
ἀτρεπτός   243

γένητος   221
γέννητος   221

δηνάρια   594
διάβολος   441
διαίρεσις   122 124
διαφορά   122 124 304

ἔκθεσις μακρόστιχος   172 476
    πίστεως   38 171
ἐνδιάθετος: siehe λόγος

ἐνέργεια   101–102 118
ἔννοιαι: siehe κοιναὶ
ἕνωσις   65 146 184
ἐξομολογεῖσθαι   662
ἐπ' ἴσης   149
ἐπίσῃ (τό)   149
ἑτεροούσιος   445 619

θέλημα   99 101–102 119
θεός   59 80 102 106 119 145
    152 163 194 199 201 228
    261 293 429 452–455
    θεός ἐκ θεοῦ   152 199 228
θεότης   79 101 104 106 108
    111 113 121–122 129 368

ἴδιος   231
ἰδιότης   231 518 541
Ἰησοῦς   392
ἴσος: siehe ἐπ' ἴσης

καθολικός   235
κανών   16

κοιναὶ ἔννοιαι 163
κτίσμα 59 217 220 223
 452–453

λαὸς περιούσιος 440
λόγος 73 79 100–101 103
 121 304 549 598
 ἐνδιάθετος 512–513 537
 539
 προφορικός 512–513 537
 539

μακρόστιχος: siehe ἔκθεσις
μνᾶ 597
μονογενής 454
μόνος 18 368 608
μονότης 263 608 622–625

ὁλόκληρος 179
ὅμοιος 14 53 80 148 177
 437 279 483 607
ὁμοιόω 200
ὁμοούσιος 14 64 66 146–147
 261 446–447 575
ὁμοίωσις 541

οὐσία 17 63–65 80–81 106
 108–110 223 234 242–243
 263 434 437 440–444 541
 708

περιούσιος: siehe λαὸς
 περιούσιος
πίστις: siehe ἔκθεσις
προφορικός: siehe λόγος

ταυτότης 79 447 485
τρεπτός 235
τύπος 300

ὕπαρξις 442
ὑπόστημα 444
ὑπόστασις 17 63–65 79 146
 234 242 261 306 436 439
 442 444 624

φύσις 63 146 263 306 483
 526 678

χαρακτήρ 179